285
290
295
300
MacKenzie's Reise 1789
MacKenzies Reise 1793
S REISEN
n nördlichen
stillen
dustrie Comptoirs
Repulse Bay
Wager F.
C. Dobbs
V. Fullerton
C. Comfort
I. Nottingham
C. Pembroke
Th. Roes Welcome
DAVIS STRASSE
Cumberland's Strasse
Frobisher's Str.
Hudson's Str.
I. Resolution
C. Chidley
Esquimeaux
HUDSON'S
BUSEN
C. Churchill
Fort York
NEU SÜD WALES
Severn House
C. Henriette Maria
James Bay
OST MAIN
Gr. Wallfisch F.
C. Jones
Fort Albany
C. Grimington
LABRADOR
Nain
Ogbuchtoke
Quebec
St. Lorenz F.
I. Anticosti
Gaspe Bay
Schottland
Champlain S.
C. Bretton
65
60
55
50
45
285
290
295
300
305
310
315
320

[redacted]

ALTE ABENTEUERLICHE REISEBERICHTE

Alexander Mackenzie

Alexander Mackenzie

Mit Gewehr und Kanu

In 80 Tagen zum Pazifik
1793

Herausgegeben von Susanne Mayer
unter Mitwirkung von Ulrich Schlemmer

Mit 35 Abbildungen und Karten

VERLAG NEUES LEBEN BERLIN

Die Abbildungen auf den Vorsatzblättern zeigen
Mackenzies Reiserouten 1789 und 1793

Lizenzausgabe für den Verlag Neues Leben Berlin

ISBN 3-355-01160-6

Verlag Neues Leben, Berlin 1990
Lizenz Nr. 303
LSV 7323
Schutzumschlag und Einband: Hilda und Manfred Salemke,
Karlsruhe
Typografie: Doris Ahrends
Schrift: 10 p Garamond
Gesamtherstellung: Offizin Andersen Nexö,
Graphischer Großbetrieb, Leipzig III/18/38
Bestell-Nr. 644 943 6

Inhalt

Mackenzie: Der Abenteurer und die Company

Kanada – das ist für viele nicht nur ein geographischer Begriff, sondern auch ein Traum. In einer Welt der beengten Lebensräume, der bedrohten Tierarten, der verschmutzten Umwelt verbindet sich mit diesem Land die Vorstellung von unzähligen Seen mit glasklarem Wasser, von undurchdringlichen Wäldern, reißenden, sauberen Flüssen, hohen Bergen mit schneebedeckten Gipfeln und einer vielfältigen Tierwelt. Kanada – das ist auch ein Traum von Abenteuer und freiem Leben in unberührter Natur.

Nun sind solche romantischen Vorstellungen heute nur noch bedingt realistisch, denn die Probleme unseres Zeitalters der Energieverknappung haben auch vor Kanada nicht haltgemacht: Riesige Gebiete des Landes werden unter Wasser gesetzt, Staudämme gebaut und Kraftwerke errichtet, wobei Lebensraum für Mensch und Tier zerstört und traditionelle Lebensweise vernichtet wird. Und doch: Noch immer zählt Kanada für viele Europäer zu einem der beliebtesten Auswanderungsziele; noch immer kann Kanada dem einzelnen Menschen genügend Lebensraum bieten. Das zweitgrößte Land der Erde besteht auch heute noch, über 400 Jahre nach Beginn seiner Besiedelung durch Europäer, zu einem beträchtlichen Teil aus unerschlossener Wildnis. Es hat einer völligen Inbesitznahme durch den Menschen und die moderne Zivilisation erfolgreich widerstanden, auch wenn es natürlich kartographisch voll erfaßt ist. Noch vor 200 Jahren war das anders. Die ersten Einwanderer konnten sich lediglich in den Küstenregionen festsetzen, denn es verlangte schon außergewöhnlichen Mut, sich in das Innere dieses unwegsamen Landes vorzuwagen. Noch niemand hatte dieses riesige Land von Osten bis zur Pazifikküste durchquert.

Einer der Männer, die diese Herausforderung annahmen, war der Schotte Alexander Mackenzie. Als er im Jahre 1789 zu seiner ersten Expedition aufbrach, konnte er sich über das, was ihn erwartete, nur ein äußerst undeutliches Bild machen. Weder hatte er Landkarten zur Hand, noch besaß er genaue Vorstellungen über die Entfernungen, die zurückzulegen waren. Er konnte sich lediglich auf einige spärliche, dazu meist recht unsichere geographische Angaben von Trappern und Indianern stützen, die aus den Wäldern kamen, um in den am Rande der Wildnis errichteten Forts der Pelzgesellschaften ihre Felle zu verkaufen. Im klaren war sich Alexander Mackenzie nur über Ziel und Zweck seiner Expedition: vom Osten Kanadas aus einen Weg zum Pazifik zu finden. Der erste Versuch schlug fehl; Mackenzie und seine Begleitmannschaft hatten zwar eine Küste erreicht, doch es war die des Nordpolarmeeres. Drei Jahre später startete er eine zweite Expedition, deren Ausgang erfolgreich war.

Heute trägt nicht nur der zweitlängste Fluß Nordamerikas seinen Namen, sondern auch der »District of Mackenzie« im Norden Kanadas, ein Gebiet, größer als England und Frankreich zusammen!

Mackenzie führte auf seinen beiden Forschungsreisen genauestens Buch über die Beschaffenheit des Landes und legte Karten an – damit hat er sich um die geographische und kartographische Erschließung Kanadas, seinerzeit noch größtenteils ein »weißer Fleck«, sehr verdient gemacht. Ganz besonders hat er dazu beigetragen, den Nordwesten des Landes zu erschließen, die »Northwest

Territories«. Sie nehmen mit ihren ca. 3,4 Millionen Quadratkilometern unter den heutigen Verwaltungsbezirken Kanadas den größten Raum ein.

Die ersten Menschen, die dieses riesige Gebiet bevölkerten, kamen vor ungefähr 10000 Jahren über die Landbrücke, die Asien damals mit dem amerikanischen Kontinent verband; in späteren Jahren wurde das Eis der »Beringstraße« zum Verbindungsweg zwischen Asien und Amerika. Diese ersten Einwanderer zogen quer durch Alaska und das Yukon Territory in die Gebiete der Northwest Territories um den Großen Bären-See und den Großen Sklaven-See und zogen mit den Herden der Karibus weiter in Richtung Süden bis ins Gebiet der heutigen USA. Die Prärieindianer stammen vermutlich von ihnen ab.

Etwa 2000 Jahre waren die Gletscher in den Territories fast zusammengeschmolzen, die Gebiete entlang des »Mackenzie River«, um den Großen Sklaven- und Großen Bären-See und die westliche Arktisküste eisfrei. Allmählich verschob sich die Waldgrenze weiter nach Norden bis zu ihrem heutigen Verlauf. Das langsam wärmer werdende Klima lockte immer mehr Indianer aus der Prärie in den Norden, wo sie sich hauptsächlich in den wildreichen Waldgebieten aufhielten, feste Jagdgewohnheiten entwickelten und Ansiedlungen gründeten. Einige Stämme folgten den ebenfalls nordwärts ziehenden Karibuherden bis in das Tundragebiet entlang der Küste des Nordpolarmeeres, kehrten aber jeden Winter in die Wälder zurück, wo sie Nahrung und Brennholz finden konnten.

Zu dieser Zeit überquerten auch die Vorfahren der heutigen Eskimos vom Nordosten Asiens her das Eis der Beringstraße und zogen in Richtung Osten durch die kanadische Arktis. Dank ihrer vorzüglich ausgebildeten Jagdtechnik, insbesondere bei der Seehundjagd, konnten sie sich das ganze Jahr über mit Nahrung versorgen und in dieser menschenfeindlichen Region überleben.

Im Verlauf der nächsten Jahrtausende siedelten sich die Indianer immer mehr in den Wäldern an, die Eskimos hingegen im Tundragebiet, auf den nördlichen Inseln und an der Küste des Eismeeres. Um die Jahrtausendwende n. Chr. drangen noch einmal Eskimos über die Beringstraße und Alaska nach Kanada vor. Zu jener Zeit hatten weiter südlich die meisten Indianer ihre festen Gebiete und betrieben zum Teil sogar schon Ackerbau.

Als im 16. Jahrhundert, dem Zeitalter der europäischen Kolonialexpansion und überseeischen Entdeckungen, die ersten Europäer nach Kanada aufbrachten, lebten in den Territories etwa 50000 Indianer der verschiedensten Stämme und einige tausend Eskimos.

1535 hatte der Franzose Jacques Cartier das Gebiet um den Sankt-Lorenz-Strom erforscht; für viele seiner Landsleute waren seine Berichte Anreiz genug, ein neues Leben zu wagen und sich dort anzusiedeln. Die Reichtümer der kanadischen Wälder lockten auch bald die Engländer an, doch wurden sie alles andere als willkommen geheißen und mußten vor den ansässigen französischen Siedlern in den Norden ausweichen. Die beiden Kolonialmächte Frankreich und England hatten schnell erkannt, welche Bedeutung die Ausbeutung des riesigen Pelzreichtums für den wirtschaftlichen Aufschwung ihrer Länder haben konnte. Die Geburtsstunde des internationalen Pelzhandels war gekommen. Überall im Osten des Landes errichteten Pelzhändler am Rande der Wildnis ihre Blockhütten, um von hier aus Handel zu treiben. Handelspartner waren die im Nordosten in den Wäldern lebenden sogenannten »Wilden«, die man mit europäischen Gebrauchsartikeln und »Feuerwasser« dazu brachte, im

Austausch dafür der »zivilisierten« Welt ihre auf einsamen Jagdzügen erbeuteten Pelze zu liefern.

1670 wurde als Instrument und Repräsentant britischer Kolonialinteressen in Nordamerika die Hudson Bay Company gegründet, die im Laufe der Zeit zu einem der größten Handelsimperien der Erde werden sollte. Ihr erfolgreiches Vorgehen in Kanada beruhte zunächst einmal darauf, daß sie ihre Handelsniederlassungen weiter nach Norden vorschob und sich dabei immer größere Gebiete in der Wildnis der Northwest Territories erschloß. Als der damalige englische König, Karl II., die Bedeutung der Hudson Bay Company für die Wirtschaft Englands erkannte – die Männer der Company hatten den gesamten Pelzertrag des ersten Jahres ihrer Arbeit an den Königshof geschickt –, sagte er ihr seine volle Unterstützung zu. Am 2. Mai 1670 unterzeichnete er eine »Royal Charta«, einen Handelsbrief, in dem der Gesellschaft zu Handelszwekken ein Gebiet von 1,5 Millionen Quadratmeilen – ca. 40% des heutigen Kanadas – überschrieben wurde. Dies beinhaltete das Handelsmonopol und die Gerichtsbarkeit in diesem Gebiet wie auch das Recht, eine eigene Flagge zu führen.

Natürlich waren diese Besitzansprüche der Engländer den Franzosen ein Dorn im Auge, hatten sie doch als erste den Fuß in dieses Land gesetzt und damit auch das »Recht« auf dessen Ausbeutung! Immer weiter stießen sie über die Flüsse des Sankt-Lorenz-Strom-Gebietes ins Landesinnere vor, versuchten verzweifelt, den Handelsbestrebungen der Engländer Widerstand entgegenzusetzen und selbst mit den Indianern Geschäfte zu machen. Bis 1713 herrschte zwischen Engländern und Franzosen offener Krieg, wobei beide Teile sich bemühten, die Indianer auf ihre Seite zu ziehen – doch bei den Friedensverhandlungen in Utrecht erlitt Frankreich eine Niederlage: Es mußte seine Ansprüche auf die Gebiete der Hudson

Bay Company, auf Akadien und Neufundland an England abtreten. Obwohl die Company nun fest etabliert war, hinderte dies die Franco-Kanadier nicht, ihr weiterhin heftig Konkurrenz zu machen. Allerdings waren sie, da die schon erschlossenen östlichen Küstenregionen in englischem Besitz waren, gezwungen, ihre Niederlassungen mehr im Landesinneren anzulegen. Zwar waren auch die Engländer daran interessiert, den Pelzhandel mit im Nordwesten jagenden Indianern auszuweiten, doch ihre in diese Gebiete ausgeschickten Expeditionen waren ziemlich erfolglos. So ging der Kampf um die Vorherrschaft im Pelzgeschäft erbittert weiter, bis im Frieden zu Paris im Jahre 1763 Frankreich seine verbliebenen nordamerikanischen Besitzungen und damit auch Kanada an England abtreten mußte.

Doch die Hudson Bay Company sollte sich über ihren Sieg nicht lange freuen können: Schottische Einwanderer hatten ohne staatliche Unterstützung zwei bedeutende private Handelsgesellschaften gegründet, die Montreal Company und die North West Company. Beide hatten ihren Sitz in Montreal und verschiedene Niederlassungen im ehemals französischen Kanada. Die Erfahrung französischer Pelzhändler nutzend, stießen sie immer weiter nach Nordwesten vor und schnitten die Hudson Bay Company allmählich von ihren Inlandquellen ab.

Diese neuen Gesellschaften arbeiteten nach einem strengen Leistungsprinzip, das von ihren Angestellten viel Privatinitiative erforderte. So konnten junge Männer nach einer mehrjährigen Lehrzeit in den Kontoren in Montreal zu sogenannten »Junior Clerks« aufsteigen. Die besonders Tüchtigen wurden in die Wildnis zu einer der Niederlassungen der Gesellschaften geschickt, wo sie dem »Postenchef« zur Hand gingen. Bewährten sie sich, avancierten sie zum »Clerk« und konnten nach einer gewissen Probezeit zum Leiter eines Außenpostens mit eigenem Distrikt ernannt werden. Ihr ganzer Erfolg hing nun von ihren Pelzlieferungen nach Montreal ab. Um erfolgreich zu sein, mußten sie neue Fanggebiete erschließen und mit den Indianern, die in ihrem Distrikt auf Jagd gingen, handelseinig werden. Konnten die jungen Postenchefs die Gewinne für ihre Gesellschaft so beträchtlich erhöhen, daß sie unentbehrlich wurden, erklärte man sie zu Partnern, d. h. zu Mitgesellschaftern der Company.

Für viele junge Männer, die diese Laufbahn einschlugen, gab es ein leuchtendes Vorbild: Alexander Mackenzie.

Wahrscheinlich 1755 in Inverness in Schottland geboren – leider gibt es über ihn nur wenige gesicherte biographische Daten –, kam er ungefähr im Alter von zehn Jahren als Halbwaise mit seinem Vater nach New York, wo Verwandte lebten. Als 1775 in Neu-England der Unabhängigkeitskrieg Nordamerikas ausbrach, kämpfte Makkenzies Vater auf seiten der königlichen Truppen Georgs III. und fiel. Der junge Alexander wurde von Verwandten nach Montreal geschickt, wo er 1779 in die Dienste der Montreal Company eintrat. Schon nach zwei Jahren war er persönlicher Sekretär des Direktors der Gesellschaft, Alexander MacLeod, nach vier Jahren bekam er Handlungsvollmacht, und kurz darauf wurde er als Postenchef nach Detroit, damals noch eine kleine Siedlung am Rande der Wildnis, beordert. Hier bewährte er sich so glänzend, daß er nach wenigen Monaten zum Partner der Montreal Company ernannt wurde, allerdings unter der Bedingung, den entlegensten Außenposten der Gesellschaft am Churchill River zu übernehmen. Diese Aufgabe war nicht ungefährlich, da er dabei in einen Distrikt vorstieß, auf den die North West Company Anspruch erhob. Denn schon 1773 hatte Joseph Frobisher den Churchill River entdeckt und Thomas Frobisher, der Gründer der North West Company, hier eine erste Niederlassung aufgebaut.

Alexander Mackenzie jedoch war dieser Aufgabe gewachsen. Er überzeugte seinen Kontrahenten von der North West Company, Cuthbert Grant, daß es besser sei, gemeinsame Sache zu machen, und zwar gegen die Hudson Bay Company, in deren Gebiet sie ja beide eingedrungen waren. Diese Taktik leuchtete auch den Handelsherren in Montreal ein; 1784 schlossen sich die Montreal und die North West Company unter dem Namen der letzteren zusammen, um gemeinsam den Kampf gegen das Handelsmonopol der Hudson Bay Company anzutreten.

Da die Hudson Bay Company bis auf die Expedition von Samuel Hearne, die er 1769 im Auftrag dieser Gesellschaft unternommen hatte[1], in der Erforschung des Nordwestens von Kanada keine großen Erfolge zu verzeichnen hatte, setzte sich die neugegründete North West Company das Ziel, auch in diese Gebiete vorzudringen. Erstens sollten dadurch dem Pelzhandel neue Jagdgründe erschlossen werden, und zweitens wollte man, seit langem schon ein britisches Anliegen, durch das Landesinnere die westliche Küste Nordamerikas erreichen, um auch dort koloniale Gebietsansprüche geltend machen zu können. Seit dem 15. Jahrhundert hatten sich englische Seefahrer auf die Suche nach einer Nordwestpassage durch den nordamerikanischen Kontinent begeben und versucht, an den Küsten einen schiffbaren Fluß landeinwärts zu finden: 1497/98 John Cabot, 1508/09 Sebastian Cabot, 1576 Martin Frobisher, 1610/11 Henry Hudson, 1612 Thomas Button, 1616 William Baffin, 1631 Luke Fox und 1633 Fox und Thomas James. Neben dem entdeckerischen Reiz würde eine solche Passage auch und vor allem einen kürzeren und direkteren Verbindungsweg in den Südwesten Amerikas bedeuten und damit eine billi-

1) Samuel Hearne, Abenteuer im arktischen Kanada. Auf der Suche nach der Nordwest-Passage 1769–1772. Edition Erdmann.

gere Absatzmöglichkeit für den Pelzhandel mit Asien, vor allem China. Denn der kostenaufwendige Handelsverkehr lief bisher über Quebec, London, Petersburg, Jakutsk und Ochotsk; die kanadischen Pelze machten somit eine Reise fast um die ganze Erde. Zur Zeit Alexander Mackenzies hatte vor allem die 1778/79 von Captain James Cook unternommene Reise Aufsehen erregt. Cook war die pazifische Küste hinaufgesegelt und in jede Bucht eingedrungen, um einen schiffbaren Fluß nach Osten zu finden – doch ohne Resultat. Er hatte im nach ihm benannten »Cooks Inlet« an der Südwestküste Alaskas wegen starken Packeises umkehren müssen. Allerdings berichtete er von großen Pelzvorkommen an dieser Küste.

Der bis dahin wagemutigste Mann der North West Company war ein gewisser Peter Pond, der für seine Gesellschaft einen Außenposten am Athabaska-See gegründet hatte und bis an den Peace River und den Großen Sklaven-See gekommen war. Auch Cuthbert Grant und Laurent Le Roux, Angestellte der Montreal Company, hatten sich so weit ins Landesinnere vorgewagt. Nach einem längeren Erfahrungsaustausch mit diesen drei Männern faßte Alexander Mackenzie Anfang des Jahres 1789 den Plan, die Suche nach einer Nordwestpassage fortzusetzen. Er hoffte, in der Verlängerung des Peace River einen Fluß zu finden, der in nordwestlicher Richtung verliefe und in Cooks Inlet mündete, und hatte die Absicht, zu Ehren Captain Cooks diesen Fluß »Cook River« zu taufen. Da in diesem wasserreichen Land mit seinen zahllosen reißenden Strömen der Erfolg einer Expedition hauptsächlich davon abhing, ob man den Gefahren der Wildgewässer gewachsen war, bildete Mackenzie seine Mannschaft aus fünf erfahrenen und für ihre Geschicklichkeit berühmten Kanuführern: Charles Ducette, Joseph Landry, François Barrieau, Pierre de Lorme und Johann Steinbrück. Außer dem Preußen Steinbrück hatten alle französische und teilweise indianische Vorfahren. Laurent Le Roux, Clerk der Company, schloß sich ebenfalls der Expedition an. Er wollte bis zum Großen Sklaven-See mitkommen und dort eine neue Niederlassung aufbauen. Mackenzie hatte außerdem drei Indianer vom Stamme der Chipewyan angeheuert, die zur Besatzung des Athabaska-Forts gehörten und seit Jahren als Pfadfinder und Dolmetscher in Diensten der Company standen. Der bedeutendste unter ihnen war zweifellos »English Chief«. Weiße wie Indianer kannten ihn nur unter diesem Namen. Er war im Fort Princeton-of-Wales, einem Posten der Hudson Bay Company, aufgewachsen und sprach fließend englisch. Ebenfalls zur Equipe gehörten seine beiden Frauen.

Am 3. Juni 1789 brach die Expedition Mackenzie vom Athabaska-See aus auf. Ihre Kanus waren aus Birkenrinde gefertigt, und in diesen leichten, zerbrechlichen Booten sollte sie während der nächsten 100 Tage mehr als 3000 Kilometer zurücklegen. Die Männer und Frauen mußten auf dieser Reise bitterste Kälte ertragen, reißende Stromschnellen und Wasserfälle bezwingen, steile Felsküsten emporklettern und konnten dem Tod oft nur knapp entrinnen. Mit allen Mitteln versuchte das Land, sich den Eindringlingen zu widersetzen. Dazu kamen die Angst vor den Eingeborenen, die noch nie einen Weißen zu Gesicht bekommen hatten und ihnen womöglich feindlich begegneten, und das Unglück, mehrere Male von eingeborenen Führern im Stich gelassen zu werden. Trotz aller Strapazen und Gefahren, die die Mannschaft auf sich genommen hatte, blieb diese Expedition ohne das Ergebnis, das man sich von ihr erhofft hatte. Alexander Mackenzie war aufgrund der ungenauen geographischen Angaben, die ihn die Richtung bestimmen ließen, statt nach Westen (auf dem später nach ihm benannten Fluß) über den nördlichen Polarkreis hinausgekommen. Die Expedition war am 13. Juli 1789 bei 69°14′ nördl. Breite an der Küste des Arktischen Ozeans, in der heute so benannten Beaufort-See, gelandet und mußte unverrichteterdinge umkehren.

Nach seiner Rückkehr an den Athabaska-See reiste Alexander Mackenzie im Winter 1791/92 nach London, um dort seine Kenntnisse über astronomische Berechnungen und die Geographie des Westens Nordamerikas zu vertiefen. Er hatte vor, eine zweite Expedition zu wagen.

Am 10. Juli 1792 brach er erneut von Fort Chipewyan, der Niederlassung am Athabaska-See, auf; diesmal waren seine Begleiter Joseph Landry und Charles Ducette (beide zum zweitenmal dabei), François Courtois, Jacques Beauchamp, François Beaulieu, Baptiste Bisson, zwei indianische Jäger und Dolmetscher, von denen der eine den Namen Cancre trug, und Mackenzies Hund. Zunächst einmal fuhren sie den Peace River hinauf und errichteten dort einen neuen Außenposten, Fort Fork, in dem sie überwinterten. Im Frühjahr 1793 stieß Alexander Mackay zu ihnen, ein Junior Clerk der Company, der sich auf dieser Expedition seine ersten Sporen verdienen wollte. Die eigentliche Entdeckungsreise begann am 3. Mai 1793 und führte den Peace River Cañon hinauf bis an dessen Quelle in den Rocky Mountains. Um über das riesige Felsengebirge zu kommen, mußten die Männer weite Strecken Gepäck und Kanu auf ihren Schultern tragen. Schließlich stießen sie auf den Fraser, über dessen Verlauf Mackenzie damals noch keinerlei Kenntnisse besaß. Er konnte nur hoffen, auf ihm bis an den Pazifischen Ozean zu gelangen. Doch die Berichte dort lebender Indianer überzeugten ihn davon, daß die Reise auf diesem Fluß zu lange und zu beschwerlich würde. Nur mit Mühe gelang es ihm, seine der Expedition schon müden Männer dazu zu bringen, den Fraser wieder ein Stück zurückzufahren und an einer von den Indianern angegebenen Stelle auf dem Landweg nach Westen zu marschieren. Ihr Kanu und einen Großteil des Gepäcks ließen sie zurück und erreichten nach mehreren Tagen den kleinen Fluß Bella Coola. In einem indianischen Kanu, das ihnen dort ansässige Eingeborene zur Verfügung gestellt hatten, gelangten sie zur Mündung des Flüßchens im Queen-Charlotte-Sund. Am 22. Juli 1793 hatten sie, nördlich der Vancouver-Insel, die Küste des Pazifischen Ozeans erreicht. Die Freude über das Gelingen der Expedition war allerdings getrübt, da sie von Küstenbewohnern umringt wurden, die ihnen alles andere als freundlich gesinnt waren; außerdem hatten sie noch einen äußerst mühevollen Rückweg zu bewältigen. – Am 24. August kehrten die Männer unversehrt nach Fort Fork zurück; 107 Tage waren sie unterwegs gewesen und hatten 4500 Kilometer zurückgelegt. Sie hatten zwar die Westküste erreicht, doch die Hoffnung, eine schiffbare Passage von Osten nach Westen zu finden, vom Peace River aus in den Columbia River, dessen Mündung in den Pazifik einst Captain Cook schon entdeckt hatte, zu gelangen, hatte sich nicht erfüllt. Der von Mackenzie begangene Weg war für die North West Company nicht effektiv genug, er barg zu viele Schwierigkeiten.

Erst Jahre später entdeckten Simon Fraser (1806/1808), David Thompson (verschiedene Expeditionen zwischen 1792 und 1812) und James Finlay, alle drei in Diensten der North West Company, bessere Wege über die Rocky Mountains; es sollte noch über 20 Jahre dauern, bis der Handel in Richtung Pazifikküste organisiert war und jenseits der Felsengebirge neue Außenposten entstanden. Die Besiedelung der Westküste mit weißen Kolonisten begann erst Mitte des vorigen Jahrhunderts, besonders mit der Fertigstellung der transkontinentalen Eisenbahnlinie im Jahre 1886.

Jene Gebiete, die Alexander Mackenzie als erster Weißer betrat, sind auch heute noch zum größten Teil unerschlossen und hauptsächlich von Indianern bewohnt.

Nach seiner Rückkehr ins Fort Chipewyan im Winter 1793 verbrachte Alexander Mackenzie einige Monate mit Pelzgeschäften in der Gegend um den Athabaska-See. Im Jahr darauf fuhr er nach Montreal, um dem Generalgouverneur von Kanada Bericht zu erstatten. Er wurde mit großen Ehren empfangen und seine Expedition als großartige Leistung gewürdigt. Anschließend reiste er nach London, um die Veröffentlichung seiner Tagebücher über die »Voyages« in die Wege zu leiten. Dort empfing ihn Georg III., der ihn in Anerkennung seiner Verdienste um das britische Weltreich am 10. Februar 1802 zum Ritter schlug.

Sir Alexander – wie er sich nun nennen durfte – gewann in den folgenden Jahren immer größere Bedeutung im kanadischen Pelzgeschäft. Sein großes Ziel war die Vereinigung der Hudson Bay Company mit der North West Company. Im Jahre 1804 versuchte er zusammen mit einem Londoner Geschäftsmann, die Hudson Bay Company aufzukaufen, was allerdings mißlang. 1805 bot er im Namen seiner Gesellschaft der Hudson Bay Company jährlich 2000 Pfund, wenn sie Anteile ihrer Privilegien abtreten würde – was abgelehnt wurde. Sir Alexander, der im Winter in London und im Sommer in Montreal lebte, ließ sich zum Abgeordneten des englischen Bezirks Huntingdon County wählen und bemühte sich 1808, Mehrheitsanteile der Hudson Bay Company zu erwerben, um sie auf diesem Weg mit der North West Company verschmelzen zu können. Doch sein Partner, Lord Selkirk, verriet die gemeinsame Sache, indem er durch Mackenzie die meisten Anteile aufkaufen ließ und sich heimlich daranmachte, die Hudson Bay Company zu reorganisieren.

Der Kampf der North West Company gegen die Hudson Bay Company, die ihren Herrschaftsbereich immer noch mehr zu vergrößern suchte, wurde immer erbitterter. Sir Alexander hatte inzwischen geheiratet und eine Familie gegründet, mit der er auf einem Landgut in Avoch, Rossshire, lebte. 1820 verstarb sein größter Feind, Lord Sel-

Lord Selkirk

kirk, doch Sir Alexander konnte daraus für seine Gesellschaft keinen Nutzen mehr ziehen. Er überlebte ihn nur um ein paar Wochen. Am 11. März 1820 erlag er in Mulnair bei Dunkeld einer plötzlichen Krankheit.

Ein Jahr nach seinem Tod zeigte sich der Erfolg seiner Bemühungen: Hudson Bay und North West Company schlossen sich unter der Flagge der Hudson Bay Company zusammen. Im selben Jahr (1821) erhielten die vereinigten Gesellschaften vom Parlament in London das Handelsmonopol über folgende Gebiete: 1. das Nord-Department, zwischen der Nordgrenze der USA und der

Arktis im Norden, der Hudson Bay im Osten und den Rocky Mountains im Westen; 2. das Süd-Department, zwischen der James Bay, den Provinzen von Ober- und Unterkanada und der östlichen Küste der Hudson Bay; 3. das Montreal-Department, Ober- und Unterkanada und die Königlichen Außenposten, das spätere Labrador, und 4. den Columbia-District.

Im Jahre 1867 kam die kanadische Konföderation zustande. Das Land wurde zu einem selbständigen Staat deklariert und unter eine eigene Verwaltung gestellt. Für die britische Kolonialmacht und ihren Repräsentanten, die Hudson Bay Company, bedeutete dies das Ende ihrer Regierungsgewalt und der unbegrenzen Ausbeutung in diesem Teil der Erde.

Alexander Mackenzies Reisebericht erschien 1802 in London unter dem Titel: *Voyages from Montreal, on the River St. Laurence, through the Continent of North America, to the Frozen and Pacific Oceans; in the Years, 1789 and 1793. With a preliminary Account of the Rise, Progress, and present State of the Fur trade of that Country.*

Dieses Werk enthält die Tagebuchaufzeichnungen Mackenzies über beide Reisen. Was dabei besonders auffällt, ist sein Stil: Mackenzie muß mit einer scharfen Beobachtungsgabe ausgestattet gewesen sein, denn es entging ihm nicht die geringste Kleinigkeit. Minutiöse Beschreibungen ermöglichen dem Leser, der Expedition auf auch noch so kleinen Streckenabschnitten zu folgen. Mackenzie notiert jede Windung des Flusses, jede Steigung der zu überwindenden Höhen, berechnet mehrmals täglich die zurückgelegten Etappen und die dafür benötigte Zeit. Er zählt alle Tiere auf, die er zu Gesicht bekommt, beschreibt aufs genaueste die Vegetation der durchfahrenen Landstriche und schildert bis ins kleinste Detail seine Begegnungen mit den Eingeborenen, ihr Aussehen, ihre

Sitten, Waffen und Geräte. Obwohl Mackenzie keinerlei wissenschaftliche Ausbildung genossen hatte und seine Expedition aus geographischen und wirtschaftlichen Gründen unternommen wurde, ist sein botanisches und vor allem ethnologisches Interesse bemerkenswert. Wenn man dazu bedenkt, unter welch schwierigen Bedingungen er seine Aufzeichnungen anfertigen mußte, nach all den Strapazen, die sich Tag für Tag wiederholten, körperlich und geistig völlig erschöpft, so ist seine Präzision und sein Durchhaltevermögen geradezu bewunderungswürdig. Was der Leser in seinen Berichten vielleicht vermissen mag, sind Farbe und Stimmung: Mackenzie schildert selten irgendwelche Eindrücke oder persönliche Empfindungen. Kein persönliches Wort verliert er über sich selbst, über seine Gefährten, über das große Abenteuer und die Gefühle, die die Männer nach der täglichen Überwindung zahlloser Gefahren gehabt haben müssen. Auch kein Wort über den eigentlichen Zweck der Expedition, über ihre Probleme und die Zweifel an ihrem Gelingen. Doch geben die Aufzeichnungen dadurch ein wahrheitsgemäßes Bild des spröden Charakters ihres Verfassers wider. Der deutsche Übersetzer des Werkes schreibt 1802 in seinem Vorwort: »Ohne Zweifel würde mancher andere, der solche Entdeckungen gemacht und solche Gefahren und Schwierigkeiten besiegt hätte, es seinem Zwecke angemessener gefunden haben, durch eine mehr für das größere Lesepublikum berechnete Verarbeitung seiner Materialien, allenfalls mit Zuziehung einer geübten Feder, einen vorteilhafteren Eindruck zu machen. Der bescheidene und in der Kunst der Schriftstellerei nicht geübte Verfasser gab der ursprünglichen Tagebuchform den Vorzug und lieferte auf diese Art ein freilich wenig anziehendes, aber des Vertrauens der Leser desto würdigeres Werk, das die nach und nach entdeckten Flüsse und Gegenden nebst deren Bewohner und die täglichen Abenteuer bloß der Zeitfolge nach, jedoch mit aller ihm in seiner Lage möglichen Genauigkeit darstellt.«

Es scheint fast, als habe Alexander Mackenzie seinen Bericht zu einem Handbuch für die ihm auf dem Fuße folgenden Pelzhändler bestimmt, mit der Intention, sie über alle Vorkommnisse, denen sie in diesen Gebieten begegnen könnten, zu informieren.

Als Grundlage für die hier vorliegende Bearbeitung diente die erste deutsche Übersetzung, die schon 1802 in Hamburg erschien. Waren betreffs der Übersetzung Zweifel angebracht, wurde parallel dazu die englische Originalausgabe herangezogen. Etwa ein Viertel des Textes fiel Kürzungen zum Opfer – zum größten Teil Stellen mit akribischen Zeit- und Ortsangaben und etwas ermüdenden Beschreibungen vereinzelter Streckenabschnitte. Dabei sollte jedoch der Verlauf der Reise nicht unterbrochen werden, so daß der Leser, gemäß der Intention Mackenzies, die Expedition Schritt für Schritt verfolgen kann.

Die dem Text hinzugefügten Anmerkungen sollen dazu dienen, die geographischen Angaben Mackenzies mit den heute bekannten Bezeichnungen zu bestimmen, Begriffe aus dem Alltagsleben der sogenannten »Nordmänner« zu erklären und den Verlauf der Reise, soweit im Text nicht ohne weiteres verständlich, zu kommentieren. Anmerkungen des Verfassers selbst oder des Übersetzers wurden entsprechend gekennzeichnet.

Um die Übersetzung ihres zeitspezifischen Kolorits nicht zu berauben, wurde sie bis auf stilistische, grammatikalische und orthographische Korrekturen unverändert übernommen, lediglich bei allzu antiquierter Diktion etwas modernisiert. Eigennamen und geographische Bezeichnungen wurden, wenn sie in ihrer englischen Schreibweise in deutschen Atlanten und Lexika zu finden sind, wieder rückübersetzt bzw. dem Original entnommen.

Sicher ist dem aufmerksamen Leser nicht entgangen, daß im Titel des Werks von Alexander Mackenzie nicht nur seine beiden Reisen aufgeführt sind, sondern auch eine Abhandlung über Entwicklung und Organisation des kanadischen Pelzhandels: *...With a preliminary Account of the Rise, Progress and present State of the Fur trade of that Country.* Diese »Abhandlung« dient sowohl zum Verständnis der Zustände im Pelzgeschäft Nordamerikas der damaligen Zeit als auch der Ansichten Mackenzies über neue Möglichkeiten. Außerdem werden hier Begriffe erläutert, die in den Reiseberichten ganz selbstverständlich verwendet werden und die dem Leser nicht unbedingt bekannt sind. Deshalb erschien es mir sinnvoll, den Reiseberichten eine bearbeitete Kurzfassung jener auch von Mackenzie als Einführung gedachten »Geschichte des Pelzhandels« voranzustellen. – Leider kam aus Platzgründen eine Aufnahme des gesamten Textes nicht in Frage. – Durch diese nachfolgende Kurzfassung wird dem Leser ein leichterer Zugang zu den Reiseaufzeichnungen ermöglicht, und zudem kann der Charakter von Mackenzies Gesamtwerk doch einigermaßen bewahrt werden. Textgrundlage ist die in einer Reihe verschiedener Reisebeschreibungen veröffentlichte Ausgabe: *Alexander Mackenzie's Reise nach dem nördlichen Eismeere...* (Weimar 1802).

Susanne Mayer

VOYAGES

FROM

MONTREAL,

ON THE RIVER ST. LAURENCE,

THROUGH THE

CONTINENT OF NORTH AMERICA,

TO THE

FROZEN AND PACIFIC OCEANS;

In the Years, 1789 *and* 1793.

WITH A PRELIMINARY ACCOUNT

OF THE RISE, PROGRESS, AND PRESENT STATE OF

THE FUR TRADE

OF THAT COUNTRY.

ILLUSTRATED WITH MAPS.

BY ALEXANDER MACKENZIE, ESQ.

LONDON:

PRINTED FOR T. CADELL, JUN. AND W. DAVIES, STRAND; COBBETT AND MORGAN, PALL-MALL; AND W. CREECH, AT EDINBURGH.

BY R. NOBLE, OLD-BAILEY.

M.DCCC.I.

Geschichte des Pelzhandels in Kanada

Als 1763 den Engländern Kanada abgetreten wurde, hatten die Clerks der Hudson Bay Company, die seit 1670 an der nördlichen und nordwestlichen Küste dieser Gegend ihre Niederlassungen hatten, nur die Ufer einiger Flüsse untersucht, die von Süden her in jenen Meerbusen münden; ebenso hatten sie dessen westliche und nördliche Buchten und Einfahrten erforschen lassen, jedoch ohne die seit langem gesuchte Durchfahrt zu finden und ohne irgendeinen Gewinn für die Geographie zu erzielen. Die französischen Pelzhändler und Kundschafter waren dagegen von Montreal aus weit nach Westen vorgedrungen und hatten am großen Winnipeg-See und an dem ansehnlichen Fluß Saskatchewan Winterhütten oder mit Palisaden umgebene »Ostrogs« genannte Forts angelegt. Diese Entdeckungen blieben aber den europäischen Geographen verborgen: entweder weil die kanadischen Abenteurer Gründe hatten, die Quellen ihres Handelsgewinns geheimzuhalten, oder weil sie zu roh und ungebildet waren, die Lage der von ihnen bereisten Landstriche anzugeben. Weiter als oben angegeben waren die Kanadier unter französischer Herrschaft nicht gekommen. Doch sollen damals schon zwei Pelzhändler versucht haben, jenseits des Saskatchewan bis an die Südsee[1] vorzudringen. Da man aber nicht weiß, welchen Weg sie wählten, wie weit ihnen ihr Vorhaben gelang, und sich ihre Namen nicht erhalten haben, ist es wahrscheinlich, daß sie unter den Wilden ihr Grab fanden.

1) Pazifischer Ozean.

Am Ende des Siebenjährigen Kriegs waren die westlichen Grenzen Kanadas weiter ausgedehnt, als die neuen Herren des Landes mutmaßten[1], und die äußersten Niederlassungen der Pelzhändler lagen auf 53° nördl. Breite und 102° westl. Länge; doch dauerte es Jahre, ehe die Engländer den durch den Krieg unterbrochenen Handel mit den Indianern wieder aufnahmen. Gründe dafür waren die Sprachschwierigkeiten mit den Eingeborenen, deren feindliche Gesinnung, da die meisten von den Franzosen gegen die neuen Herren aufgehetzt worden waren, und Kosten, Gefahren und Zeitaufwand bei der Instandsetzung der zerstörten kanadischen Handelsplätze. Um 1766 wagten es dann schließlich Kaufleute aus Montreal, den beinahe vergessenen Fußstapfen der Franzosen zu folgen und mit den Indianern bei der *Grande Portage* (großer Trageplatz) am Oberen See zu handeln. Einer von ihnen, ein gewisser Jakob Finley, drang bis zum Saskatchewan und sogar bis an die Felsengebirge[2] vor, die eine Weiterfahrt auf dem Peace River verhinderten. Finley kam reichbeladen mit Pelzwerk zurück, und diese Erfolge des westlichen Verkehrs ermunterten bald andere Kaufleute, ebenfalls jene Gegenden aufzusuchen, so daß sich die Pelzhändler von Jahr zu Jahr vermehrten, jedoch ohne miteinander in Verbindung zu stehen. Durch die allzugroße Konkurrenz und die Bemühungen der Händler, sich gegenseitig die Kunden abspenstig zu machen, verminderte sich der bisherige Gewinn, zumal 1774 die Hudson Bay Company als mutiger Nebenbuhler auftrat. Bisher hatte sie nur an der Hudson Bay Handel getrieben, wohin große Scharen von Eingeborenen mit den Erträgen ihrer Jagdzüge zu ziehen pflegten, nun ließ sie die in ihren

1) Am Ende des Siebenjährigen Krieges (1763) wurde im Frieden von Paris bestimmt, daß Frankreich ganz Kanada an England abtreten mußte.

2) Rocky Mountains.

Diensten stehenden Pelzjäger ebenfalls das westliche Kanada durchstreifen. Sie zerstreuten sich überall in den südwestlichen Gebieten und besetzten die alten Niederlassungen der ehemaligen kanadischen Händler.

Auch der amerikanische Krieg, der um diese Zeit ausbrach[1], hatte nachteiligen Einfluß auf den Pelzhandel. Doch hauptsächlich schadeten ihm die Streitigkeiten zwischen den verschiedenen Interessenten, an denen auch die Eingeborenen teilnahmen, die oftmals unter ihnen lebende Kaufleute ausplünderten oder totschlugen. Dazu kam, daß sich unter den westlichen Stämmen die Blattern ausbreiteten und verheerende Wirkungen zeigten; ganze Stämme starben hinweg, und viele Überlebende verließen ihre alten Jagdgründe. Da die Pelzhändler nun nicht mehr ihre mitgebrachten Waren absetzen und gegen Pelze eintauschen konnten, geriet der gesamte kanadische Pelzhandel ins Stocken.

Doch gab es einzelne Kaufleute, die aus dieser Misere ihre Vorteile zogen, so unter anderen ein gewisser Frobisher, der Gründer der North West-Company. Er hatte das Glück gehabt, nahe den Quellen des Churchill auf eine Gruppe Indianer zu stoßen, die, reich mit Pelzen beladen, auf ihrem gewohnten Weg zu der Niederlassung der Hudson Bay-Company an der Hudson Bay[2] waren. Frobisher bot ihnen seine Waren an und überzeugte sie von dem Vorteil, mit ihm und seinen Gefährten zu handeln, da sie dadurch den weiten Weg zur Hudson Bay nicht mehr machen müßten, der nur unter den größten Strapazen zurückgelegt werden konnte. Die Eingeborenen wurden um so lieber mit ihm handelseinig, als sie nun ihre alten Schulden bei der Hudson Bay Company nicht mehr abtragen mußten. – Frobisher wagte sich auch weiter

1) 1775–83 amerikanischer Unabhängigkeitskrieg.
2) Fort Churchill.

nach Nordwesten als andere. Er erreichte den See La Crosse (55°26′ nördl. Breite, 108° westl. Länge) und beschiffte danach den Athabaska River, der sich in den Athabaska-See verliert. Hier ist gegenwärtig ein Hauptsitz des westlichen Pelzhandels.

Um den bislang so einträglichen Handel mit den Eingeborenen in festere Bahnen zu lenken, gründeten mehrere Kaufleute im Jahre 1784 die Handelsgesellschaft von Montreal. Anfangs bestand sie nur aus 16 Mitgliedern oder Aktieninhabern, deren Einlagen lediglich aus Waren bestanden, die man den Eingeborenen zum Tausch gegen Pelze anbieten wollte. Diese bestellten sie aus England und transportierten sie im Frühjahr zu den westlichen Niederlassungen; dort nahmen sie die bisher eingetauschten Pelzwaren in Empfang, brachten sie nach Montreal zurück und schickten sie nach London zum Verkauf. Die im Innern des Landes zwischen Oberem See und Athabaska-See in ihren Blockhäusern verstreut lebenden Pelzhändler wurden entweder Teilhaber dieser Gesellschaft oder traten als Clerks, Dolmetscher, Wegweiser oder Kanuführer in deren Dienste. Letztere erhielten eine ihrer anstrengenden Tätigkeit angemessene Bezahlung, und die angesehensten und vermögendsten unter ihnen wurden nach Verlauf einiger Jahre in die Gesellschaft aufgenommen oder am Gewinn beteiligt. Das eingetauschte Pelzwerk mußte jährlich im Frühjahr über die vielen Flüsse und Seen des westlichen Kanadas an die *Grande Portage* gebracht werden, wo sich dann einige Agenten der Montreal-Company mit den benötigten Tauschwaren einfanden, die Abrechnungen vornahmen und eventuell für neue Leute sorgten, um den Handel dauernd in Schwung zu halten.

Im Jahre 1788 bestand der Handelsfonds der Gesellschaft aus 40000 Pfund Sterling; 1799 waren es 120000 Pfund.

Wegen des weiten Weges, den die europäischen Handelsartikel und die kanadischen Retourwaren zurücklegen müssen, wegen des langen Winters, der die kanadischen Flüsse fast die Hälfte des Jahres unbeschiffbar macht, und wegen der hohen Transportkosten, die dem Wert der Handelsgüter etwa entsprechen, konnte die Gesellschaft erst nach Verlauf einiger Jahre mit einem Gewinn rechnen.

Handel im Jahre 1798[1]:

Bestellungen der Tauschartikel nach London	25. Okt. 1796
Waren aus London verschifft	März 1797
Ankunft der Waren in Montreal	Juni 1797
Dortige Sortierung und Verpackung in Ballen, Versand von Montreal aus	Mai 1798
Ankunft im folgenden Winter bei den Pelzhändlern, gegen Pelzwerk der Indianer eingetauscht	1798–1799
Pelzwerk kommt in Montreal an,	Sept. 1799
wird nach London verschifft,	
dort verkauft,	März und April 1800
bezahlt	Mai oder Juni 1800.

Die zum Handel benötigten Waren bestanden aus verschiedenen groben Stoffen, wollenem Zeug, Decken, Waffen, Pulver und Blei, Rauch- und Schnupftabak, Manchesterstoffen, Leinwand, allen Gattungen von Eisenwaren, eisernen und kupfernen Kesseln, Eisenblech, seidenen und baumwollenen Schnupftüchern, Strümpfen,

1) Diese Tabelle wurde dem Original-Mackenzietext entnommen.

Schuhen, Hüten und aus Kattun. Branntwein und Lebensmittel wurden in Kanada eingekauft.

Der Ertrag der kanadischen Wildnis, der im Jahre 1799 nach England versandt wurde, setzte sich folgendermaßen zusammen:

Biber	160000 Felle
Bären	21000 Felle
Fuchs	15000 Felle
Junge Fische (geräuchert)	4000
Otter	4600 Felle
Musquash (Biberkatze)	17000 Felle
Marder	32000 Felle
Mink (Sumpfotter)	1800 Felle
Lachshäute	6000 Felle
Wolferine (Wolfsbär; Katzenart)	600 Felle
Fischer (Wieselart)	1650 Felle
Racoon (Waschbär)	100 Felle
Wolf	3800 Felle
Elch	700 Felle
Reh	750 Felle
Gegerbte Rehfelle	1200 Felle
Büffel	500 Felle

In den ersten Jahren, als der Pelzhandel wieder Aufschwung hatte, wurde in Montreal Pelzwerk für 225000 Pfund Sterling gehandelt. Allerdings kam dies aus zwei verschiedenen Gebieten, teils von Detroit, teils von der *Grande Portage.* Davon gingen etwa ein Achtel aller Biberfelle, ein Drittel der Otterfelle und etwa die Hälfte der Felle junger Füchse in die amerikanischen Freistaaten, weil sie von dort leichter und schneller nach China abgesetzt werden konnten. Denn geht der Versand von London aus, ist es sehr schwer, dafür in China Retourware zu bekommen; sie kann nur auf die Schiffe der Ostindien-

Der Biber – meistgejagtes Pelztier

Company geladen werden, die mit den Chinesen Handelsbeziehungen hat. Außerdem müssen Privatkaufleute außer der Fracht an diese Gesellschaft noch einen gewissen Prozentsatz an Waren bezahlen. Auf amerikanischen Schiffen hingegen findet das Pelzwerk schnelleren Absatz, die Retourwaren werden ohne jede Einschränkung verladen und innerhalb Jahresfrist verkauft; vielleicht geht künftig das gesamte nordamerikanische Pelzwerk den Weg über New York und Philadelphia nach China!

Die Anzahl der mit diesem Pelzhandel Beschäftigten beläuft sich auf 1300 Mann: 50 Clerks oder Handelsbedienstete der Gesellschaft, 71 Dolmetscher, 1120 Kanuführer und 35 Wegweiser. Da die Waren in Kanus aus Rinden transportiert werden, ist bei acht bis zehn Fahrzeugen immer ein Wegweiser oder Führer vonnöten. Ein Teil der angeführten Mannschaft bringt den Sommer über, von Mai bis Ende September, die Waren von Montreal an die

Grande Portage, der andere Teil kommt aus dem Landesinneren, schafft die eingetauschten Pelze dorthin und nimmt die Waren des ersteren mit zurück. Ein Wegweiser erhält für diese Reise 800 bis 1000 Livres nebst Kleidung und Kost. Die Kanuführer sind, je nach Geschicklichkeit, in drei Klassen unterteilt und bekommen zwischen 200 und 600 Livres nebst Decken, einem Hemd, Paddel und Lebensmitteln. Sie dürfen auch ein wenig Handel treiben. Diejenigen, die von der *Grande Portage* aus weiterreisen und den Winter über im Landesinneren bleiben, erhalten doppelten Sold und auch mehr Kleidungsstücke. Die eigentlichen Pelzhändler oder Clerks, die unter den Eingeborenen leben, werden jahresweise angestellt. Manche bleiben bis zu drei Jahren in den Niederlassungen. Die Handelsdiener oder Lehrlinge[1] müssen sich auf fünf oder sieben Jahre verpflichten, die Geschäfte der Gesellschaft in den nordwestlichen Niederlassungen zu regeln, und erhalten dafür 100 Pfund Sterling nebst Kleidung und Kost. Haben sie ausgelernt und ist keine Stelle frei, um weiterhin bei der Gesellschaft zu bleiben und für sie Handel zu treiben, so bekommen sie 300 Pfund Sterling Abfindung. Die Kanuführer, die in den verschiedenen Niederlassungen gebraucht und auch Nordmänner oder Winterer genannt werden, haben ein jährliches Gehalt von 400 bis 1200 Livres. Neben doppelter Kleidung haben sie Anspruch auf 14 Pfund Tabak und andere Kleinigkeiten. Normalerweise leben mit den Kanuführern der untersten Klasse etwa 700 indianische Frauen und Kinder. Auch diese müssen von der Gesellschaft ausgehalten werden.

Im Frühjahr werden in Montreal neue Kanus gekauft. Sie bestehen aus Birkenrinde und sind sehr leicht. Man kann sie mit einer aus acht bis zehn Personen bestehenden Mannschaft, mit 65 Ballen Waren, jeder etwa 90 Pfund

1) Junior-Clerks.

schwer, mit 600 Pfund Zwieback, 200 Pfund Pemmikan, Erbsen usw. beladen. Dazu kommen das Gepäck der Mannschaft, ein Kessel, ein Segel, Beile, Rinde zum Ausbessern der Fahrzeuge, zerfaserte Wurzeln der Pechtanne, mit denen die Rinde zusammengenäht wird, mit Baumharz vermischtes Erdpech, ebenfalls zum Flicken des Bootes, und ein langes Tau, mit dem das erleichterte Fahrzeug über Stromschnellen und seichte Stellen gezogen wird. An steinigen, seichten Stellen verläßt die Mannschaft das Kanu, die Ladung wird ausgeladen und weitergetragen, und das Boot wird vom Ufer aus über die Stellen hinweggezogen; dies nennt man *decharge*. An Stellen mit Wasserfällen und Klippen wird das Kanu aus dem Wasser genommen und bergauf, bergab getragen; solche Stellen nennt man *portage*; zwischen Montreal und dem Huronen-See gibt es davon 36.

An einer westlichen Bucht des Oberen Sees liegt die *Grande Portage*. Dort haben die kanadischen Pelzhändler ein Fort errichtet. Wegen des vielen Nebels, der durch den See entsteht, konnte bisher Ackerbau kaum betrieben werden, erst seit kurzem geraten dort Kartoffeln sehr gut. In diesem Fort erwarten die von Montreal kommenden Agenten mit ihren Begleitern die Ankunft der Pelzhändler oder Nordmänner, die gewöhnlich Anfang Juli dort eintreffen. Nach ihrer Ankunft werden sie auf Kosten der Gesellschaft mit Brot, Butter, Schweinefleisch, Branntwein und Tabak bewirtet, Dinge, die sie unter den Eingeborenen lange Zeit entbehren mußten. Diejenigen, deren Zeit abgelaufen ist, werden von anderen abgelöst oder von neuem unter Vertrag genommen. Die Agenten prüfen ihre Rechnungen, und wenn einer etwas gespart hat, kann er den Männern der Gesellschaft sein Geld mitgeben, um es in Montreal an Freunde oder Verwandte überweisen zu lassen. Nach 14 Tagen treten sie ihre Rückreise an. Auch die Gruppe aus Montreal macht sich zur Abreise fertig, verpackt die Pelze zu Ballen pro 100 Pfund und ist im September wieder zu Hause.

Die Lebensart an der *Grande Portage* ist, solange dort die Geschäfte dauern, folgendermaßen: Alle Kaufleute, sowohl die Nordmänner als auch die Montrealer, speisen mit den Handelsdienern, Dolmetschern und Wegweisern im großen Saal des Forts, etwa 100 Personen, zusammen. Ihre Tafel besteht gewöhnlich aus Brot, Butter, Rindfleisch, Schinken, Wildbret, Erbsen, Kartoffeln und Mais. Dazu gibt es Wein, Branntwein, Tee und Milch. Für letztere werden extra Kühe gehalten. Die Kanuführer aber, oft bis an die 600, müssen sich wie auf der ganzen Fahrt mit weniger behelfen. Sie erhalten lediglich Mehl aus türkischem Weizen und Schmalz. Sie kochen sich aus abgehülstem Getreide, Schmalz und Salz eine Art Pudding, was eine gesunde Speise ergibt, die einem Mann über den ganzen Tag hilft. Doch denjenigen, die hart arbeiten müssen, reicht dies bei weitem nicht.

Die Fahrt der Nordmänner zu den westlich gelegenen Niederlassungen verläuft ganz anders als die nach Montreal. Da sie viele kleine und seichte Flüsse passieren müssen, sind ihre Kanus nur halb so groß, gehen weniger tief und können deshalb auch nur 35 Ballen aufnehmen. Auch die Bootsmannschaften sind kleiner, vier bis sechs Mann sind genug, um sie vorwärts zu bringen. Jenseits der *Grande Portage* befahren sie zunächst einen kleinen Fluß mit vielen Wasserfällen und Klippen, so daß die Kanus oft getragen werden müssen. Dieser Fluß bildet einige Seen, darunter auch den Regen-See. Nach großen Anstrengungen erreicht man den Holz-See (Lake of the Woods). Obwohl die Franzosen schon vor dem Siebenjährigen Krieg sich jenseits dieses Sees ausgebreitet hatten, war jene Gegend am Ende des Nordamerikanischen Krieges noch so unbekannt, daß man im Frieden von 1783[1] den Holz-See zur westlichen Grenze des nordamerikanischen Gebietes machte, die sich bis zum Mississippi hinzog. Nur der Unkenntnis über diese Gegend ist es zu verdanken, daß die Grenze zwischen dem Oberen See und dem Holz-See nicht feststeht. Das Westende dieses Sees liegt auf 49°37′ nördl. Breite und 94°15′ westl. Länge. Von hier geht es weiter zum Winnipeg-See, dann Richtung Nordwesten durch mehrere Seen und Flüsse, die alle miteinander verbunden sind, über große und kleine Portagen bei 56°42′ nördl. Breite in den Athabaska hinein. Dieser ergießt sich bei 58°36′ in den Athabaska-See, an dessen südöstlichem Ufer auf einer Landspitze das Fort Chipewyan erbaut ist. Die Fahrt bis hierhin dauert ungefähr dreieinhalb Monate.

Sobald die Mannschaft dort angekommen ist, wird sie verteilt: Einige werden an den Peace River geschickt, um dort mit den Biber- und Felsengebirgs-Indianern zu handeln; andere machen sich auf an den Sklaven-See und über ihn hinaus; einige bleiben am Athabaska River, die übrigen in Chipewyan. Außer mit dem Handel beschäftigt man sich hier auch mit Fischfang; Weißfisch dient den Pelzhändlern als Hauptnahrungsmittel. Die Fische werden durch den Frost erhalten, sollte aber im Herbst laue Witterung eintreten, hängt man sie am Schwanz zum Trocknen auf, und in diesem Zustand behalten sie ihren Geschmack bis zum April. Die Kanadier dieser und weiter entfernterer Gebiete leben fast ausschließlich von Fischen, ohne Salz dazu zu haben oder mit Mehlspeisen und Gemüse abwechseln zu können. Salz wird jenseits des großen Slave River gewonnen, und manchmal bringen die Eingeborenen von dort gutes weißes Salz ins Fort.

1) Friede von Versailles; Unabhängigkeit der USA von Großbritannien.

Im Herbst und Frühling gibt es etwas Geflügel, wovon die an den pelzreichen Flüssen verteilten Pelzhändler fast das ganze Jahr über leben; doch sehen letztere bei weitem nicht so gesund aus wie die, die sich meist nur von Fisch ernähren.

Die Gegenden von Nordamerika, die für den Pelzhandel so wichtig sind, werden von zwei Hauptstämmen der Indianer bewohnt, den Knisteneaux und den Chipewyan, deren Sprachen voneinander verschieden sind; erstere kann man die östlichen, letztere die westlichen Wilden nennen, weil sie sich bis in die Nachbarschaft des Pazifiks zerstreut haben. So werden der Churchill, der Athabaska-See, der Winnipeg-See, die Ströme, die beide miteinander verbinden, und die Gebirge nördlich des Oberen Sees etwa als die Grenzen ihres Gebietes angesehen, obwohl sie diese oft überschreiten. In ihren Sitten und Gebräuchen stimmen sie mit bekannten nordamerikanischen Stämmen überein.

Alexander Mackenzie's, Esq.,
Reisen durch
Nordwestamerika

Vorrede des Verfassers

Bei der Herausgabe dieses Werkes scheint es mir unnötig zu sein, noch einmal besonders auf die beiden Reisen (...) einzugehen, da sie hoffentlich für sich selber sprechen werden. Doch ist es mir eine Pflicht, die Gründe anzugeben, die auf die Verspätung des Drucks denselben Einfluß gehabt haben.

Ein Gerücht besagt, die Ursache sei in einem Mißverständnis zwischen einem hohen Staatsbeamten und mir gelegen; einem anderen Gerücht zufolge soll es eine gewisse Vorsicht, die zuweilen in der Handelspolitik praktiziert wird, gewesen sein; beides ist gleichermaßen unwahr.

Das erste Gerücht ist ein pures Märchen, und was das zweite betrifft, so weiß ich keinen vernünftigen Grund, die Nachricht einer Entdeckung zurückzuhalten, deren Idee und Ausführung für meine Handelspartner und mich selbst, die wir ja die Kosten getragen haben, nicht ehrenvoller hätten sein können.

Die wahren Gründe, warum der Bericht über diese Reisen so spät erscheint, sind zum einen meine Geschäfte, die mich nach der Beendigung der Expedition sehr beanspruchten, zum anderen ist es der Umstand, daß ich, als ich endlich Zeit dazu hatte, Angst bekam, als Schriftsteller aufzutreten und meine Papiere in den Druck zu geben; denn ich glaube, daß ich mehr dazu tauge, Reisen, so schwierig sie auch sein mögen, zu unternehmen, als ihre Beschreibung abzufassen. – Indessen übergebe ich sie der Leserschaft mit allem gebührenden Respekt. –

Schon in früheren Jahren führten mich Handelsgeschäfte in den Nordwesten des Oberen Sees; und da ich von der Natur mit Forscherdrang und Unternehmungsgeist, wie auch mit einer Konstitution und einem Körperbau, die den schwierigsten Unternehmungen gewachsen sind, ausgestattet und überdies durch meine Handelsgeschäfte an größte Anstrengungen gewohnt bin, so betrachtete ich eine Reise quer durch Amerika, deren Nützlichkeit allgemein anerkannt war, nicht nur als möglich, sondern traute mir auch die dazu nötigen Eigenschaften zu.

Die Wünsche und Ermunterungen meiner Freunde und Partner bestärkten mich, dieses Vorhaben auch wirklich in die Tat umzusetzen. Und jetzt, wo der glückliche Ausgang dieser Expedition die Grenzen unserer geographischen Kenntnisse erweitert und das Gebiet des britischen Handels vergrößert hat, fühle ich mich für die überstandenen Gefahren und erduldeten Beschwernisse reich belohnt; die vielen langweiligen und mühseligen Tage und die dunklen, unfreundlichen Nächte dieser Reisen sind nicht umsonst gewesen.

Die erste Reise hat der langen Diskussion um eine nordwestliche Durchfahrt, so hoffe, ich, einen Schlußpunkt gesetzt. (...)

Auf dieser Reise besaß ich weder die notwendigen Bücher noch die erforderlichen Instrumente, außerdem wurden mir meine Schwächen in der Kenntnis von Astronomie und Schiffahrtskunde deutlich bewußt.

Deshalb fuhr ich im Winter nach unserer Rückkehr nach England, um mir anzueignen, was mir fehlte. Dann kehrte ich mit dem Entschluß zurück, die Möglichkeit einer Handelsverbindung zwischen dem Atlantischen Meer und dem Pazifik auf dem Landweg aufs neue zu erforschen. Ich habe mit meiner zweiten Reise bewiesen, daß die Ausdehnung unseres Handels von einer zur anderen Küste sehr wichtige und wesentliche Vorteile mit sich bringt. (...)

Wahrscheinlich bieten die Beschreibungen dieser Reisen dem Leser nicht so viel Abwechslungsreiches, wie er erwarten wird. Das, was sich dem Auge darbot, läßt sich nicht sehr effektvoll aufs Papier übertragen. Berge und Täler, öde Wüsteneien und weit ausgedehnte Wälder, Seen und Flüsse können nur einzeln, nacheinander beschrieben werden; und ich kann dem Leser nur einzelne Gruppen wandernder Indianer vorstellen, ausgenommen die Bewohner der Pazifikküste, wo es feste Dörfer gibt und die Menschen zum größten Teil bleibende Wohnsitze haben.

Biber und Büffel, Rentier und Elch sind die hauptsächlichsten Tiergattungen dieser Gegenden; doch sind sie den Naturforschern Europas bereits bekannt und in deren Werken schon so oft und richtig beschrieben worden, daß ich sie lediglich erwähne, wenn sie die Landschaft belebten und zwecks Nahrungsbeschaffung von uns gejagt wurden. Genauso beiläufig fallen meine Bemerkungen über die Bodenbeschaffenheit, die Schiffbarkeit der Seen und Flüsse und ihre verschiedenen Produkte aus.

Ich besitze nicht die Kenntnisse eines Naturforschers, und hätte ich sie mir auch erworben, so wäre mein Forscherdrang auf diesen Reisen sicher nicht befriedigt worden. Ich konnte mich nicht damit aufhalten, in der Erde zu graben, sondern mußte mit schnellen Schritten weitereilen; ich konnte auch nicht unsere Route verlassen, um seltene und unbekannte Pflanzen zu sammeln; denn ich mußte ängstlich darum bemüht sein, für den täglichen Proviant zu sorgen und die verschiedenen Gefahren zu Wasser und zu Lande zu bewältigen; ich mußte auf unsere Eingeborenenführer ein wachsames Auge haben und vor uns feindseligen Stämmen auf der Hut sein. Dazu kam, daß ich mich um meine Gefährten kümmern und mit ihren Gefühlen und Ängsten fertig werden mußte. Heute waren sie verärgert, und ich hatte die Aufgabe, sie zu besänftigen; morgen waren sie mutlos, und ich mußte sie aufheitern. Die Anstrengungen zu Wasser waren ohne Ende und oft außerordentlich, und auf den Landmärschen konnten wir uns gegen die Strenge der Elemente nur mit dem behelfen, was wir auf unseren Schultern trugen – abgesehen davon, daß uns die Lasten, die wir zu schleppen hatten, das Fortkommen nur noch erschwerten.

Wenn nun in meinen Tagebüchern wenig steht, was die Phantasie derer reizt, die sich gern in Erstaunen versetzen lassen, und was die Neugier jener befriedigt, die romantische Abenteuer suchen, so werden, wie ich mir schmeichle, diese Berichte doch das Interesse der Leser erregen und mir ihre Achtung erwerben – wenn sie bedenken, daß ich Gewässer erforschte, die vorher nur von den Kanus der Eingeborenen befahren wurden, daß ich Einöden durchstreifte, in die noch nie ein Europäer den Fuß setzte, daß ich Menschen traf, die kein Weißer zuvor zu Gesicht bekam, und daß ich den Zweck dieser Reisen allen denkbaren Gefahren und Schwierigkeiten zum Trotz erreicht habe.

Ehe ich nun schließe, möchte ich dem Leser noch sagen, daß er hier nicht eine beschönigende Erzählung oder lebhafte Beschreibung erwarten darf: Ich wage nur den Anspruch auf den der Einfachheit und der Wahrheit gebührenden Beifall, und diesen Anspruch wird man mir hoffentlich erlauben. Ich beschrieb, was ich sah, nach den Eindrücken des Augenblicks, ohne Übertreibung und Prahlerei. Selten habe ich Mutmaßungen angestellt, und wo dies doch der Fall sein sollte, wird man sicher feststellen, daß ich ein gemäßigter Mann bin, der nicht zu hoch von sich denkt. Und wenn ich zuversichtlich war, geschah es nur in Situationen, die mich aufgrund meiner Lebenseinstellung und Erfahrungen dazu berechtigten.

Wenn ich auch keinerlei literarischen Ruhm suche, so hoffe ich doch, daß man dieses Werk, mit all seinen Unvollkommenheiten, nicht für unwert findet, die Aufmerksamkeit des Geographen zu erwecken, und daß man es wegen der darin beschriebenen, bisher unerforschten Landesteile, die man jetzt als zum britischen Gebiet zugehörig betrachten kann, als einen zum Wohle meines Vaterlandes dargebrachten Tribut aufnehmen wird. (...)

London, den 30. November
1801. Alexander Mackenzie

Alexander Mackenzie's, Esq.

Reisen

von Montreal durch Nordwestamerika nach dem Eismeer und der Süd-See in den Jahren 1789 und 1793.

Nebst einer Geschichte des Pelzhandels in Canada.

Aus dem Englischen, mit einer allgemeinen Karte und dem Bildnisse des Verfassers.

Hamburg, 1802.
bei Benjamin Gottlob Hoffmann.

Tagebuch einer Reise ans Eismeer im Jahre 1789

ERSTES KAPITEL

Am 3. Juni 1789 brachen wir früh um 9 Uhr von Fort Chipewyan an der Südseite des Athabaska-Sees mit einem aus Birkenrinde gefertigten Kanu auf. Meine Mannschaft bestand aus vier Kanadiern, von denen zwei ihre Frauen dabei hatten, und einem Deutschen. Dazu begleiteten uns noch in zwei kleineren Kanus ein Indianer, der »English Chief« genannt wurde, mit seinen beiden Frauen und zwei junge Indianer, die wir als Dolmetscher und Jäger in unsere Dienste genommen hatten. Der English Chief war schon bei der Expedition dabeigewesen, die Samuel Hearne zum Coppermine River geführt hatte[1], und galt seitdem als einer der wichtigsten Männer unter den Eingeborenen, die ihre Pelze nach Fort Churchill, einer Niederlassung an der Hudson Bay, brachten.

In einem weiteren Kanu saß Laurent Le Roux, ein Clerk der Company. Er führte einen Teil der Lebensmittel fur uns und die Jäger mit sich, ebenfalls unsere Kleidung, ein großes Sortiment an Geschenkartikeln für die Eingeborenen, auf die wir treffen würden, sowie Waffen und Munition zu unserer Verteidigung.

Zunächst fuhren wir etwa 30 Meilen[2] in nordwestlicher Richtung über den See, bis wir in einen Flußarm gelangten, den wir sieben Meilen nordwärts hinaufsteuerten. Gegen sieben Uhr am Abend gingen wir an Land und

1) ... und von dort bis zum Nordpolarmeer. Siehe dazu die Anmerkung auf Seite 14.
2) 1 Meile = 1,609 km.

schlugen unsere Zelte auf. Die Kanus wurden aus dem Wasser genommen und sorgfältig abgedichtet[1]; in der Zwischenzeit erlegte einer unserer Jäger eine Gans und ein paar Enten.

Am nächsten Tag paddelten wir schon um vier Uhr früh den Flußarm weiter hinauf, bis dieser sich im Peace River verlor. – Die Ufer dieses Flußarms sind ziemlich flach, und das dahinterliegende Land ist mit Birken, Fichten der verschiedensten Arten, Pappeln und Weiden bewachsen.

Der Peace River ist ungefähr eine Meile breit und seine Strömung viel stärker als die des mit dem See in Verbindung stehenden Kanals, den wir vordem befahren hatten. Einige Meilen flußabwärts heißt er dann Slave River[2]. Nun ging unsere Fahrt zwischen vielen kleinen Inseln hindurch und über ungefährliche Stromschnellen hinweg, bis wir die Mündung des Dog River passierten. Abends landeten wir am östlichen Ufer des Slave River in der Nähe einiger großer Stromschnellen und entluden unsere Kanus. – An dieser Stelle ist der Fluß fast zwei Leagues[3] breit.

Am 5. legten wir morgens um drei Uhr ab, nachdem wir wegen der Stromschnellen unsere Kanus um einige Gepäckstücke erleichtert hatten. Wir konnten dieses Hindernis ohne weitere Schwierigkeiten hinter uns bringen, steuerten nun in einen kleinen Kanal hinein und kamen

1) Zum Abdichten der Kanus wurde Kiefernharz verwendet.

2) Der Slave River fließt weiter in nördlicher Richtung, während der Peace River einige Meilen nördlich des Athabaska-Sees nach Westen führt.
(Sein Name rührt daher, daß die Slave-Indianer von ihren Feinden, den Knisteneaux, aus ihrem ursprünglichen Land an die Ufer dieses Flusses vertrieben worden sind. Übrigens schließt dieser Name »Slaves« nicht den Begriff der Knechtschaft ein, sondern wurde ihnen als Schimpfname gegeben. Anm. d. Verfassers)

3) 1 League = ca. 4,8 km.

nach etwa einer halben Stunde zu einer Portage[1]. Bis auf das letzte Stück war dieser Weg sehr bequem, allerdings hatten wir wegen des noch nicht aufgetauten Eises am Ufer erhebliche Probleme, die Boote wieder auf den Fluß zu setzen und sie zu beladen. Schon nach sechs Meilen mußten wir bei der »Portage d'Embarras« (Portage der Schwierigkeiten) wieder an Land, da Treibholz den kleinen Kanal hier völlig anfüllte.

Noch drei weitere Portagen, und wir gelangten wieder in den großen Fluß. Nach kurzer Fahrt mußten wir wegen einer Meile voller gefährlicher Stromschnellen über die Portage, die »Pelican« genannt wird[2]; der Landungsplatz ist hier sehr steil und liegt nah an einem Wasserfall. Die ganze Gesellschaft mußte jetzt das Gepäck samt den Kanus über einen Berg tragen. Doch bevor wir die mühsame Besteigung begannen, wäre fast noch ein Unglück geschehen, denn eins der indianischen Kanus ging den Wasserfall hinunter und wurde vollständig in Stücke zerschlagen. Die Indianerin, die darin saß, konnte es zwar gerade noch rechtzeitig verlassen und dadurch ihr Leben retten, doch verlor sie so ihre gesamte geringe Habe.

Nach diesem Zwischenfall ging es weiter Richtung Nordwesten. Schon bald erreichten wir die »Portage des Noyés« (Portage der Ertrunkenen) und waren gezwungen, wegen riesiger Stromschnellen den Fluß zu verlassen und diese schlecht begehbare, etwa 535 Schritt lange Wegstrecke zu benutzen. Sie hat diesen Namen erhalten, weil an dieser Stelle im Herbst 1786 fünf Männer im Fluß ertrunken sind; sie waren unter der Führung von Cuthbert Grant auf dem Weg zum Sklaven-See. – Am Nachmittag

1) Eine Wegstrecke entlang des Ufers, auf der man die Boote um Hindernisse wie Wasserfälle, Stromschnellen oder Felsklippen herumträgt.

2) Inmitten der Stromschnellen liegt eine Felseninsel, auf der Pelikane nisten. Sie steht heute unter Naturschutz.

lagerten wir auf einer felsigen Landspitze, und obwohl die Mannschaft sehr ermattet war, schafften die Jäger sieben Gänse, vier Enten und einen Biber herbei.

Am nächsten Tag bauten wir schon früh am Abend unser Lager auf und warfen in einem kleinen Kanal unsere Netze aus. – Den größten Teil des Tages hatten wir starken Gegenwind gehabt, und es war so kalt geworden, daß selbst die Indianer ihre Pelzhandschuhe anzogen. –

In den folgenden zwei Tagen kamen wir nur zirka 13 Meilen vorwärts, denn heftiger Regen zwang uns immer wieder, an Land zu gehen und auszuladen, damit unsere Waren nicht naß würden.

Erst am 9. wurde das Wetter wieder ruhiger, allerdings lag dicker Nebel über dem Wasser. Bei unserer Weiterfahrt in nordwestlicher Richtung bemerkten wir am rechten Ufer eine Öffnung; da wir sie für den Eingang in einen Flußarm hielten, steuerten wir hinein, doch lag dahinter ein kleiner See, so daß wir wenden mußten. Nach drei Meilen in Richtung Südwesten kamen wir am östlichen Ufer des Flusses an einen winzigen Arm, der sich in nördlicher Richtung dahinschlängelte. Wir folgten seinem Lauf und erreichten gegen neun Uhr am Morgen den Sklaven-See[1]. Das Klima hatte sich sehr verändert; es war bitter kalt geworden. Der See war ganz mit Eis bedeckt, nur längs des Ufers schien eine Fahrrinne offen zu sein. Selbst die Mücken und Moskitos, die uns bisher arg geplagt hatten, wagten es nicht, uns in diese eisige Region zu folgen. –

An den Ufern des kleinen Flüßchens waren die landesüblichen Hölzer voller Blätter gewesen, obwohl dort das Erdreich noch nicht über 14 Zoll[2] aufgetaut war – doch

1) Der Große Sklavensee umfaßt ein Gebiet von 11 000 Quadratmeilen. Er wurde im Jahre 1771 von Samuel Hearne entdeckt.

2) 1 Zoll = 2,54 cm.

entlang der Seeufer war so gut wie kein Grün zu entdekken. –

Nach Aussage der Indianer sollen in geringer Entfernung vom Flußufer ausgedehnte Ebenen liegen, die von großen Büffelherden aufgesucht werden. In den vielen kleinen umliegenden Flüßchen und Seen bauen zahlreiche Biber ihre Burgen, da in den größeren Gewässern im Frühling alles vom auftauenden Eis fortgerissen würde. Die morastigen Ufer sind von großen Scharen Federwilds bevölkert – an diesem Morgen erbeuteten wir in nur einer Stunde zwei Schwäne, zehn Gänse und einen Biber; wir hätten leicht soviel erlegen können, um alle unsere Kanus damit anzufüllen. –

In östlicher Richtung steuerten wir nun aus unserem kleinen Fluß hinaus in den See und entlang einer mit Treibholz und Weiden bedeckten Sandbank. Da das Wasser nur drei Fuß[1] tief war, liefen wir oft auf Grund. Schließlich landeten wir auf dieser Sandbank, schlugen unsere Zelte auf und entluden die Kanus, denn es sah so aus, als müßten wir hier eine Weile bleiben. – Die Sandbank erstreckt sich übrigens längs des Festlandes bis zu der Stelle, an der Le Roux und Grant im Jahre 1785 einige Blockhütten errichteten.[2] – Ich befahl meinen Leuten, die Netze auszuwerfen, da es besser war, die für die weitere Reise bestimmten Vorräte unberührt zu lassen. Unsere reiche Beute bestand aus Karpfen, Weißfischen, Forellen und dem sogenannten »Poisson inconnu« (Unbekannter Fisch).

Am 12. wurde das Wetter schöner, und die Moskitos besuchten uns wieder in größeren Mengen. Ein starker Westwind brachte das Eis ein wenig in Bewegung, und ich

1) 1 Fuß = 30,48 cm.
2) Cuthbert Grant und Laurent Le Roux bauten hier einen Außenposten für die Company: Fort Resolution.

bestieg einen Hügel, um vielleicht sehen zu können, ob es in der Mitte des Sees gebrochen wäre, konnte jedoch nichts erkennen.

Am 13. war es bedeckt, und am Abend blies der Wind aus Norden. Er trieb das Eis wieder zurück, das jetzt längs des Ufers stark gebrochen war und unsere Netze bedeckte. Einer unserer Jäger, der tags zuvor zurück an den Slave River gegangen war, kam mit reicher Jagdbeute zurück. In seiner Begleitung war eine indianische Familie, die am selben Tag wie wir Fort Chipewyan verlassen hatte. Diese Leute führten keinerlei Proviant mit sich, was sie damit entschuldigten, daß sie so eilig aufgebrochen seien, daß sie sich nicht mehr hätten versorgen können. Sie wollten mit uns kommen. –

Obwohl es in der Nacht auf den 15. stark geregnet hatte, war am Morgen das Ufer noch so voller Eis, daß wir nicht einmal unsere Netze losmachen konnten. Gegen Mittag aber drehte sich der Wind und befreite nicht nur die Netze, sondern trieb auch das Eis so vor sich her, daß es einen Weg zur gegenüberliegenden Insel freigab. Bei Sonnenuntergang konnten wir unsere Zelte abbrechen und hinüberfahren. Nach etwa acht Meilen landeten wir dort kurz vor Mitternacht. Der Mond ging gerade auf, und es war noch so hell, daß man ohne den Schein einer Kerze oder Petroleum lesen und schreiben konnte.

Die nächsten zwei Tage versuchten wir, in nordwestlicher Richtung zwischen den vielen Inselchen entlang des Seeufers hindurchzukommen, aber heftiger Nordwind und große Mengen Treibeis schlugen unsere Kanus so mit Wasser voll, daß wir immer wieder gezwungen waren zu landen.

Auch am 18. wurden wir nach kurzer Fahrt vom Eis aufgehalten. Ein Südostwind hatte es zwischen die Inseln getrieben, so daß uns auch dieser Weg versperrt war. Wir gingen an Land und warfen die Netze aus. Die Jäger

Jagd auf Rentiere und Wildgänse

konnten eine Rentierkuh und ihr Kalb erlegen. Auf der Jagd waren sie zwei indianischen Familien begegnet, von denen uns am Abend ein Mann besuchte; er brachte mir die Nachricht, daß das Eis auch an der gegenüberliegenden Seite des Sees noch nicht gebrochen sei. – Diese Menschen leben gänzlich vom Fischen und warteten nun darauf, daß der See wieder befahrbar würde. –

Während der folgenden Tage fanden wir in unseren Netzen entweder gar keine oder nur schlechte Fische, und unsere Versorgungslage wurde zum ersten Mal kritisch. Doch am Nachmittag des 20. hatte anhaltender Regen das Eis etwas aufgetaut, so daß wir sechs Meilen westlich zu einer größeren Insel steuern konnten, an deren Spitze wir reiche Fischbeute machten.

In der Nacht trieb ein Südwind das Eis fast völlig ab; wir beluden die Kanus und paddelten 15 Meilen zwischen Eisbrocken in Richtung Westen. Schließlich lagerten wir auf einer der kleinen Inseln drei Meilen vor dem Festland, das wir wegen des Eises nicht erreichen konnten. –

Auf einer dieser Inseln entdeckten wir viele Rentiere, die unsere Jäger leicht erlegen konnten, da den Tieren durch das Wasser der Fluchtweg abgeschnitten war. Wahrscheinlich waren sie auf dem Eis hierher gekommen und wurden nun durch das Tauwetter festgehalten. Wir nannten die Insel daher »Isle de Carrebœuf« (Rentier-Insel). – Ich blieb die ganze Nacht wach, um den Sonnenaufgang zu beobachten. Die Sonne war nur vier Stunden und 22 Minuten hinter dem Horizont verschwunden, doch fror es in dieser kurzen Zeit so stark, daß das Wasser ein Viertel Zoll mit Eis bedeckt war. –

Am 22. brachen wir um halb vier Uhr auf und fuhren um die Außenseite der Inseln herum längs des Eises in Richtung Festland. Jedoch blies der Wind so heftig, daß wir schon bald wieder auf einer Insel landen mußten. – Eine Beobachtung, die ich gegen Mittag anstellte, ergab

61°53′ nördl. Breite. – Da wir hier zwei Säcke mit Pemmikan[1] zurückließen, um für unsere Rückreise ein Notproviantlager zu haben, nannten wir die Insel »Isle à la Cache« (Versteck-Insel). – Am Nachmittag konnten wir 18 Meilen zurücklegen.

1) In Streifen geschnittenes, getrocknetes Fleisch, das sich sehr lange hält und daher als Proviant für längere Reisen geeignet ist. Es kann ohne weitere Zubereitung und ohne Zugabe von Gewürzen gegessen werden.

ZWEITES KAPITEL

Am 23. Juni durchquerten wir bei nördlichem Wind eine tiefe Bucht, vor deren nordwestlicher Seite viele kleine, mit Eis umgebene Inseln lagen; da der Wind das Eis etwas vom Land abtrieb, hatten wir an der inneren Seite der Inselchen freie Fahrt und konnten mit aufgespanntem Segel hindurchsteuern. Nach 16 Meilen landeten wir nachmittags bei drei Hütten von Rotmesser-Indianern, die ihren Namen von ihren kupfernen Messern haben. Sie berichteten uns, daß in geringer Entfernung noch mehr Leute ihres Stammes lebten, und einer machte sich sogleich auf, sie zu holen. Wie sie sagten, würden wir in dieser Gegend hier keine anderen Indianer mehr treffen, denn Sklaven- und Biber-Indianer und auch andere ihres Stammes kämen erst wieder hierher, wenn die Schwäne ihre Federn abwürfen.

Le Roux kaufte ihnen ungefähr acht Ballen guter Biber- und Marderfelle ab, und unser English Chief erhielt 100 Felle, die ihm die Company noch schuldig war. 40 davon gab er auf Abrechnung von Schulden, die er seit den Wintern 1786 und 1787 hier am Sklaven-See gemacht hatte, die übrigen tauschte er gegen Rum und anderes. Ich gab ihm und seinen beiden Begleitern dazu noch eine kleine Ration Rum als aufmunterndes Geschenk. – Mehrmals versuchte ich nun, die Rotmesser-Indianer über den weiteren Verlauf unserer Reise um Rat zu fragen, konnte aber keine wesentliche Aufklärung erhalten; von dem Fluß, den ich untersuchen wollte, kannten sie nur die Mündung. Um aber beim Befahren der vielen Buchten des Sees so wenig Zeit wie möglich zu verlieren, bewog ich einen von ihnen, uns zu begleiten, versah ihn dazu mit den nötigen Gerätschaften und erhandelte für ihn und meine jungen Chipewyans ein großes neues Boot. – Wir befanden uns jetzt auf 62°24′ nördl. Breite. –

In den Gesprächen mit den Eingeborenen kam heraus, daß diese sehr darauf hoffen, daß die Franzosen wieder zu ihnen kommen und in ihrer Nähe ein Fort (so nennen sie jede Niederlassung) bauen, allerdings versicherten sie mir, daß auch wir willkommen seien, wenn wir bei ihnen eine Niederlassung anlegen würden. Für diesen Fall versprachen sie, sich mit aller Kraft dem Biberfang zuzuwenden, denn wie sie sagten, seien sie dann sicher, für ihre Felle einen angemessenen Preis zu erhalten. Bisher seien sie immer von den Chipewyans ausgeplündert worden, die ihnen entweder gar nichts oder nur wenig dafür gegeben hätten. Aus diesem Grund gehen sie zum jetzigen Zeitpunkt nur noch auf die Jagd, um Nahrung und Kleidung lediglich für ihren eigenen Bedarf zu beschaffen.

Am 25. verließen wir früh um drei Uhr ihr Lager. Le Roux blieb zurück. Er wollte bei den vor drei Jahren angelegten alten Blockhütten unsere Rückkehr abwarten und in der Zwischenzeit versuchen, für die Company den Pelzhandel mit den hiesigen Indianern neu zu beleben. – Bei unserer Abreise wurden wir mit einigen Salven aus einem kleinen Gewehr beehrt, die wir erwiderten. Dann steuerten wir in südwestlicher Richtung quer durch die Bucht, die hier nicht über zweieinhalb Meilen breit, aber den Erzahlungen der Eingeborenen nach 15 Leagues tief ist. – Diese Gegend hat ein ganz anderes Aussehen als das Land, das wir seit der Einfahrt in den See bisher gesehen haben: dort hohe Berge und felsige Inseln, deren Oberfläche zuweilen durch Moos, Sträucher und einige vereinzelte Bäume von niedrigem Wuchs belebt ist, und trotz des unfruchtbaren Eindrucks überall Beeren der verschiedensten Art, wie z. B. Krähenbeeren, Wacholderbeeren, Himbeeren, Heckenkirsch- und Stachelbeeren wie auch Pathagomenon, die einigermaßen den Himbeeren ähneln; hier jedoch ist der Boden locker und sandig, mit hohen Bäumen bewachsen, und das Land wird vom Ufer an nur allmählich höher und bildet erst in einiger Entfernung ein dicht bewaldetes, längs der Küste fortlaufendes Hochland mit darüber emporragenden felsigen Gipfeln. –

Nach ungefähr neun Meilen Fahrt wurden wir durch Treibeis aufgehalten und konnten nur unter großen Schwierigkeiten eine Insel erreichen. Nach der Landung ging ich sogleich an ihr südwestliches Ende, um zu sehen, ob wir heute noch weiter könnten, und staunte nicht wenig, als ich entdeckte, daß hier vor vielleicht 12 bis 15 Jahren einmal eine Menge Bäume gestanden haben mußte, denn ringsum sah ich verfaulte Wurzelstöcke. Als ich den English Chief danach fragte, erzählte er mir, daß vor mehreren Wintern die Sklaven-Indianer diese verstreuten Inseln, deren Gewässer das ganze Jahr hindurch Überfluß an Fischen gewähren, bewohnt hätten, von den Knisteneaux aber vertrieben worden seien. – Wollte man in dieser Gegend eine Niederlassung aufbauen, so müßte es wegen des Holzes und des Fischreichtums in der Nähe dieser Inseln sein.

Gegen elf Uhr wagten wir die Weiterfahrt, obwohl wir dauernd befürchteten, unsere Kanus könnten von Brokken treibenden Eises beschädigt werden. Nach einer Fahrt an fünf Buchten vorüber wurde die Gegend landeinwärts flacher und viel holzreicher als vorher. Waren wir dem Festland näher, so konnten wir öfter verlassene Indianerhütten entdecken. Wir fuhren bis zum Abend.

Am 26. setzten wir unsere Reise durch mehrere Buchten hindurch fort und kamen an einer weit in den See hineinragenden Landspitze vorbei, die wir »Detour« (Krümmung) tauften. Hier und da schwamm noch Eis. – Diese Gegend scheint reich an Elchen und Rentieren zu sein: Überall, wo wir an Land gingen, sahen wir ihre Spuren. Auch gab es eine Menge Schneehühner, die um diese Jahreszeit graugefärbt sind, und Rotwild.

Nach einer wegen der Moskitos sehr unruhig verbrach-

Das Rentier bedeutete Kleidung und Nahrung für die Bewohner Nordamerikas

ten Nacht saßen wir am 27. schon um drei Uhr früh wieder in den Kanus. Das Wetter war zunächst schön und ruhig, später kam Nebel auf. Nachdem wir wieder durch verschiedene kleine Buchten gefahren waren, kamen wir schließlich an den Eingang einer sehr tiefen Bucht, deren

Ende nicht auszumachen war. Jetzt gestand uns unser Führer, daß er seit acht Wintern nicht mehr in dieser Gegend gewesen sei und deshalb nicht genau wüßte, welchen Weg wir nehmen sollten. Andererseits glaubte er aber auch sich zu erinnern, daß am Ende dieser Bucht die Mündung des von uns gesuchten Flusses liege. Demzufolge steuerten wir hinein, gerieten aber bald in ein Treibeisfeld. Noch immer konnten wir das Ende der Bucht nicht erkennen, und da der Nebel immer dichter wurde, hatten wir Mühe, vor Einbruch der Dunkelheit noch eine kleine Insel zu erreichen, um zu übernachten.

Früh am nächsten Morgen sahen wir dann, daß in der Bucht keinerlei Strömung ging, also kehrten wir um und setzten unsere Fahrt in südwestlicher Richtung fort. Nach 27 Meilen steuerten wir westwärts wiederum in eine tiefere Bucht hinein, in der Hoffnung, endlich den Eingang des Flusses gefunden zu haben.

Da wir starken Rückenwind hatten, verloren wir unsere Indianer, die hinter uns herkamen, aus dem Blickfeld; wir konnten aber ohne Gefahr für unser Kanu nicht landen, um auf sie zu warten, bis wir schließlich ans Ende der Bucht gelangten und dort in die Binsen getrieben wurden. Auch hier gab es keinen Weg aus dem See hinaus. Nach ungefähr drei Stunden stießen die Indianer dann zu uns und lagerten in einiger Entfernung. Der English Chief war sehr über den Rotmesser-Indianer aufgebracht und drohte ihm sogar mit dem Tod, weil dieser es unternommen hatte, Führer auf einer ihm selbst unbekannten Fahrt zu sein. Doch munterte jener uns auf, indem er überzeugend zu erzählen wußte, daß er von unserem gesuchten Fluß aus durch die Wälder schon einmal zu der Stelle gekommen sei, an der wir gerade lagerten. – Bei dem stürmischen Wetter dieses Tages waren wir genötigt, zum Schöpfen unseren großen Kessel zu gebrauchen, damit unser Kanu nicht ganz voll Wasser lief. –

Am nächsten Morgen fuhren wir längs der Südwestseite der Bucht zurück und umschifften das Ende ihrer Landspitze. Kurz darauf entdeckten wir endlich den Ausgang aus dem See, einen kleinen Flußarm, der durch eine lange Insel vom Hauptkanal eines größeren Flusses getrennt ist.

Die Strömung führte uns 14 Meilen in südwestlicher Richtung, bis wir um die Spitze der langen Insel herum waren und in den Hauptkanal einfuhren. An dieser Stelle ist er zehn Meilen breit, da er hier noch die Wasser des Sklaven-Sees mit sich führt. Er geht dann westwärts und wird auf einer Strecke von 24 Meilen allmählich schmäler, bis er nicht mehr als eine halbe Meile breit ist. Dabei wird seine Strömung immer stärker. Die Ufer bestehen auf beiden Seiten aus gelbem, mit kleinen Steinen vermischtem Ton und sind bedeckt von einer großen Menge verbranntes Holzes, zwischen dem junge Pappeln hervorwachsen. Ein interessanter Umstand ist, daß dieser Landstrich, der früher mit Pechtannen und Birken bewachsen war, nach deren Einäscherung nichts als Pappeln hervorbringt, obwohl es Bäume dieser Art vorher gar nicht gab.[1] –

Ein starker Ostwind trieb uns unter Segel in nordwestlicher Richtung zwischen mehreren kleinen Inseln hindurch. Dann wurde der Strom breiter, und der Wind ließ wieder nach, so daß wir zu den Paddeln greifen mußten. Wir hielten uns an der Nordseite des Flusses, um hier eine Öffnung zu finden, konnten aber in keiner Richtung eine entdecken, so daß wir nicht mehr wußten, wie wir weiter sollten. Auch unser Rotmesser-Indianer war über dieses Gebiet nie hinausgelangt, doch meinte er, daß vom Norden her ein Fluß komme, der in dem genau vor uns liegen-

1) Die Erklärung ist folgende: Vom Winde verweht, erreichen zuerst die federleichten Pappelsamen das abgebrannte Gebiet. Dort einmal Fuß gefaßt, lassen die Pappeln nur langsam andere Arten Wurzeln fassen.

den Horn-Gebirge, dem Land der Biber-Indianer, entspringe. An seinen Ufern lägen weite Ebenen, reich an Büffeln und Elchen.

Da wir auf Untiefen stießen, mußten wir links steuern, bis sich der Flußarm zu einem breiten Strom öffnete.[1] Wir gingen nun an Land und lagerten bald nach Sonnenuntergang. – Das Horn-Gebirge immer nordöstlich vor uns, waren wir mit unseren Paddeln heute etwa 15 Meilen weit gekommen.

Bei schönem Wetter ging es am 30. in der Frühe weiter, und wir konnten 36 Meilen in südwestlicher Richtung zurücklegen. Unsere Indianer fanden eine weiße Gans, die erst kürzlich mit einem Pfeil erschossen worden sein mußte. Schließlich erreichten wir eine Bucht voller kleiner Inseln, die an ihrem Ende den Eingang eines aus Süden kommenden Flusses zu bilden schien. Am Nachmittag drohte schlimmes Wetter, daher landeten wir für die Nacht.

1) Die Expedition war jetzt im Mackenzie River angelangt.

DRITTES KAPITEL

Auf unserer Weiterfahrt am 1. Juli, wo wir in westlicher Richtung der starken Strömung des Flusses folgten, verlor ich beim Messen der Wassertiefe mein Senkblei. Es hatte sich fest am Grund angehängt. Südlich von uns lag ein hohes Gebirge. Um ein Uhr mittags kam ein Gewitter auf, und da wir nicht landen konnten, weil an den Ufern noch zu viel Eis lag, wurden wir völlig durchnäßt.

Schließlich gingen wir auf einer kleinen Insel an Land, wo wir die Stangen von vier Hütten fanden, die möglicherweise die Knistenaux vor sechs oder sieben Jahren bei ihren kriegerischen Streifzügen aufgebaut hatten. Wir fuhren weiter bis zu der Stelle, an der von Süden ein Fluß aus den Bergen mündet. Es scheint ein größerer Fluß zu sein.[1] Nach zirka 24 Meilen landeten wir wieder auf einer Insel und hatten nun das südlich liegende Gebirge direkt vor Augen. Da unser Kanu sehr tief geladen hatte und wir täglich erwarteten, an Stromschnellen oder Wasserfälle, die uns das Fürchten schon gelehrt hatten, zu kommen, ließen wir in einem Versteck zwei Säcke mit Pemmikan zurück für etwaigen späteren Gebrauch. Die Indianer jedoch dachten anders darüber: Sie befürchteten, daß wir nicht so bald zurückkehren würden und der Vorrat bis dahin gestohlen sei. Nahe unserem Lagerplatz fanden wir zwei indianische Lager aus den letzten Jahren; an der Art, wie das Holz geschnitten war, sah man, daß es diesen Leuten an eisernem Werkzeug gefehlt haben mußte.

Trotz Nebel brachen wir am nächsten Morgen früh auf und entdeckten, als es wenig später aufhellte, daß das vorher ganz klare und helle Wasser dunkel und schmutzig geworden war. Dies rührte wohl von einem Fluß her, der von Süden in den unseren einströmt, den wir aber wegen

1) Wahrscheinlich der Liard.

des Nebels nicht bemerkt hatten. Gegen neun Uhr wurden wir riesiger Berge ansichtig, die sich weit nach Süden erstrecken und deren Gipfel in den Wolken verschwanden.[1] Sie schienen dürr und felsig, ihre Abhänge dagegen mit Wald bedeckt; auch sah es aus, als wären sie mit weißen Steinen bestreut, die in der Sonne schimmerten und von den Indianern *Manetoe Aseniah* oder Geister-Steine genannt wurden. Ich hielt sie für Kalkstellen, aber bei unserer Rückfahrt waren sie verschwunden: Die glänzenden Punkte waren nichts weiter als Schneefelder gewesen. –

Wir fuhren nun mit größter Vorsicht, da wir beständig fürchteten, uns Stromschnellen oder einem Wasserfall zu nähern. Dieser Gedanke beherrschte uns so, daß wir uns alle von Zeit zu Zeit einbildeten, das Tosen schäumenden Wassers zu hören. Am Abend suchten wir am nördlichen Ufer ein Nachtlager. Auch hier fanden sich verschiedene Lager der Eingeborenen, von denen einige jetzt im Frühling, andere schon früher errichtet worden sein mußten. Die Jäger konnten nur einen Schwan und einen Biber erlegen und beklagten sich bitter über die Beharrlichkeit, mit der wir die Reise fortsetzten; sie wären, so sagten sie, an so große Anstrengungen nicht gewöhnt.

Am 3. regnete es so heftig und hatten wir so starken Wind gegen uns, daß wir schon um zehn Uhr morgens wieder ans Ufer gingen. Der Fluß war jetzt auf beiden Seiten von hohen Felsen umschlossen. Nach meiner Rechnung hatten wir seit meiner letzten Berechnung[2] 217 Meilen westlich und 44 Meilen nördlich zurückgelegt. – Als wir am Nachmittag unsere Reise fortsetzten, fiel nach

1) Mackenzie hatte hier den Kamm der Rocky Mountains vor sich. Mittlerweile mußte ihm aufgefallen sein, daß der Fluß sich immer mehr nach Norden zu bewegte und daß seine Hoffnung, auf ihm an die Westküste zu stoßen, begraben werden mußte. Jedoch macht er in seinem Tagebuch keinerlei Bemerkungen darüber.

2) s. Seite 56.

kurzer Fahrt von Norden her ein Fluß ein, und unser Strom wurde reißend und lief sehr schnell zwischen felsigen Inseln hin. Sie kündigten nahe Stromschnellen an.

Am Abend lagerten wir am Fuße eines Hügels, der sich bis ans Ufer erstreckte und den ich sogleich mit zwei meiner Leute und den beiden jungen Chipewyans bestieg. Nach einem anstrengenden Marsch von anderthalb Stunden erreichten wir den Gipfel, und ich staunte nicht schlecht, hier ein leeres Lager vorzufinden. Die Indianer erklärten mir, daß solch hohe Plätze meist von unkriegerischen Stämmen als Wohnsitz gewählt würden, den sie für ihre Feinde – besonders die Knisteneaux, vor denen sich viele Stämme fürchteten – unzugänglich machen würden. Die Sicht von dieser Höhe war nicht so frei, wie wir erwartet hatten, sondern durch eine kreisförmig gelegene Bergkette behindert. Wegen der vielen Moskitos, die uns hier von allen Seiten angriffen und die einzigen Bewohner dieser Gegend zu sein schienen, kehrten wir bald um.

Am 4. war es so kalt und windig wie am Vortag. Die Strömung wurde nun so stark, daß der Fluß fast zu sieden schien und zischende Laute von sich gab, wie Wasser, das in einem Kessel kocht. Abends schossen unsere Jäger auf einen Biber und eine Gans; der erstere sank jedoch unter, ehe sie ihn erreichen konnten. – Biber, Fischotter und Bären bleiben, wenn sie einmal totgeschossen sind, wie Blasen auf dem Wasser liegen; haben sie aber noch etwas Leben in sich, um sich wehren zu können, füllen sie sich so mit Wasser, daß sie auf den Grund sinken. –

Am nächsten Morgen starteten wir in nordwestlicher Richtung. Der Fluß wurde immer breiter und die Strömung etwas schwächer. Kurz nach unserem Aufbruch sahen wir vor uns eine Reihe hoher, schneebedeckter Berge etwa zehn Meilen in westsüdwestlicher Richtung[1], und

1) Wahrscheinlich das später so benannte Mackenzie-Gebirge.

gegen acht Uhr bemerkten wir am nördlichen Ufer mehrere Rauchsäulen. Wir hielten darauf zu und sahen, als wir nahe genug heran waren, Eingeborene äußerst verwirrt am Ufer herumrennen. Anscheinend waren sie über unseren Anblick sehr beunruhigt. Einige versuchten, sich in den Wäldern zu verstecken, andere sprangen in ihre Kanus. Unsere Jäger und Dolmetscher gingen vor uns an Land und redeten die wenigen, die noch nicht geflohen waren, in der Sprache der Chipewyans an, die jene aber nicht zu verstehen schienen – so groß waren ihre Bestürzung und ihr Schrecken. Als auch wir an Land gegangen waren und sie merkten, daß sie uns nicht entweichen konnten, gaben sie uns Zeichen, wir möchten uns entfernt halten. So entluden wir zunächst unsere Kanus und schlugen die Zelte auf, bevor wir versuchten, uns ihnen zu nähern. In der Zwischenzeit sollten der English Chief und seine zwei Begleiter sie uns freundlich stimmen; und als sie sich etwas von ihrer Furcht erholt hatten, zeigte es sich, daß sie die Sprache unserer Indianer vollkommen verstanden. Auch ließen sie sich überreden, wenn auch nicht ohne Anzeichen von Abneigung und Angst, zu uns zu kommen. Wir konnten sie dann schnell über unsere Absichten beruhigen, und sie eilten, ihre Gefährten aus den Verstecken zu holen.

Es waren fünf Familien, etwa 25 bis 30 Personen, und ihrer Stammeszugehörigkeit nach Hundsrippen-Indianer[1]. Wir ließen sie rauchen, obwohl sie Tabak gar nicht kannten, und gaben ihnen Grog zu trinken – Alkohol war ihnen ebenfalls unbekannt; wahrscheinlich nahmen sie unsere Höflichkeiten mehr aus Furcht als aus Neigung an. Größeren Eindruck machte dann jedoch die Vertei-

1) Im Original »Dogribs«, ein Spottname, den die Mitglieder dieses Stammes nach einer langen Hungersnot erhielten, als sie alle ganz abgemagert waren. Sie gehören wie die Sklaven-Indianer zum großen Stamme der Denees.

lung von Messern, Pfriemen, Glasperlen, Ringen, Gürteln, Feuerstählen, Flinten und Äxten, so daß sie zutraulicher wurden, als uns lieb war: Wir hatten Mühe, sie aus unseren Zelten zu bringen, obgleich ich nicht bemerkte, daß sie etwas zu entwenden suchten.

Die Auskünfte, die sie uns über den weiteren Verlauf des Flusses gaben, hatten soviel Fabelhaftes zum Inhalt, daß ich es unnötig finde, sie ausführlich wiederzugeben; ich begnüge mich mit der einen, worin sie uns einzureden versuchten, wir würden, um ans Meer zu kommen, mehrere Winter brauchen und alt werden, bevor wir zurückkehrten; auch sollten wir auf Ungeheuer von scheußlicher Gestalt und verheerender Stärke treffen – ihre ungezügelte Phantasie kannte keine Grenzen; außerdem versicherten sie uns, der Fluß habe zwei unüberwindliche Wasserfälle.

Sowenig ich auch diesen sonderbaren Erzählungen Glauben schenkte, so machten sie doch starken Eindruck auf unsere Indianer, die der Reise sowieso schon überdrüssig waren. Da die Eingeborenen außerdem noch angedeutet hatten, daß es in der vor uns liegenden Gegend fast kein Wild gebe und wir unvermeidlich Hungers sterben müßten, kostete es mich große Mühe, sie von der Torheit dieser Gedanken zu überzeugen, und schließlich bewogen sie auf mein Verlangen mit Geschenken einen der Dogribs, uns zu begleiten.

Obwohl es schon drei Uhr am Nachmittag war, ließ ich unsere Kanus wieder beladen und forderte unseren neuen Begleiter auf, sich zur Abfahrt bereitzuhalten. Er wäre sehr gern von seiner Zusage wieder abgesprungen, da aber keiner seiner Freunde an seine Stelle treten wollte, stieg er schließlich nach einer Stunde Überredung halb freiwillig, halb gezwungen in unser Kanu. Vor seiner Abreise fand eine Zeremonie statt, deren Bedeutung ich mir nicht erklären kann: Er schnitt sich eine Haarsträhne ab, dreiteilte sie und befestigte einen Teil auf dem Kopf seines Weibes, die anderen zwei auf den Köpfen seiner beiden Kinder. Dabei blies er auf die Strähne und sprach bestimmte Worte. –

Während unseres kurzen Aufenthalts bei diesem Volk unterhielten sie uns mit Tänzen, die von Gesängen begleitet wurden. Männer und Frauen traten zu einem Kreis zusammen, und die ersteren hielten einen knöchernen Dolch oder einen kleinen Stecken zwischen den Fingern der rechten Hand, die sie in beständiger Bewegung über den Kopf streckten; ihre Linke warfen sie in horizontaler Richtung vor- und rückwärts, liefen herum und nahmen nach dem Takt der Musik seltsame Stellungen ein. Von Zeit zu Zeit heulten sie auf wie dieses oder jenes Tier, und wer dies am längsten aushielt, wurde als der beste Schauspieler gefeiert. –

Es ist ein mageres, häßliches und unschön gewachsenes Volk, besonders um die Füße herum, die sehr plump und voller Grind sind – wahrscheinlich, weil sie oft so nahe am Feuer stehen. Einige scheinen in sehr schlechtem Gesundheitszustand zu sein, woran ihre Unreinheit schuld sein mag. Sie sind von mäßigem Wuchs, und soviel ich durch die Schicht von Schmutz und Fett, womit sie bedeckt sind, sehen konnte, von weit schönerer Hautfarbe als die Indianer wärmerer Gegenden.

Manche tragen ihre Haare sehr lang, andere haben sie zu Zöpfen geflochten, schneiden sie aber so, daß ihre Ohren frei sind. Die Bärte einiger Alten haben eine beachtliche Länge[1], andere haben sich die Barthaare bis auf die Wurzeln ausgerupft. Die Gesichter der Männer sind mit einer Tätowierung geschmückt, zwei doppelte schwarze und blaue Streifen auf den Backen, und der Nasenknorpel

1) Eine erstaunliche Feststellung, denn soweit bekannt ist, haben Indianer keinen Bartwuchs.

ist so durchbohrt, daß ein Gänsekiel oder ein Stückchen Holz hindurchgesteckt werden kann.

Die Kleidung besteht aus Rentier- und Elchhäuten. Es werden daraus Röcke gefertigt, die bis zur Mitte der Schenkel fallen und zum Teil wunderschön mit Stachelschwein- oder Elchhaaren besetzt sind, die rot, schwarz, gelb oder weiß gefärbt werden. Außerdem hüllen sie sich in einen weiten, den ganzen Körper bedeckenden Oberrock, der unten mit einer Borte verziert ist. Schuhe und Strümpfe sind zu einem Stück zusammengenäht und reichen bis zur Hälfte der Schenkel hinauf. Auch sie sind reich bestickt. Frauen und Männer tragen die gleiche Kleidung. Mit einem ledernen Quast, der an einer kleinen Schnur hängt, bedecken die Männer ihre Schamteile – wahrscheinlich, um die Fliegen fernzuhalten. Ob bei ihnen Beschneidung üblich ist, kann ich nicht sagen.

Sie schmücken sich mit Kragen, Arm- und Handgelenkbändern aus Holz, Horn oder Knochen, Gürteln, Strumpf- und Kopfbändern, die aus Lederstreifen gefertigt, mit Stacheln vom Stachelschwein eingefaßt und ringsum mit Bärenkrallen und Füßen von Wildgeflügel besetzt sind und an denen kurze Fellstreifen eines dem Hermelin ähnlichen Tieres als Trotteln hängen. Gürtel und Strumpfbänder werden mit ineinander verwebten Stacheln und Sehnen hübsch und geschickt verziert. An beiden befestigen sie eine lange Borte aus ledernen Riemen, die ringsherum mit verschieden gefärbten Haaren besetzt sind.

Ihre Hütten sind einfach gebaut. Die ganze Baukunst besteht aus einem Halbkreis von in den Boden gesteckter Astgabeln, auf die Stangen gelegt werden, und ein paar Zweigen oder einem großen Stück Rinde als Dach. Zwei dieser Hütten stehen sich immer gegenüber, und gewöhnlich brennt zwischen ihnen ein Feuer.

Sie besitzen einige flache Schüsseln aus Holz, Rinde

oder Horn; die Gefäße, in denen das Essen gekocht wird, haben die Form von Kürbissen, sind oben eng und unten breit und aus Watape[1] so gefertigt, daß sie Wasser halten, das durch Hineinwerfen zu Rotglut erhitzter Steine zum Kochen gebracht wird. Auch haben sie eine Menge kleiner lederner Säckchen zur Aufbewahrung ihrer gestickten Arbeiten, ihrer Stricke und Netze. Die weniger tiefen Netze werfen sie in die wirbelnden Ströme der Flüsse, die großen in die Seen. Die Angelruten sind aus Rentiersehnen, die Haken aus Holz, Horn oder Knochen. Als Waffen und Jagdwerkzeuge verwenden sie Pfeil und Bogen, Dolche, Keulen und Pogamagans. Letzteres wird aus dem Geweih des Rentieres gemacht, von dem alle Zacken, die äußeren ausgenommen, abgebrochen werden. Dieses Instrument ist ungefähr zwei Fuß lang und wird dazu benutzt, Feinde in der Schlacht oder in Schlingen gefangene Tiere zu töten. Ihre Äxte sind aus einem Stück Stein gefertigt, das in der Mitte mit einem Strick aus frischer Haut an einem zwei Fuß langen Griff befestigt wird. Mit diesem Werkzeug spalten sie Holz. Feuer machen sie, indem sie ein Stück Schwefelkies und einen Feuerstahl über Zunder schlagen. Gewöhnlich tragen sie immer einen Beutel mit sich, der alle diese Materialien enthält, so daß sie überall Feuer entzünden können. Von ihren Nachbarn, den Rotmesser-Indianern und den Chipewyans, beschaffen sie sich im Austausch gegen Marder- und Biberfelle kleine Stücke Eisen, aus denen sie Messer herstellen. Mit diesen und mit Biberzähnen vollenden sie alle ihre Arbeiten. Sie tragen diese Werkzeuge wie auch ihre hölzernen und eisernen Pfriemen in einer Scheide um den Hals.

Ihre Kanus sind sehr klein, meist nur für einen Mann,

1) Watape heißen die zerrissenen Wurzeln der Pechtanne, aus welchen die Indianer ein Gewebe machen, das Flüssigkeiten hält. Es dient zur Fertigung von Kochgeschirren, zur Verbindung der verschiedenen Teile des Kanus usw. (Anm. d. Verfassers)

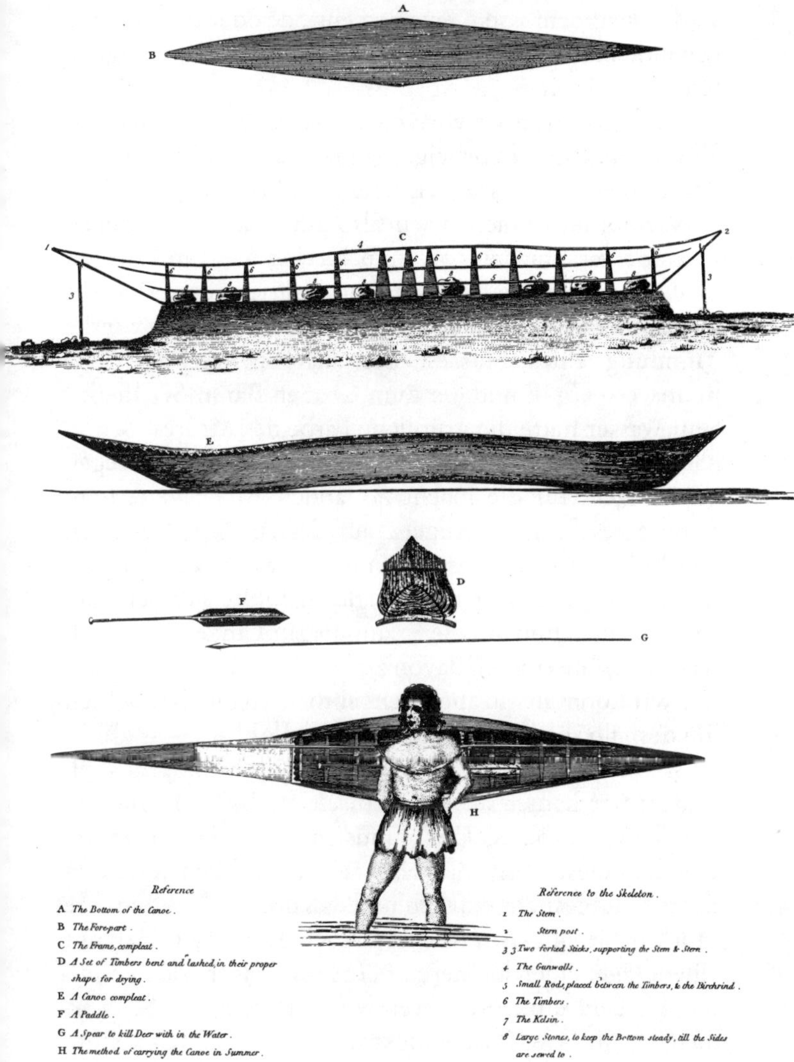

Kanu aus Birkenrinde für maximal zwei Mann. Es war so leicht, daß es weit über Land getragen werden konnte.

an beiden Enden spitzig, haben einen flachen Boden und sind vorn geschlossen. Aus Birkenrinde oder Fichtenholz gebaut, sind sie so leicht, daß man sie ohne Schwierigkeiten tragen kann. –

Übrigens erfuhren wir von diesen Indianern, daß wir an großen Lagern vorbeigekommen sein mußten, die in den Gebirgen am östlichen Ufer des Flusses liegen. –

Nachmittags brachen wir also auf, und unsere neuen Freunde versprachen, bis zum Herbst hier am Ufer zu bleiben und unsere Rückkehr zu erwarten. Unsere Fahrt ging weiter nach Westsüdwest, und bald passierten wir die Mündung eines Flusses, der sich zur rechten Seite in unseren ergoß und der zum Großen Bären-See fließt.[1] Sein Wasser hatte die grünliche Farbe des Meeres. Schon nach sechs Meilen wurden wir durch heftigen Sturmregen gezwungen, für die Nacht zu landen. Wir lagerten am Fuße eines felsigen Hügels, auf dessen Gipfel es nach den Behauptungen unseres Führers das ganze Jahr hindurch stürmt. Dieser neue Begleiter fühlte sich sehr unwohl bei uns, und um die Erlaubnis zur Umkehr zu erhalten, versuchte er mich davon zu überzeugen, daß er krank sei. Wir konnten ihn aber nicht entbehren und bewachten ihn deshalb sorgfältig, damit er nicht floh.

Am 6. ging es bei rauher, trüber Witterung sehr früh weiter; wir kamen an vielen Inseln vorbei, vor uns immer die Schneeberge. Der Hundsrippen-Indianer erzählte uns, daß diese Berge bewohnt seien, von kleinen weißen Büffeln aufgesucht würden und daß dort viele Bären ihre Höhlen hätten. – Am Abend versuchte ich zusammen mit einem Jäger einen kleineren Berg zu ersteigen, doch mußten wir bald umkehren, weil wir sonst von den Schwärmen der Moskitos fast erstickt worden wären. Ich konnte

1) Der Große Bären-See ist der größte Süßwassersee im nordwestlichen Amerika.

jedoch sehen, daß die Berge bald aufhörten, außerdem entdeckte ich eine kurze Strecke von unserem Lagerplatz entfernt im Fluß eine große Stromschnelle.

Wegen dieser Gefahr steuerten wir am nächsten Morgen auf die andere Flußseite. Wir hätten uns den Weg sparen können, denn die Stromschnelle war bei weitem nicht so gefährlich, wie sie ausgesehen hatte. Dies überzeugte uns vollends davon, wie irrig die Berichte der Eingeborenen über die großen und nahen Gefahren unserer Flußfahrt gewesen waren, denn diese relativ harmlose Stromschnelle sollte eine davon sein.

Nach 19 Meilen gingen wir bei einem Lager mit vier Feuern an Land. Seine Bewohner liefen eiligst davon, mit Ausnahme eines alten Mannes und einer alten Frau. Unser Führer rief vergeblich den Flüchtenden nach, sie sollten stehenbleiben, doch nur der alte Mann trug keine Bedenken, sich uns zu nähern. Er sei zu bejahrt und zu gleichgültig gegenüber der ihm noch verbleibenden kurzen Lebenszeit, als daß er vor einer drohenden Gefahr fliehen wollte, so sagte er uns, riß sich aber zugleich büschelweise seine grauen Haare aus, verteilte sie unter uns und flehte um Gnade für seine Anverwandten und sich. Unser Führer beruhigte ihn und konnte ihn dazu bringen, daß er seine versteckten Stammesbrüder – 18 Personen – zurückrief. Als diese nach langem Zureden endlich erschienen, schenkte ich ihnen Glasperlen, Messer, Pfriemen und anderes, worüber sie sehr erfreut waren. Sie unterschieden sich von den Eingeborenen, die wir schon gesehen hatten, keineswegs; und sie waren ebenso voller abschreckender Geschichten über die uns bevorstehenden Gefahren. Doch ließen sie es an gastfreundlicher Aufmerksamkeit nicht fehlen: So versorgten sie uns mit schmackhaft zubereiteten Fischen, die wir mit Freuden annahmen. Dann machten sie uns darauf aufmerksam, daß wir uns dicht vor Stromschnellen befänden und daß in deren Nähe mehrere ihrer Stammesbrüder leben würden. Als wir uns wieder aufmachten, wozu wir allerdings unseren heimwehkranken Führer zwingen mußten, begleiteten uns vier von ihnen in ihren Kanus, um uns Kanäle zu zeigen, auf denen wir den Stromschnellen ausweichen könnten.

Bald fanden wir den Fluß von hohen, senkrechten weißen Felsen gesäumt. Wir gingen ans Ufer, um nach den schrecklichen Stromschnellen Ausschau zu halten, fanden aber keinerlei Anzeichen dafür; und sosehr unsere Begleiter auch fortfuhren, diese Gefahr in den schillerndsten Farben zu beschreiben, so schwand doch unsere Furcht immer mehr – sahen wir doch, wie sie sich in ihren winzigen Kanus immer weiter wagten. Wir folgten ihnen in einiger Entfernung, ohne daß wir eine Geschwindigkeitszunahme der Strömung bemerkten. Endlich benachrichtigten uns die vier Eingeborenen, daß wir jetzt die Gefahrenzone hinter uns hätten. Wir hatten nichts davon gemerkt! – Bei einem Lager mit sechs Familien machten wir Rast und ließen uns reichlich mit Fisch bewirten. Als Dank verteilten wir ein paar unserer Geschenkartikel, dann setzten wir unsere Reise fort, inzwischen in Begleitung von 15 indianischen Kanus.

In einem engen Kanal hielten wir kurz bei einem Lager von drei Familien, unter denen sich ein Gefangener befand – ein junger Mann, der unsere Indianer besser verstand als die Eingeborenen. Wir boten ihm an, ihn mitzunehmen, doch bei der ersten Gelegenheit versteckte er sich vor uns, und wir fuhren ohne ihn weiter.

Nach fünf Meilen landeten wir an einem Ort, an dem wir auf sieben Personen trafen. Andere mehr hatten sich im Gehölz verborgen. Sie schenkten uns zwei Dutzend frisch erlegter Hasen und dazu zwei, die sie eben gekocht hatten – eine Artigkeit, gegen die wir nicht undankbar waren. Wenig später fanden wir einen Lagerplatz, in dessen

Nähe einer unserer Leute einen Kranich erlegen konnte. Unser Hundsrippen-Indianer stimmte wieder sein Gejammer an, doch nicht aus Furcht vor übler Behandlung durch uns, wie er versicherte, sondern aus Angst vor den Eskimos, die er als verdorbenes, boshaftes Volk schilderte, das uns allesamt töten würde.[1] Er setzte hinzu, daß erst vor einigen Sommern ein großer Haufen dieser Sippe den Fluß heraufgekommen sei und viele seines Stammes erschlagen habe.

Am 8. war unsere Richtung etwas westlicher. Bald schon gingen wir am nördlichen Ufer am Fuße eines Berges, auf dem wir Rauch aufsteigen sahen, an Land. Die Eingeborenen dort wollten zuerst fliehen, doch die uns vorausgefahrenen Biber-Indianer (von diesem Stamme waren die vier Eingeborenen, die uns seit dem Vortage begleiteten) konnten sie von unserer friedlichen Gesinnung überzeugen. Mehrere waren in Hasenfelle gekleidet, ansonsten glichen sie den uns schon bekannten Eingeborenen. Sie gehörten zum Stamme der Hasen-Indianer und wurden so genannt, weil ihre Nahrung wegen Mangel an Rentieren und anderem Wild hauptsächlich aus Hasenfleisch bestand. Unter ihnen befand sich eine zum Skelett abgemagerte Frau mit einem Geschwür am Bauch; um sie herum sangen und heulten mehrere alte Frauen – ob dieses Lärmen als Zauber gegen ihre Krankheit wirken oder als Trost und Zerstreuung dienen sollte, kann ich nicht sagen. – Eine kleine Menge unserer gewöhnlichen Geschenke wurde von allen mit großem Vergnügen angenommen. –

Unser Führer war inzwischen so unruhig geworden, daß wir ihn Tag und Nacht bewachen mußten; deshalb wechselten wir ihn gegen einen Hasen-Indianer aus.

1) Damit mußte Mackenzie die letzte Hoffnung aufgeben, sich auf dem Weg zur Westküste zu befinden.

Zwar reute auch diesen sehr bald seine Zustimmung, und er versuchte uns zu überreden, einige seiner Stammesbrüder, die etwas weiter den Fluß hinab wohnen würden, als Begleitung mitzunehmen, da er uns aber kurz zuvor erzählt hatte, daß wir ab jetzt niemand seines Stammes mehr treffen würden, zwangen wir ihn regelrecht zum Einsteigen.

Gegen Mittag landeten wir wieder bei einem Indianerlager, das von drei Männern mit ihren Frauen und Kindern bewohnt wurde. Sie boten uns etwas Rentierfleisch an, das wir aber ausschlugen, da es verfault und übelriechend war. Auch diese Leute erzählten uns wundersame Geschichten über vor uns liegende Gefahren und versicherten uns, daß hinter der gegenüberliegenden Insel ein *Manitoe* oder »Wassergeist« im Fluß wohne, der alle, die sich ihm näherten, verschlinge. Da wir Zeit sparen wollten, verzichteten wir auf eine genauere Untersuchung dieser Erscheinung und setzten unsere Route wie geplant fort. Ohne Unterbrechung paddelten wir bis acht Uhr abends weiter und konnten an diesem Tag 66 Meilen zurücklegen.[1]

1) Die Expedition hatte mittlerweile den nördlichen Polarkreis überschritten. Bisher war auf dem Landweg nur Samuel Hearne so weit in den Norden vorgestoßen.

VIERTES KAPITEL

In der Nacht zum 9. Juli war uns während eines Gewitters unser Führer weggelaufen, und da man uns im letzten Dorf gesagt hatte, daß sich der Fluß bald in mehrere Arme teilen werde, und wir deshalb unbedingt einen Ortskundigen bei uns haben mußten, zwangen wir einen uns entgegenkommenden Indianer, an die Stelle seines Stammesbruders zu treten. Als wir am östlichen Ufer Rauch aufsteigen sahen, steuerten wir dorthin. Unser neuer Führer rief sogleich den Uferbewohnern etwas für uns Unverständliches zu und erklärte uns dann, daß diese nicht zu seinem Stamm gehörten und ein ganz verdorbenes, boshaftes Volk seien, das uns prügeln, uns die Haare vom Kopf reißen und auf verschiedene Arten mißhandeln würde.

Vier Männer erwarteten uns an Land – Frauen und Kinder hatten sie ins Gehölz geschickt, um sich zu verstecken –, und alle zugleich riefen sie uns zornige Worte zu, die unsere Chipewyans nicht verstanden. Trotz seiner Angst überredeten wir den Hasen-Indianer, mit ihnen zu sprechen, worauf sie sich etwas beruhigten. Ich beschenkte sie – die Frauen und Kinder waren wieder aus ihren Verstecken herausgekommen – mit Glasperlen, Pfriemen und dergleichen. Insgesamt waren es 15 Indianer. Sie waren von gefälligerem Aussehen als die bisher gesehenen: gesund, wohlgenährt und sauber. Ihre Sprache klang etwas anders als die uns bekannte, doch wohl nur durch ihren Akzent, denn unser Führer konnte sich mit ihnen unterhalten, und auch der English Chief verstand sie, obwohl er sich selbst nicht verständlich machen konnte.

Ihre Waffen und Gerätschaften sind von den oben beschriebenen kaum unterschieden. Sie benutzen kleine Stücke Eisen als Messer, die sie von ihren Nachbarn, den

Eskimos, erhalten. Ihre Pfeile sind aus einem sehr leichten Holz gefertigt, und die Bogen haben eine andere Machart als die der anderen Indianer – sie erfordern eine starke Bogensehne und einen kräftigen Arm zum Abdrücken. Ihre Gewänder gehen vom Gürtel an in allmählich spitz zulaufender Form bis zum Knie, vorne wie hinten, und sind mit einer Borte aus den Kernen einer grauen, mehligen Beere verziert. Die Ärmel dieser Hemden sind weit und kurz, doch lange Lederhandschuhe, die an einer Schnur um den Hals hängen, bedecken den restlichen Arm. Ihre Strümpfe reichen bis zur Hüfte, so daß man sie »Schifferhosen« nennen könnte; sie werden mit einer Schnur um die Mitte des Leibes befestigt, so daß damit ein Gefühl für Scham und Anstand gezeigt wird, dessen sich ihre Nachbarn nicht rühmen können. Die Haare tragen sie auf eine besondere Art: Das an Stirn und Schläfen wachsende Haar hängt in zwei Zöpfen vor den Ohren herab, das restliche Haar auf dem Scheitel wird mit einer gefärbten Schnur nach hinten etwas entfernt vom Kopf zusammengebunden. –

Wir kauften ihnen ein paar große, sehr gut bearbeitete Elchhäute ab, die wir hier gar nicht vermutet hätten und die ihren Berichten zufolgen auch sehr selten sind. Sie bewirteten uns mit einem äußerst wohlschmeckenden Fisch, kleiner als ein Hering, schwarz und gelb gefleckt und das Maul voller scharfgespitzter Zähne.

Wir entließen nun unseren Hasen-Indianer, und ein Eingeborener, dessen Aussprache wir noch am besten verstanden, erklärte sich dazu bereit, uns zu begleiten. Er sagte uns, daß wir noch zehn Nächte schlafen müßten, ehe wir das Meer erreichten; nach drei Nächten würden wir auf Eskimos treffen, mit denen sie früher Krieg geführt hätten, jetzt aber in Frieden und Freundschaft lebten. Von den Indianern, die wir unterwegs getroffen und die uns solche Märchen erzählt hatten, sprach er in sehr spöttischer Weise und schilderte sie als abscheuliche Lügner und alte Weiber – eine Beschreibung, der wir nicht unbedingt widersprechen konnten. –

Bei der Abreise schossen wir unsere mit Pulver geladenen Flinten ab, worüber die Indianer, die anscheinend noch nie mit Feuerwaffen in Berührung geraten waren, nicht wenig erschraken; auch unser Führer wurde davon so beeindruckt, daß wir befürchteten, er würde sein Versprechen, uns zu begleiten, nicht einhalten. Doch schließlich konnten wir unsere neuen Freunde davon überzeugen, daß dieser Lärm nur als Zeichen der Freundschaft gedacht war.

Zwei Eingeborene, die uns unser Begleiter als seine Brüder vorgestellt hatte, kamen in ihren kleinen Kanus ebenfalls mit und belustigten uns sehr mit ihren Nationalgesängen und Liedern. Auch unser Führer wurde dadurch so angeregt, daß uns die heftigen Bewegungen, die er beim Taktschlagen vollführte, in Angst versetzten, sein Kanu könne umschlagen. Nach einiger Zeit wollte er in unser Kanu umsteigen, doch begann er hier einen Eskimotanz, der uns nicht weniger beunruhigte. Wir konnten ihn schließlich dazu bewegen, sich etwas ruhiger zu verhalten, doch hielt er uns bald wieder mit seinen Unarten, die er von den Eskimos gelernt haben wollte, in Aufregung.

Um vier Uhr nachmittags entdeckten wir am westlichen Ufer Rauch und hielten darauf zu. Bei unserem Anblick gerieten die Eingeborenen dort in schrecklichen Aufruhr, schrien und liefen herum, als hätten sie ihre fünf Sinne verloren. Frauen und Kinder flüchteten. Wir warteten deshalb einige Zeit, bevor wir landeten, und wahrscheinlich wäre uns ein gewalttätiger Empfang bereitet worden, hätten wir nicht Leute bei uns gehabt, die uns mit ihnen bekannt machen konnten: Denn die Entfernung von Frauen und Kindern ist immer als feindseliges Zeichen zu deuten. Wie immer konnten wir sie mit unseren Geschenken besänftigen, unter denen sie besonders die blauen Glasperlen bevorzugten. Sie heißen *Deguthee Dinees* oder »Quarrellers« (Streitsüchtige).

Genau wie sein Vorgänger äußerte nun auch unser neuer Führer bald den Wunsch, wieder umzukehren. Er hatte Angst, wir würden nicht denselben Weg zurückfahren, außerdem fürchtete er sich vor den Eskimos, die uns vielleicht erschlagen und die Frauen wegnehmen würden. Meine Chipewyans jedoch versicherten ihm, daß seine Furcht unbegründet sei; darauf fuhr er ohne Sträuben mit uns weiter. – Wir wurden jetzt von acht Indianerkanus begleitet.

Die Indianer, die wir abends am östlichen Ufer antrafen, erzählten mir, daß die Reise zum Meer von hier aus in westlicher Richtung auf dem Landweg sehr kurz sei. Das Land würde bald in einer Spitze auslaufend ins Meer stoßen. – Dieses Volk scheint keinerlei Neigung zum Stehlen zu besitzen, jedenfalls konnten wir nichts bemerken. Sie unterhielten uns mit Tänzen und Sprüngen, was ihnen großen Spaß zu bereiten schien. Auf der Erde vor ihren Hütten lag eine große Menge Flachs vom Vorjahr, zwischen dem schon wieder neue Pflanzen hervorsprossen. –

Am 10. führte uns der sich zwischen hohen Felsen dahinschlängelnde Fluß zunächst vier Meilen nordwestlich. Dann wurden die Ufer niedriger, wie auch das ganze Land ringsum sein bergiges Aussehen verlor. An einigen Stellen war die Gegend völlig nackt, an anderen mit einzelnen Fichten und Birken bewachsen. In einer Entfernung von zirka zehn Meilen lagen Berge mit schneebedeckten Gipfeln. Der Fluß wurde nun breiter und bildete wegen vieler kleiner Inseln, von denen einige nur aus Sand und Morast bestehen und zum Teil völlig baumlos sind, verschiedene Kanäle.[1] Diese waren so zahlreich, daß wir nicht wußten, welchen wir wählen sollten. Unser Führer wollte aus Angst vor den Eskimos den östlichsten Arm befahren, doch da ein mehr westlich gelegener viel mehr Wasser führte und eine merkliche Strömung aufwies, entschied ich mich für diesen. Unsere Richtung war noch immer nordwestlich. Nördlich von uns dehnten sich die Schneeberge aus, die nach Aussagen meiner Chipewyans ein Teil jener Berge sind, die wir schon am 2. Juli gesehen hatten. – Eine Messung ergab 67°47′ nördl. Breite, was viel nördlicher war, als wir erwartet hatten. Es stellte sich jedoch heraus, daß unser Kompaß eine starke östliche Abweichung hatte, wodurch sich der Unterschied in unseren Berechnungen erklärte. Es war jetzt ohne Zweifel, daß sich dieser Fluß in das Eismeer ergoß, und obwohl unsere Lebensmittel schon zur Neige gingen und es unwahrscheinlich war, daß wir noch in der angenehmen Jahreszeit nach Athabaska zurückkehren konnten, beschloß ich, bis zur Mündung des Flusses vorzudringen.

Unser Führer versuchte alles mögliche, uns von der Weiterreise abzubringen. Durch seine Unkereien wurden auch meine Jäger ganz mutlos und hätten mich sicher verlassen, wenn sie alle zurückgekonnt hätten. Ich versprach ihnen, nur noch sieben Tage weiterzureisen und dann, auch wenn wir nach dieser Zeit das Meer nicht erreicht hätten, die Rückreise anzutreten. In der Tat gab ja unser geringer Lebensmittelvorrat eine ausreichende Bürgschaft für die Einhaltung meines Versprechens. – Als wir an diesem Abend an Land gingen, verließen uns die Eingeborenen, die uns seit dem Vortag begleitet hatten. –

Ich blieb die ganze Nacht auf, um die Sonne zu beobachten. Um halb eins weckte ich einen meiner Reisege-

1) Beginn des Mündungsdeltas des Mackenzie River in die Beaufort-See.

führten, damit er ein Schauspiel erlebe, das er noch nie gesehen hatte: Als dieser die Sonne so hoch stehen sah, hielt er es für ein Zeichen zum Aufbruch und weckte die übrigen, die kaum davon zu überzeugen waren, daß es erst kurz nach Mitternacht war.[1]

Wir brachen vier Stunden später auf und landeten gegen zwölf Uhr an einer Stelle, wo vor kurzem Eingeborene gewesen sein mußten.[2] Ich zählte 30 Feuerstellen, andere entdeckten noch mehr. Es mußten viele Menschen hier gelagert haben: Zwar waren keine Hütten aufgebaut, doch steckten längs des Ufers viele Stangen, an denen sie wohl ihre Fischnetze aufgehängt hatten. – Hier scheint guter Fischfang möglich zu sein. Einer der aus dem Wasser springenden Fische fiel in unser Kanu; er war zehn Zoll lang und rund. – Um die Feuerstellen herum lagen Walfischknochen und dickes, verbranntes Leder. Auch konnten wir sehen, wo sie Tran verschüttet hatten. Eine besondere Erscheinung war eine bis an den Wipfel ihrer Äste beraubte Pechtanne, die wie ein englischer Maibaum aussah. – Es war wolkig, kalt und unfreundlich. Der Flußarm, den wir befuhren, wurde jetzt sehr breit und floß in ein neues System kleiner Kanäle zwischen kleinen Inseln hindurch, die nur mit niedrigen Weiden bewachsen waren.

Am Nachmittag landeten wir in der Nähe dreier unbewohnter Hütten. Sie hatten eine ovale Form und lagen etwa zwölf Zoll tief in der Erde. Von ihrer Größe her geben sie wohl einer ganzen Familie Raum. An einem Ende jeder Hütte befand sich eine zwei Fuß breite und zweieinhalb Fuß hohe Tür, vor der ein vier Fuß langer Vorraum angebaut war, so daß man nur auf allen vieren hinein oder hinaus kriechen konnte. Der Fußboden war

1) Das Phänomen der Mitternachtssonne.

2) Die Expedition befand sich jetzt in von Eskimos bewohntem Gebiet.

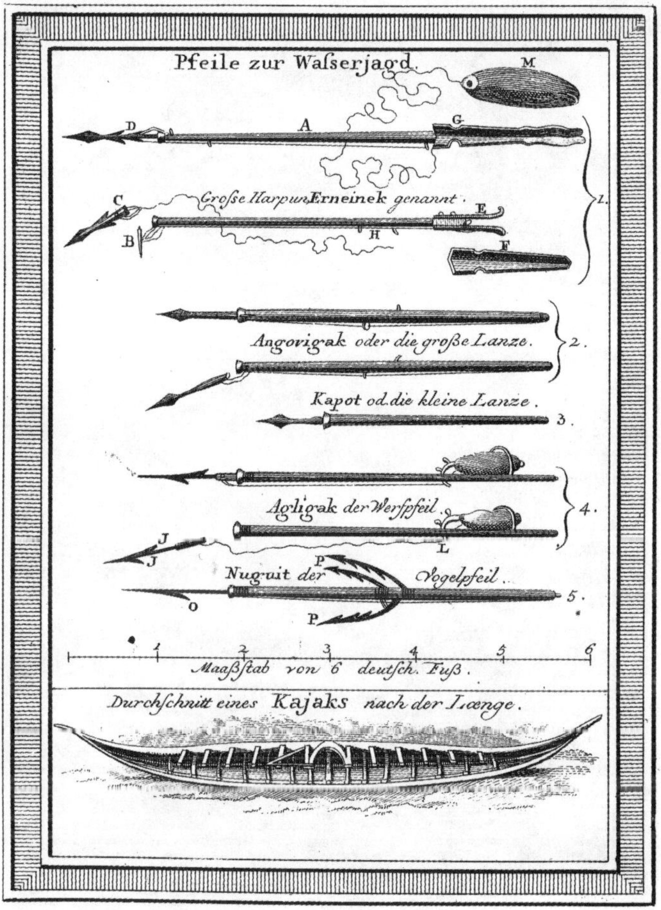

Pfeile und Speere für die Waljagd

mit Holzspänen bedeckt, und sechs bis acht Wurzelstöcke kleiner Bäume, die mit den Wurzeln nach oben in den Boden getrieben waren, stützten das Dach. Alle Gebäude waren aus Treibholz gebaut, mit Zweigen und trokkenem Gras bedeckt, die mit einer ein Fuß dicken Erdschicht beschwert waren. Neben jeder Hütte befand sich

Umiak und Kajak, die »Schiffe« der Eskimos

ein tiefes Loch, das mit Erde und Holzspänen abgedeckt war – wahrscheinlich die Vorratskammer. –

Wir setzten nun unsere Reise ohne Zwischenlandung fort bis zum Abend. Den ganzen Tag über waren wir auf keine Eingeborenen gestoßen, obwohl wir auf mehreren Inseln frische Fußstapfen im Sand entdeckt hatten.

Das Mißvergnügen an der Fortsetzung der Reise wurde bei den Chipewyans immer größer, denn unser Führer gab wieder einmal schreckenerregende Berichte über die noch vor uns liegende Strecke zum besten. Seiner Aussage nach sollten wir morgen zu einem großen See kommen, dessen Ufer nur von Eskimos bewohnt seien, die sich hauptsächlich von einem riesigen Fisch ernährten, der in den Tiefen des Sees hauste. Außerdem erwähnte er weiße Bären und andere große Tiere, worunter sich meine Jäger aber nichts vorstellen konnten.[1] Auch sollten die Kanus der Eskimos so groß sein, daß darin bis zu fünf Familien Platz fänden – für die Chipewyans unvorstellbare Ausmaße. Um mir der Dienste des English Chief weiterhin gewiß zu sein, schenkte ich ihm eine meiner Reisejacken und gab dem Führer eine Elchhaut, die in seinen Augen ein äußerst wertvolles Geschenk war.

In der Nacht fing es an, in Strömen zu regnen, was bis zum 12. anhielt. Dazu war es noch eisig kalt. Die Gegend wurde nun immer kahler, sie war nur noch mit kurzem Gras und einigen Blumen bedeckt – obwohl der Boden nicht über vier Zoll aufgetaut war. Dieser schöne Anblick kontrastierte eigenartig zu Schnee und Eis in den entfernten Gebirgen. – Wieder stießen wir auf einige Hütten, die den oben beschriebenen glichen. Wahrscheinlich waren noch vor kurzem ihre Bewohner hier gewesen, da wir am Ufer Fußspuren entdeckten. Vor den Hütten lagen mehrere Kufen und Stangen von Schlitten, so daß man die baldige Rückkehr der Eigentümer annehmen mußte. Auch fanden wir einige Stücke Netzwerk aus Sehnen und Weidenrinde. Ein viereckiger steinerner Kessel, der zwei Gallonen[2] fassen mochte, beschäftigte unsere Aufmerksamkeit, und wir dachten vergebens darüber nach, wie

1) Er meinte wohl Eisbären, Wale und Walrosse.
2) 1 Gallone = zirka 4,5 Liter.

dieses Felsstück ausgehöhlt und in diese Form gebracht worden war. Daneben lagen kleine Feuersteine mit hölzernen Griffen, die wahrscheinlich als Messer dienten, mehrere Schüsseln aus Holz, Stücke eines Kanus, mehrere Gräten eines großen Fisches und zwei Köpfe eines Tieres, vermutlich des Walrosses.[1]

Nachdem wir unsere Neugier befriedigt hatten, fuhren wir weiter, ohne genau zu wissen, wohin wir steuern sollten, denn auch unser Führer kannte sich hier nicht mehr aus. Doch merkten wir bald, daß wir an den Eingang des schon angekündigten Sees gelangt waren. Mit der in westlicher Richtung gehenden Strömung erreichten wir nach acht Meilen eine erhöht gelegene Landspitze, die 69°1′ nördl. Breite liegt. Von hier ging es weiter zu einer großen Insel.

Nach Westen hin lag der See völlig offen. Da aber das Wasser sehr seicht war, konnten wir in dieser Richtung nicht am Ufer entlangfahren. Als wir die Insel erreicht hatten, entdeckten wir, daß der See dahinter zwei Leagues weit mit Eis bedeckt war. Ich ließ die Zelte aufschlagen und bestieg mit dem English Chief den höchsten Punkt dieser Insel. Von hier aus sah ich, daß das Eis sich von Südwesten nach Osten erstreckte. – Auf unserem Erkundungsgang bemerkten wir eine Menge Rebhühner, Regenpfeifer, weiße Eulen, Möwen und viele andere Vögel. Neben diesen lebenden Wesen beschäftigte uns aber auch ein Toter: Wir stießen nämlich auf das Grab eines Eingeborenen, in dem neben der Leiche auch ein Bogen, ein Paddel und ein Speer lagen. Die Chipewyans berichteten mir, daß sie auf einer kleinen Insel in der Nähe ganz frische Fußstapfen zweier Menschen entdeckt und ein Ver-

1) Im Original »sea-horse«; eigentlich zu übersetzen mit »Seepferd«; da aber in diesen Regionen das Seepferdchen nicht vorkommt, kann hier nur, in Übereinstimmung von »Roß« und »Pferd«, das Walroß in Frage kommen.

steck mit Lebertran und mehrere Knochen vom weißen Bären gefunden hätten. –

Ein sonderbarer Umstand war nun, daß meine Leute sehr verdrießlich darüber waren, umzukehren, ohne das Meer gesehen zu haben. Denn in der Tat hatte die Hoffnung, dieses Ziel zu erreichen, sie bisher dazu angehalten, die Beschwerden unserer langen Reise ohne größeres Murren zu ertragen. Seit ein paar Tagen schon waren sie durch die Erwartung belebt worden, am nächsten Tag ans Meer zu gelangen – doch selbst in der jetzigen Lage erklärten sie mir ihre Bereitschaft, mir zu folgen, wohin ich sie auch führen wollte.

FÜNFTES KAPITEL

Kaum hatten wir in der Nacht – soweit man diesen Ausdruck in einem Land, in dem die Sonne niemals untergeht, überhaupt benutzen kann – zur Ruhe gelegt, als einige von uns wieder aufstehen mußten, um das Gepäck vor steigendem Wasser zu retten.

Am 13. war das Wetter so schön und ruhig, daß wir in unseren Netzen etliche Fische fangen konnten. – Eine Berechnung ergab nun 69°14′ nördl. Breite (die Abweichung der Magnetnadel betrug 36° östlich). Die westl. Länge war, wie wir später berechneten, 135°.[1]

Am Nachmittag schickte ich zwei meiner Leute mit einem großen Netz los, um möglichst viele Fische zu fangen, denn unsere Nahrungsmittel waren so geschmolzen, daß sie höchstens noch für zwölf Tage ausreichten.

Anderentags entdeckten wir im Wasser mehrere große Tiere, die wir zunächst für Eisschollen gehalten hatten. Es waren aber Walfische. Plötzlich hatten wir die Idee, sie zu verfolgen, doch war dies eine sehr unüberlegte Unternehmung. So verdankten wir es nur dem Nebel, daß wir daran gehindert wurden, denn ein Schlag mit der Schwanzflosse dieser mächtigen Tiere hätte unser Kanu zerschmettern können. Dieser Fisch dient den Eskimos als hauptsächliche Nahrung. Der über dem Wasser liegende Teil der Tiere war schneeweiß, und sie waren größer als der riesigste Tümmler.[2]

Am Mittag verzog sich der Nebel, und wir machten uns

1) Mackenzie konnte die Längengrade erst nach seiner Reise berechnen, da er zum Zeitpunkt der Reise noch nicht über die erforderlichen Kenntnisse verfügte.

2) Beluga- oder Weißwale.

auf, Genaueres über die Vereisung des Sees in Erfahrung zu bringen. Doch schon nach einer Stunde auf dem Wasser zwang uns plötzlicher aus Nordosten kommender Wind zu wenden. Der Nebel wurde nun wieder so dick, daß wir nicht bestimmen konnten, wie weit wir vom Eis entfernt waren, auch die eben verlassene Insel ließ sich nur noch als dunkler Schatten erkennen. Das Wasser stieg so schnell, daß unser Kanu dauernd vollief und kaum zwei Männer imstande waren, es leer zu schöpfen. Wir waren in wirklicher Gefahr und deshalb sehr froh, als wir wieder Land unter den Füßen hatten. Auch unsere Indianer konnten glücklich landen; hätten sie Ladung an Bord gehabt, hätten wir sie wahrscheinlich nicht wieder gesehen, so war ihr Kanu vollgeschlagen. Da ich meinen Forschungsdrang nicht länger auf Kosten solcher Gefahren befriedigen wollte, setzten wir unsere Fahrt längs der vielen kleinen Inselchen fort, die uns vor dem Wind schützten.[1] Außerdem wollte ich diese jetzt genauer auf die Anwesenheit von Eingeborenen untersuchen, die mir sicher Interessantes mitteilen konnten – obwohl sie mir unser Führer als scheues, unzugängliches Volk schilderte.

Abends lagerten wir am westlichen Ende der Insel, auf der wir schon die letzte Nacht verbracht hatten und die ich »Whale Island« (Walfisch-Insel) benannte. Dort erlegten wir einige Rotfüchse und entdeckten mehrere alte verlassene Hütten.

Am nächsten Morgen ließ ich dicht bei unseren Zelten einen Pfahl aufstellen, in den ich die Breitengrade des Ortes, meinen Namen, die Anzahl meiner Begleiter und

1) Mackenzie war ohne Zweifel am Arktischen Ozean, in der Mündung des Mackenzie in die Beaufort-See, angelangt. Das schlechte Wetter und der hohe Seegang hinderten ihn lediglich daran, über die erwähnten kleinen Inseln hinauszufahren und das offene Meer zu erblicken.

das Datum des Tages einschnitzte.[1] Dann entdeckte ich, durch einen Zufall darauf aufmerksam gemacht, daß das Wasser schon unser Gepäck umspülte. Da die Richtung des Windes sich nicht geändert hatte und er auch nicht heftiger blies als am Abend vorher, waren wir einer Meinung, daß dieser Umstand nur von Ebbe und Flut herrühren konnte. Wir hatten dies ja schon am anderen Ende der Insel bemerkt, es aber auf den Wind geschoben. Um dies genauer beobachten zu können, beschloß ich, auf alle Fälle bis zum nächsten Morgen hierzubleiben – was der sturmartige Wind sowieso notwendig machte. Doch der starke Regen verhinderte eine exakte Messung: Die Flut schien um zirka 16 bis 17 Zoll anzusteigen.

Da wir auf unserer Fahrt zwischen den Inseln hindurch keine Eingeborenen entdeckt hatten, meinte unser Führer, diese seien sicher in einer anderen Gegend auf der Jagd, und wir hätten nur die Möglichkeit, sie an einem kleinen Fluß, der von Osten her in den großen münde, zu treffen. Also steuerten wir gegen den Strom wieder zum Fluß zurück.

Schon am Abend dieses Tages lagerten wir wieder am Flußufer und fanden hier eine angenehme Temperaturveränderung vor, was uns aber andererseits auch wieder der Verfolgung durch die Moskitos aussetzte.

Als wir am 17. frühmorgens einige Fische fangen wollten, war unsere Beute mehr als gering. Um vier Uhr setzten wir die Rückreise fort, kamen an vier Lagern vorbei,

1) Am 14. Juli 1789 markierte Alexander Mackenzie hier seinen Wendepunkt. Hätte er mehr Proviant gehabt und wäre er von dem Versprechen, innerhalb von sieben Tagen wieder umzukehren, frei gewesen, wäre es ihm möglich gewesen, seine Expedition noch viel weiter zu führen: Er hätte in der zu dieser Zeit eisfreien Rinne entlang der Küste nach Westen bis in die Beringstraße vorstoßen können und wäre womöglich auf diesem Weg auf einen Posten russischer Pelzhändler gestoßen. Soviel zu dieser Zeit schon bekannt war, besaßen die Russen an der Küste Alaskas etwa ein Dutzend kleiner Stationen.

Am Arktischen Ozean, an der Mündung des Mackenzie in die Beaufort-See

die anscheinend bis vor kurzem noch bewohnt waren, und landeten schließlich am nördlichen Ufer auf einer kleinen Insel, deren Spitze, nach den vielen Gräbern dort zu urteilen, ein Begräbnisplatz war. Wir fanden dort auch das Gerippe eines kleinen Kanus, verschiedene Gefäße und andere Gerätschaften, die die Verstorbenen zu ihren Lebzeiten benutzt hatten und die ihnen auf ihrer Reise ins Jenseits mitgegeben worden waren. An dem Kanu fehlte die Bespannung – wahrscheinlich hatten die wilden Tiere dieser Insel sie weggefressen. Auch einige Schlitten lagen als Grabbeigaben herum; an ihren Kufen waren vermittels hölzerner Pflöcke kleine Stückchen Horn befestigt, damit sie leichter dahinglitten. –

Um die Mittagszeit erblickten wir nach Tagen wieder die erste Pechtanne. Auf dem Festland gibt es davon nur wenige und dann auch nur kleine; die größeren wachsen auf den Inseln. Es ist überhaupt recht verwunderlich, daß in dieser Gegend Bäume wachsen, denn der Boden taut nie über fünf Fuß auf. –

Als wir an diesem Tag unser Lager aufschlugen, flogen große Züge von Wildgänsen über uns hinweg; sie waren aber so schnell, daß wir keine herunterschießen konnten. Den ganzen Tag über hatten unsere Jäger versucht, auf dem Hochland längs der Ufer Rentiere aufzuspüren, waren aber nur auf ihre Spuren gestoßen. Auch ich bestieg am Abend das Hochland und hatte von dort einen reizvollen Blick auf den in unzählige Ströme geteilten Fluß. Der Horizont wurde von einem Gebirge begrenzt, das etwa 40 Meilen entfernt lag; ringsum war das Land mit Moos bedeckt.

Auch am nächsten Tag trafen wir keine Eingeborenen; daß Menschen in der Nähe sein mußten, zeigten lediglich ihre frischen Fußspuren und eine Menge Bäume, deren Zweige bis in die Wipfel abgehauen waren; letzteres läßt auf nahe Behausungen schließen, da diese kahlen Bäume als Wegweiser in die Winterquartiere der einzelnen Familien dienen. – Endlich konnten die Jäger zwei Rentiere töten, was uns wie gerufen kam, da unser Pemmikan schon zu schimmeln anfing. Dazu aßen wir von den reichlich vorhandenen Krähenbeeren und Kräutern, deren Namen ich nicht kenne. –

Am 19. regnete und stürmte es aus Norden bis morgens um acht Uhr, und wir mußten feststellen, daß unser Führer entflohen war. Mich erstaunte sehr seine Ehrlichkeit, denn er hatte die Elchhaut, die ich ihm gegen die Kälte geschenkt hatte, zurückgelassen, obwohl es immer noch sehr kalt war. Ich fragte meine Chipewyans, ob sie ihn irgendwie beleidigt und von seinen Fluchtplänen gewußt hätten, doch sie verneinten beides. Sie erinnerten sich allerdings, daß er Angst gehabt habe, als Sklave von uns verschleppt zu werden. –

Als das Wetter aufklarte, schossen die Jäger 22 junge Wildgänse, die eben ihre Federn verloren hatten und deshalb nicht fliegen konnten. Sie waren viel kleiner als die in der Gegend um Athabaska. Am Abend nahmen wir unseren Standplatz bei einem verlassenen indianischen Lager.

Wegen eines heftigen Sturmregens kamen wir am nächsten Tag nur eine kurze Wegstrecke weiter und gelangten deshalb erst am 21. aus dem von winzigen Kanälen gebildeten Mündungsdelta in den Hauptkanal des Flusses. Die Gegenströmung war hier so stark, daß wir unser Kanu vom Ufer aus mit Tauen ziehen mußten. Das Land auf beiden Seiten ging fast senkrecht hoch, und die schmalen Uferstreifen waren mit grauen Steinen bedeckt, die von den Höhen heruntergerollt waren. Mit dem Schleppen kamen wir besser voran als mit Paddeln. Nach zwei Stunden lösten sich immer je zwei Männer ab – eine harte und ermüdende, aber zeitsparende Arbeit, denn Zeit war uns jetzt sehr kostbar. Abends um halb neun Uhr lagerten wir an demselben Ort, an dem wir schon am 9. Juli gelandet waren.

Kurz nach unserer Landung besuchten uns elf Eingeborene, die von dem Dorf waren, aus dem wir unseren letzten Führer mitgenommen hatten und das etwas weiter oben am Fluß lag. Unter ihnen war auch der Bruder unseres treulosen Begleiters. Da jener anscheinend noch nicht in seinem Dorf angekommen war, fragte er uns sehr genau über dessen Verbleib, schien aber durch unsere Antworten nicht befriedigt. Die Eingeborenen benahmen sich nun höchst verdächtig, und einer von ihnen hielt auch eine lange Rede, die sehr erregt klang; obwohl unseren Chipewyans unverständlich, schien sie doch für uns äußerst ungünstig. Der Bruder versprach jedoch, uns alles zu glauben, wenn wir ihm einige Glasperlen schenken wollten; ich gab ihm aber nur die Pfeile und den Bogen, die unser ehemaliger Führer bei uns zurückgelassen hatte. –

Nach dem gestrigen Regen mußten meine Leute die Gewehre reinigen, was die Neugier der Eingeborenen aufs höchste erregte. Wir erklärten ihnen, daß wir die Waffen dazu verwendeten, uns Vorräte an Fleisch zu verschaffen, und versicherten ihnen, sie nicht gegen sie richten zu wollen. Sie baten uns darauf, die Gewehre in ihrer Gegenwart abzufeuern.

Als sich meine Leute zur Ruhe begaben, hielt ich es für ratsam, wach zu bleiben und die Eingeborenen zu beobachten. Um vier Uhr morgens sah ich längs des Ufers vier ihrer Frauen näherkommen. Zwei von ihnen, wahrscheinlich die jungen, mußten gleich wieder umkehren, während sich die zwei anderen, die sehr alt waren, eine halbe Stunde am Feuer aufhalten durften. Dann legten sich die Männer, trotz der Kälte so nackt wie sie waren, rings um dasselbe nieder. Auf diesem Feuer hatten wir einen kleinen Kessel aufgesetzt, und hier sah ich zum ersten Mal auf unserer Reise eine Neigung der Eingeborenen zum Stehlen, denn ich mußte ständig aufpassen, daß sie sich nicht seines Inhalts bemächtigten. Aber vermutlich ist es hier allgemeine Meinung, daß Nahrungsmittel gemeinschaftliches Eigentum sind. – In dieser Nacht sah ich auch seit langem wieder die Sonne untergehen.

Während meine Leute am nächsten Morgen die Anstalten zur Abreise trafen, ging ich mit den Eingeborenen zu ihren Hütten, die etwa drei Stunden von unserem Lager entfernt lagen. Dort hatten sie alle ihre Besitztümer versteckt und ihre jungen Frauen in die Wälder geschickt. Die Hütten waren sehr groß und aus Treibholz am Abhang des Ufers gebaut; ihre Konstruktion bestand aus einer kräftigen Astgabel, die im Uferstreifen steckte und auf der derbe Stecken lagen, die sich im Abhang aufstützten. Eine Decke aus Pechtannenrinde sollte gegen Regen schützen. In den Hütten hingen an Sparren zerschnittene Fische zum Trocknen, was durch kleine Feuer an verschiedenen Stellen im Raum noch beschleunigt wurde.[1] An den Außenseiten der Hütten waren Geländer angebracht, an denen ebenfalls Fische hingen. Auch der Rogen wurde sorgfältig aufbewahrt und getrocknet. Für eine Handvoll Glasperlen erhielten wir so viele Fische, wie wir nur wollten. Eisen schätzten sie fast überhaupt nicht.

Während der Zeit, die ich bei den Hütten verbrachte, hielt ich den English Chief, der mit mir gekommen war, dazu an, möglichst viel Erkundigungen über dieses Volk einzuziehen. Das Resultat war folgendes:

Der Stamm ist sehr zahlreich. Schon immer waren sie mit den Eskimos, einem Volk, das jeden angreift, der sich nicht verteidigen kann, im Streit; erst kürzlich hätten die Eskimos trotz großer Freundschaftsbeteuerungen einige

1) Anscheinend keine Wohnhütten, sondern eine Art Räucherstuben.

von ihnen ermordet; doch würden sie ihnen nun ihr Vertrauen entziehen und sich mit allen Indianern der Gegend zusammentun, um den Tod ihrer Brüder zu rächen.

Ihren Berichten nach kommt zuweilen eine größere Gruppe Eskimos den Fluß herauf, um Feuersteine zu suchen, die sie zur Schärfung ihrer Pfeilspitzen brauchen. Wie man uns sagte, wären sie momentan östlich von hier, um Rentiere zu jagen, und würden dann an einem See weiter oben im Norden die großen Fische fangen, um sich für den Winter zu versorgen.

Die Eingeborenen erzählten uns auch, sie hätten von den Eskimos erfahren, daß jene vor acht bis zehn Wintern auf einem See im Westen, den sie seit damals *Belhoullay Toe* oder »See des weißen Mannes« nennen, große Kanus mit weißen Männern getroffen hätten, von denen sie für Häute und Felle Eisen erhalten hätten.[1] Die Indianer schilderten die Eskimos so gekleidet wie sie. Allerdings trügen jene ihre Haare kurz und hätten in beiden Backen ein Loch gebohrt, in das sie eine längliche Kralle steckten. Ihre Bogen seien etwas anders als die ihrigen, zudem benützten sie Steinschleudern, die bei Kämpfen zu furchtbaren Waffen würden. –

Wir erfuhren außerdem, daß die Eingeborenen in wenigen Tagen auf die Jagd gehen wollten, um Rentiere, Bären, Vielfraße, Marder, Füchse, Hasen und weiße Büffel zu erlegen. –

Schließlich verließen wir ihr Lager und machten uns auf die Weiterfahrt flußaufwärts. Fast den ganzen Tag mußte das Kanu gezogen werden. Es wurde nun immer wärmer, und die Flußufer waren wieder dichter mit niedrigen Sträuchern, Pechtannen, Fichten, Weiden und Birken bewachsen.

1) Vermutlich russische Pelzhändler, die einzigen Weißen, die bis dahin in diese Regionen vorgestoßen waren und Handel betrieben.

Kanadischer Waldläufer (voyageur oder coureur des bois) mit Schneeschuhen. Mackenzie spricht auch von den »Nordmännern«.

Am 23. brachen wir früh um fünf Uhr auf und kamen an mehreren Plätzen vorüber, an denen Eingeborene ihre Netze ausgeworfen hatten. Abends um fünf Uhr wollten unsere Chipewyans unbedingt an Land gehen, doch zu ihrem Verdruß fuhren wir weiter bis zu unserem Lagerplatz vom 8. Schließlich folgten sie uns mißmutig nach. –

Innerhalb der letzten sechs Tage, in denen wir unsere alten Vorräte nicht angerührt hatten, verzehrten wir zwei Rentiere, vier Schwäne, 45 Gänse und eine beträchtliche Menge Fisch – man muß bedenken, daß unsere Gesellschaft aus zehn Männern und vier Frauen bestand und daß in diesen Regionen der Hunger größer ist. Mir war zwar bei den Nordmännern[1] schon immer ihr großer Appetit aufgefallen, doch seit wir auf diesem Fluß waren, übertrafen meine Männer diese so sehr, daß ich sie für gefräßig gehalten hätte, wäre nicht auch mein Appetit in gleichem Maße größer geworden.

1) »Nordmänner« wurden die Pelzjäger genannt, die im Dienste der verschiedenen Handelsgesellschaften oder auf eigene Faust ihr Leben im rauhen Norden Kanadas verbrachten und sich mit Fallenstellen ihren Lebensunterhalt verdienten. Mackenzies Begleiter wurden ebenfalls »Nordmänner«, auch »Voyageurs« genannt.

SECHSTES KAPITEL

Am 24. waren wir wieder gezwungen, unser Kanu zu ziehen, denn es war unmöglich, sich gegen die starke Strömung mit Paddeln vorwärts zu bewegen. Wir passierten einen kleinen Fluß, an dem Indianer und Eskimos gewöhnlich Feuersteine sammeln. Die Ufer bestehen aus hohen steilen Felsen von roter, grüner und gelber Farbe, von denen ständig steinige Brocken weggespült werden, die etwa dem Schiefer gleichkommen, aber nicht so hart sind. An den ausgespülten Stellen findet man Bergteer, der aussieht wie gelbes Wachs, allerdings weicher ist.[1] Der English Chief wußte von ähnlichen Felsen um den Sklaven-See, wo die Chipewyan nach Kupfer[2] suchen.

Etwas später bemerkten wir am Ufer eine Hütte, deren Bewohner bei unserem Anblick völlig kopflos in den Wald flohen. Nur drei Männer erwarteten unsere Ankunft, aber in einiger Entfernung und Pfeil und Bogen schußbereit – jedenfalls versuchten sie uns durch Schnappen mit den Bogensehnen Angst einzujagen. Der English Chief, dessen Sprache sie einigermaßen verstanden, und ein Geschenk von Glasperlen konnten dann aber ihr Mißtrauen ein wenig zerstreuen.

Wegen unseres Segels hatten sie uns zunächst für Eskimos gehalten, und da sie in unseren Booten einige Kleidungsstücke, Bogen und anderes der »Quarrellers« genannten Indianer erblickten, glaubten sie, wir hät-

1) Dieses »gelbe Wachs« war nichts anderes als verunreinigtes Erdöl bzw. Bitumen. Mackenzie hatte damit als erster die »Ölfelder von Norman Wells« entdeckt, die reichsten Ölvorkommen Kanadas. Erst 1919 wurde das erste Bohrloch gesenkt, und bis heute ist ihr Reichtum nicht ausgeschöpft.

2) Erst 150 Jahre später befaßten sich Geologen mit den Bodenschätzen dieser Gegend. Mackenzies Hinweis wurde seinerzeit keine Beachtung geschenkt.

ten einige von diesen getötet. Auch sie schienen zu diesem Stamm zu gehören, obwohl sie es aus Furcht nicht zugaben. Aus ihren Fragen ergab sich, daß sie von unserer Anwesenheit in dieser Region nichts gewußt hatten.

Sie wollten auch nicht gestehen, daß sie Frauen bei sich hatten, obwohl wir einige in den Wald flüchten sahen; sie behaupteten, sie hätten sie in einiger Entfernung bei Stammesbrüdern zurückgelassen. Sie waren hier wohl erst seit kurzem, denn ihre Hütte war noch nicht ganz fertig aufgebaut, und wir sahen auch keinen Vorrat an Fischen. Einer meiner Indianer, dessen Paddel zerbrochen war, wollte eines der ihren an sich nehmen, doch dessen Eigentümer widersetzte sich dem so heftig, daß ich den dadurch entstandenen Streit schlichten mußte.

Dieser Zwischenfall nahm anderthalb Stunden in Anspruch. Während dieser Zeit trieb sich der English Chief im Gebüsch herum, wo er zwar einige versteckte Sachen fand, aber keine Frauen – worüber er sehr verärgert war. Später erfuhr ich, daß die Chipewyans den Eingeborenen manches entwendet hatten; hätte ich davon eher gewußt, hätte ich für reichen Ersatz gesorgt. –

Nachmittags segelten wir ein Stück weiter den Fluß hinauf – der Wind war günstig – und schlugen bei heiterem Wetter am Abend unsere Zelte auf. Kaum waren wir damit fertig, als uns ein Indianer besuchte, den wir schon auf der Hinreise getroffen hatten. Seine Familie wohnte weiter flußaufwärts, wo wir am nächsten Morgen vorbeifuhren. Seltsamerweise waren aber diese Leute vor uns geflüchtet, denn in dem menschenleeren Lager waren die Feuer noch nicht ganz erloschen, und ringsumher lagen Fische. –

Es wurde jetzt sehr schwül, und die Strömung war schwächer geworden, so daß wir mit den Paddeln gut vorankamen. – Das Landesinnere ist hier sehr bergig, die Ufer dagegen niedrig und mit Pappeln bewachsen – die ersten, die wir auf der Rückreise zu Gesicht bekamen. Über uns flogen Tauben, und überall hüpften Hasen herum. Wir fuhren an vielen Lagern vorbei, die wir bei unserer Hinreise nicht bemerkt hatten. Am Abend bedeckte sich der Himmel mit bleigrauen Wolken, und es blitzte und donnerte. Deshalb gingen wir an Land, um uns vor dem drohenden Gewitter zu schützen. Ehe wir noch unsere Zelte aufgestellt hatten, ging der Sturm mit solcher Gewalt nieder, als ob er alles mit sich fortreißen wollte. Wir mußten uns flach auf die Erde werfen, um nicht von Steinen verwundet zu werden, die wie Sand in der Luft herumgeschleudert wurden.

Der Sturmwind ließ jedoch bald nach, nur der Regen hielt bis zum anderen Morgen an; trotzdem ging es um vier Uhr früh weiter. Nach vier Stunden Fahrt gelangten wir zu drei großen Hütten, deren Bewohner wir erst einmal wecken mußten – was sie sehr erschreckte. Unter ihnen befand sich ein Hundsrippen-Indianer, den ein Zwist mit seinem Häuptling vor vielen Jahren aus seinem Land vertrieben hatte. Der English Chief verstand seine Sprache so gut, als wäre er vom selben Stamm, und schilderte uns ihre Unterhaltung folgendermaßen:

Der Hundsrippen-Indianer hatte von dem Stamm, bei dem er jetzt lebte, den Hasen-Indianern, erfahren, daß jenseits des Gebirges mit den schneebedeckten Gipfeln ein großer Fluß in Richtung der sinkenden Sonne ströme und sich in einen See ergieße, der kein anderes Ufer habe und dessen Wasser krank mache; gegen diesen Fluß sei unserer nur ein Rinnsal; die Menschen, die an seinem Ende wohnten, seien riesig gewachsen und boshaft; sie könnten mit Blicken töten und bauten viel größere Kanus als wir; außerdem gäbe es dort einen Biber, dessen Fell das ganze Jahr über rot sei; zu dem großen Fluß käme man nur über das Gebirge, eine Wasserverbindung sei nicht vorhanden.[1]

Da er erzählte, daß auch in dieser Gegend viele Biber lebten, forderte ich ihn auf, fleißig auf die Jagd zu gehen und die Felle dann zum Tausch gegen Eisen zu seinem alten Stamm zu bringen, mit dem wir Weißen Tauschhandel betrieben. Er sagte uns auch, daß wir auf unserer Weiterfahrt nur wenige Menschen antreffen würden, da die meisten nach Norden zu den Eskimo-Seen gewandert seien, um dort Rentiere zu jagen. Die Eskimos schilderte er uns als sehr verräterisch und erzählte, daß sie einen seines Volkes erschlagen hätten, wofür man noch Rache nehmen wolle. –

Während unseres Aufenthalts passierte ein böser Zwischenfall: Meine Chipewyans wollten unbedingt eine junge Hasen-Indianerin mitnehmen, doch da der Stamm sich diesem Vorhaben begreiflicherweise widersetzte, hatte ich alle Mühe, eine gewaltsame Entführung zu verhindern. Überhaupt muß ich erwähnen, daß ich auf meine Indianer ein sehr wachsames Auge werfen mußte, da sie den Eingeborenen gern etwas wegnahmen, ohne ihnen einen Gegenwert zu geben. – An diesem Tag konnten wir noch einige Stunden mit aufgespanntem Segel weiterfahren.

Den Morgen des 27. verbrachten wir bei drei Eingeborenenfamilien, mit denen wir schon auf unserer Hinreise Bekanntschaft geschlossen hatten. Ich versuchte dort, mehr über den Fluß herauszubekommen, den mir der Hundsrippen-Indianer beschrieben hatte. Doch kannten sie ihn nur aus den Berichten anderer, da sie selbst nie das Gebirge überquert hatten. Sie wußten nur, daß er viel größer sei als der, dessen Ufer sie bewohnten, und daß er der

1) Der Yukon, der an der Westküste Alaskas im Norton-Sund mündet, wo die Russen eine Niederlassung (Fort Sankt Michael) gegründet hatten. »Wasser, das krank macht« ist das Salzwasser des Meeres.

sinkenden Sonne entgegenfließe. Mit einem Geschenk von Glasperlen konnte ich einen dazu bewegen, mir die umliegende Gegend in den Sand zu zeichnen. Heraus kam eine sonderbare Karte: eine lange Landspitze zwischen unserem und dem mir unbekannten Fluß, allerdings ohne besondere Berücksichtigung ihres Verlaufes; diese beiden Flüsse ergossen sich dann in einen großen See, an dessen Ende ein *Belhoullay Couin*, ein Fort der Weißen, lag. Vielleicht war dies das Fort Unalascha und der westliche Fluß der Cook River?[1] Obwohl ich dem Indianer einen sehr vorteilhaften Vorschlag machte, wenn er mich über das Gebirge zu dem anderen Fluß führe, lehnte er ab. Er empfahl mir aber einige Männer, die hier in der Nachbarschaft fischten, als viel besser geeignet. –

Einer der Gruppe war von dicken Geschwüren auf seinem Rücken geplagt, doch die einzige Hilfe, die ihm seine Leute geben konnten, war, daß eine Frau mit einem Federwedel ihm die Mücken vom Leibe hielt. –

Um zehn Uhr landeten wir bei den Fischern, die man uns genannt hatte. Ich wollte hier den ganzen Tag bleiben, um ihr Vertrauen zu gewinnen: Ich hoffte, sie würden mir dann alles Wissenswerte über das Land jenseits des Gebirges mitteilen. Doch beinahe wurde meine Absicht wegen eines Mißverständnisses zwischen ihnen und meinen jungen Chipewyans vereitelt: Als die letzteren, die vor mir gefahren waren, ihr Kanu aufs Ufer setzten, wollten ihnen die Eingeborenen helfen, indem sie die Spitze des Bootes ergriffen und es mit viel Kraft an Land zogen, da aber die beiden Männer noch darin saßen, wäre es durch ihr Gewicht fast auseinandergebrochen. Ich kam gerade noch rechtzeitig, um das Schlimmste zu verhüten. –

1) Mackenzie war der Meinung, es handle sich um den von ihm ursprünglich gesuchten Fluß, der im Cook Inlet in den Pazifik fließe. Über den Yukon gab es zu dieser Zeit noch keinerlei Kenntnisse (s. Anm. auf S. 102).

Am Nachmittag versammelten sich alle Eingeborenen, doch gaben sie auf die lange Rede meines Dolmetschers nur unbefriedigende Auskunft. Sie beschrieben den westlichen Fluß in derselben Weise wie die Eingeborenen am Morgen, nur war ihre Beschreibung der dort lebenden Weißen noch übertriebener: Es seien mit Federschwingen ausgestattete Riesen, die allerdings nicht fliegen könnten.[1] Als Nahrung dienten ihnen große Vögel, aber auch Menschen würden oft Opfer ihrer Gefräßigkeit. Sie besäßen die außergewöhnliche Kraft, mit den Augen zu töten, und könnten mit einem Bissen einen Biber verschlingen. Ihre Kanus seien riesengroß. – Dies erzählten sie jedoch nicht aus eigener Erfahrung, sondern nach Berichten anderer Stämme. Es schien mir, als ob sie weit mehr über diese Gegend wüßten, als sie mir sagten, doch hatte ich auch den Eindruck, daß mein Dolmetscher, der der Reise schon längst überdrüssig war, mir bestimmte Informationen vorenthielt, um mich davon abzuhalten, meine Route zu ändern und zu verlängern. – Nach dieser Befragung begannen die Eingeborenen zu tanzen – neben dem Hüpfen ihr größtes Vergnügen. Männer, Frauen und Kinder verfolgten diese Leibesübungen so lange, bis sie völlig erschöpft waren. Dazu ahmten sie verschiedene Tierstimmen nach. –

Abends wollte ich mit Hilfe des English Chief doch noch mehr aus ihnen herausbekommen, setzte dazu eine verärgerte Miene auf und äußerte ihnen gegenüber meinen Verdacht, daß sie mir etwas verbargen. Ich schloß meine Rede mit der Drohung, anderentags einen von ihnen zwingen zu wollen, mir den Weg zu dem Fluß zu zeigen. Da zeigten alle schlagartig Anzeichen von Gebrechen und Krankheiten und antworteten mit schwacher Stimme, daß sie wirklich nicht mehr wüßten, als sie mir

1) Die großen Segelschiffe der russischen Pelzhändler.

gesagt hätten, und wenn ich einen von ihnen mitnehmen würde, müßte dieser sterben. Dann versuchten sie meinen Dolmetscher zu überreden, bei ihnen zu bleiben. Sie wollten ihn behandeln wie einen der Ihren, denn bei mir, meinten sie, würde er ja doch nur den Tod finden. Dies machte auch sehr großen Eindruck auf ihn – was er vergeblich vor mir zu verbergen suchte –, besonders weil ihm auch die Frauen zuredeten. –

Bei Sonnenuntergang mußte ich einen ihrer Hunde erschießen, der sich nicht anders von unseren Lebensmitteln abhalten ließ. Als die Eingeborenen den Knall meiner Pistole hörten und den Hund tot daliegen sahen, waren sie sehr beunruhigt; die Frauen nahmen ihre Kinder auf den Rücken und liefen in den Wald. Ich versicherte ihnen jedoch, ihnen kein Leid zufügen zu wollen. Indessen war die Frau, der der Hund gehört hatte, so betrübt, daß sie mir erklärte, der Verlust dieses Tieres würde sie mehr schmerzen als der ihrer fünf Kinder im vorigen Winter; doch mittels einiger Glasperlen und anderer Geschenke ließ sie sich sehr schnell trösten. – So geschwind diese Menschen in tiefe Trauer oder schwere Krankheiten verfallen, so leicht kann man sie auch davon heilen. –

Bei unserer Ankunft waren die Frauen in Tränen aufgelöst gewesen, weil sie dachten, wir wollten sie mitnehmen. Nun sind sie zwar für die Augen eines Europäers sicher kein sehr reizvoller Anblick, aber unter meinen Leuten gab es doch einige, die die verborgenen Reize dieser Frauen entdecken konnten; ich glaube auch, daß diese Männer Mittel und Wege fanden, die Furcht und die Sprödigkeit der Schönen zu besiegen. –

Am 28. suchte ich kurz vor unserer Abfahrt noch einmal die Hütten der Eingeborenen auf: Sie lagen alle auf ihren Lagern und stellten sich krank. Als ich ihnen versprach, keinen mitnehmen zu wollen, verließ sie ihre Krankheit im Nu. Sie schenkten uns alle Fische, die während der Nacht in ihre Netze gegangen waren, und wir stießen ab.

Das Wetter war heute sehr schwül. Ungefähr um ein Uhr landeten wir bei einem Feuer von mehreren jungen Männern des Stammes, bei dem wir die Nacht verbracht hatten. Sie waren auf Gänsejagd und zeigten uns ihre Beute. Von 200 Gänsen waren etwa 36 genießbar; die restlichen faulten schon und verbreiteten einen schrecklichen Gestank. Man hatte sie schon vor ein paar Tagen erlegt und nicht ausgeweidet. Die Eingeborenen essen sie jedoch auch in diesem Zustand. Wir suchten einige relativ frische Tiere aus, bezahlten sie und reisten dann bis zum Abend weiter.

So unerträglich heiß das Wetter gestern gewesen war, so konnten wir uns am nächsten Tag kaum gegen die Kälte schützen. Von einem heftigen Wind im Rücken wurden wir trotz starker Gegenströmung vorwärts getrieben. Um zehn Uhr erreichten wir die Stromschnellen, die uns am 7. Juli so gut wie keine Probleme bereitet hatten. Jetzt waren sie jedoch viel gefährlicher als bei der Hinreise. Vorsichtig mußten wir das Kanu über sie hinwegziehen. Als wir später an einem von Westen her mündenden Fluß vorbeifuhren, der wie der Mountain River[1] einer der wasserreichsten Ströme aus dieser Richtung ist, wäre einer unserer Jäger fast ertrunken.

Nach einer sehr regnerischen Nacht ging es am 30. weiter. Die Kälte hatte etwas abgenommen, und wir konnten bei Nordwestwind weite Strecken mit dem Segel zurücklegen. Als wir lagerten, erlegten wir elf ausgewachsene und 40 junge Gänse. Außerdem aßen wir Süßholz, das an den Ufern in großen Mengen wächst und sehr ad-

1) Wahrscheinlich wieder der Liard.

stringierend wirkt.[1] Wir fanden auch viele Heidel- und Himbeeren und eine Beere, »Poire« genannt.[2]

Der Fluß führte jetzt viel weniger Wasser als vor einigen Wochen, so daß wir am nächsten Tag oft von Sandbänken und Ansammlungen kleiner Steine aufgehalten wurden. Stellenweise sah man in Ufernähe ein Fuß dickes Eis. –

Während unserer Fahrt flußaufwärts hatten wir erst seit drei Tagen unseren Reserveproviant an Mais anbrechen müssen. In dieser Gegend gab es Stellen, die wieder guten Fischfang versprachen.

1) Gelber Wurzelstock einer Schmetterlingsblütlerstaude, aus der durch Auskochen Lakritze gewonnen wird und die beim rohen Genuß zusammenziehend auf die Mundschleimhäute wirkt.

2) Nach der weiteren Beschreibung ist diese Beere purpurfarben, etwas dicker als eine Erbse und von ekelhaft süßem Geschmack.

SIEBTES KAPITEL

Am 1. August reisten wir morgens um halb drei Uhr weiter, mußten das große Kanu aber schleppen. Um fünf Uhr begegneten wir einer kleinen Familie, die uns mitteilte, daß wir außer in einer Hütte auf der anderen Flußseite in dieser Gegend niemand mehr antreffen würden. Mein Dolmetscher zeigte sich sehr unwillig, meine Fragen an sie weiterzugeben; wahrscheinlich fürchtete er noch immer, ich könnte aufgrund neuer Auskünfte meine Pläne ändern und in diesem Sommer nicht mehr an den Athabaska-See zurückkehren. Wir lagerten in der Nähe der Stelle, wo wir schon am 5. Juli übernachtet hatten. Am Abend setzte sich das Oberhaupt der Familie zu uns ans Feuer und erzählte uns, daß wir am Bären-Fluß noch einige seiner Stammesbrüder antreffen könnten. – Seit unserer Abfahrt von Fort Chipewyan war dies die erste Nacht, in der es so dunkel war, daß man nicht einmal die Sterne sehen konnte. –

Am nächsten Morgen mußte das Kanu weitergezogen werden. Ich lief mit den Chipewyans, die ihre kleinen Kanus leicht tragen konnten und deshalb viel schneller vorankamen als die Leute, die unser großes Boot schleppten – denn ich hatte sie im Verdacht, sie wollten vor mir bei den Hütten der Eingeborenen ankommen, um die Leute dort zu instruieren, mir nichts weiter über die Gegend zu erzählen. Auf unserem Weg bemerkte ich verschiedene kleine mineralhaltige Quellen und längs des Ufers Eisenerz-Stücke. Bei unserer Ankunft an der Mündung des Bären-Flusses setzte ich mich in ein Indianer-Kanu und befahl seinem Besitzer, auf das große Boot zu warten. Das Wasser war hier hell und von grünlicher Farbe. Bei meiner Landung am gegenüberliegenden Ufer entdeckte ich viele Fußstapfen, und später sahen wir auch Rauchsäulen aufsteigen. Wir beschleunigten unsere Fahrt, da wir annah-

Eine portage – *Wegstrecke entlang des Ufers, auf der die Boote um Wasserfälle, Stromschnellen oder Felsklippen herumgetragen werden.*

men, dort die Eingeborenen zu treffen, die wir suchten. Bald rochen wir starken Schwefelgeruch und bemerkten, daß das ganze Ufer ein Stück weit brannte. Es war eine Art Kohlenhalde und vermutlich von den Indianern in Brand gesetzt. Der English Chief nahm ein Stückchen Kohle mit, denn die Indianer benutzen die Kohle dazu, ihre Federn schwarz zu färben.

Um die Mittagszeit sahen wir immer mehr Anzeichen für die Anwesenheit von Eingeborenen. Ich sandte einen meiner Kanuführer und die beiden jungen Chipewyans aus, um festzustellen, ob wir sie innerhalb einer Tagesreise erreichen könnten. Eigentlich hatte ich den English Chief schicken wollen, doch er sagte, er sei zu müde und der Versuch außerdem unnütz. Dies war das erste Mal, daß er mir offen widersprach. Vielleicht war er eifersüchtig auf meine Kanadier, obwohl ich mich stets bemühte, alle gleich zu behandeln.

Um elf Uhr nachts kamen meine Späher zurück. Sie hatten zwar einige Lager gefunden, aber leer. Und um den See[1] waren sie nicht herumgelaufen. Er sei zu groß. Aber an den verschiedenen kleinen Seen, die sie umgehen mußten, hatten sie viele Biber gesehen und auch einen erlegt: Sein Fell war schon ziemlich lang, ein sicheres Zeichen für den vor der Tür stehenden Herbst. Auch waren sie überall auf Rentier- und Elchspuren gestoßen. – Es war jetzt die Zeit, in der das Wild aus den höhergelegenen Ebenen in die Wälder herunterkommt, da die Moskitoplage langsam verschwindet. Deshalb fürchtete ich auch, am Fluß keine Eingeborenen mehr anzutreffen, da sie sicher alle damit beschäftigt waren, in den Wäldern Schlingen zu legen. –

Die nächsten vier Tage kamen wir zwar unter großen Anstrengungen, aber ohne besondere Vorkommnisse gut voran. Die Kanus mußten meistens gezogen bzw. getra-

1) Der Bären-See.

gen werden, und die Frauen, die sich im großen Kanu schleppen ließen, waren ununterbrochen dabei, aus Elchhäuten Schuhe zu nähen, denn auf den steinigen Ufern hielten diese nicht länger als einen Tag.

Am 7. sahen wir morgens am Ufer zwei Rentiere, da aber die Jäger darüber stritten, wer den ersten Schuß abfeuern sollte, bekamen sie Witterung und flohen. Wir schossen jedoch später eine Rentierkuh, die, nach den Wunden an ihren Hinterläufen zu urteilen, von Wölfen angefallen worden war, die auch ihr Junges gefressen hatten – denn ihr Euter war voller Milch. Einer der Chipewyans vermischte diese Milch mit Mais, woraus für ihn eine anscheinend köstliche Speise entstand. Abends ließ ich die Jäger ihre Flinten in Ordnung bringen und teilte für einen Jagdzug am folgenden Tag genügend Munition aus.

Um drei Uhr in der Frühe verließen sie das Lager, und als sie gegen acht Uhr zurückkamen, hatten sie zwar viele Spuren gesichtet, aber nichts erlegt. Anhaltender Regen zwang uns, bis zum nächsten Tag hier zu lagern.

Am 10. landeten wir gegen zehn Uhr in Höhe der Berge, an denen wir schon am 2. Juli vorbeigekommen waren. Ich wollte hier die Abweichung der Kompaßnadel messen, da aber meine Uhr unregelmäßig lief, konnte ich nichts Genaues errechnen. Die Jäger, die wieder den ganzen Tag gejagt hatten, kamen ermattet und ohne Beute zurück. –

Da die Berge auf unserem Weg die letzten dieser Höhe sein würden, beschloß ich, einen davon zu besteigen. Ich ließ mich dazu auf die südwestlich gelegene Flußseite fahren. Als ich dort in Begleitung eines der jungen Chipewyans landete, war es fast vier Uhr nachmittags, und wir beeilten uns, möglichst schnell unser Ziel zu erreichen. Doch das zuerst nur aus Pechtannen bestehende Gehölz war bald so dicht, daß wir uns nur mit Mühe einen Weg hindurchbahnen konnten. Nach ungefähr einer Stunde nahm das Unterholz ab, und wir konnten unter riesigen Pappeln und Birken weitermarschieren. Nun stieg das Gelände an, und wir gelangten endlich zu der ersten Aussichtsstelle. Da uns aber die hohen Berge nicht nähergerückt schienen als vom Fluß aus, wollte mein Begleiter umkehren; seine Schuhe und Strümpfe waren schon ganz zerrissen, und er fürchtete sich davor, diesen schlechten Weg bei Nacht zurückgehen zu müssen. Ich dagegen wollte die Wanderung fortsetzen und die Nacht in den Bergen verbringen. Als wir aber weitergingen, wurde der Boden sumpfig, und wir wateten bis zu den Knien in Wasser und Gras. Nach einer Meile versank ich plötzlich bis unter die Achseln und konnte mich nur unter größten Anstrengungen aus dieser unangenehmen Lage befreien. Es war nun tatsächlich unmöglich, weiterzugehen, und wir drehten um. Sehr erschöpft langten wir gegen Mitternacht bei den Zelten an. –

Am folgenden Tag kamen unsere Jäger wieder erfolglos von der Jagd zurück. Sie berichteten aber von einem verlassenen Lager am gegenüberliegenden Ufer. Ich wollte zusammen mit dem English Chief dieses Lager suchen, doch er weigerte sich, mitzukommen. Er schlug einen der jungen Indianer als Begleitung vor, doch denen konnte ich nicht mehr trauen. Einer meiner Kanuführer hatte gehört, wie sie beschlossen hatten, mich noch diesseits des Sklaven-Sees zu verlassen und sich den Biber-Indianern anzuschließen.

Trotzdem nahm ich beide ans andere Ufer mit und untersuchte die dortigen Spuren, die sich aber plötzlich im Nichts auflösten. Auf beiden Seiten sahen wir mehrere wilde Hunde, und einer der Chipewyans schoß einen davon, den sie dann mit großem Appetit verspeisten. –

Den ganzen nächsten Tag über fuhren wir ohne Unterbrechung.

Am 13. erreichten wir die Insel, auf der wir zwei Säcke

Pemmikan versteckt hatten[1]. Wir waren sehr froh, sie noch vorzufinden, denn nun mußten wir nicht immerzu die Jäger auf die Jagd schicken, was uns jedes Mal viel Zeit gekostet hatte. – Endlich trafen wir, flußaufwärts, Eingeborene am Ufer, die gerade in ihre Kanus steigen wollten. Da die Strömung zu stark war, um mit dem großen Kanu sofort bei ihnen zu sein, hieß ich meine Indianer, uns schnell vorauszufahren, mit ihnen zu sprechen und unsere Ankunft zu erwarten. Sobald aber die kleinen Kanus auf sie zusteuerten, stiegen die armen erschrockenen Leute aus ihren Booten und liefen in die Wälder. In ihrer Bestürzung ließen sie alles fallen und liegen. Als wir endlich mit unserem Kanu landen konnten, war ich äußerst zornig, denn die Chipewyans hatten das Eigentum der Eingeborenen einfach unter sich aufgeteilt. Die Flüchtenden konnten wir nicht mehr einholen.

Weil ich nun den English Chief mit einiger Strenge anfuhr, war dieser so beleidigt, daß er mir Vorhaltungen machte. Diese Gelegenheit benutzte ich wiederum, um ihm meine Unzufriedenheit über sein Betragen in der letzten Zeit zu entdecken; ich hätte, sagte ich ihm, einen sehr langen Weg gemacht und viel Geld aufgewandt, ohne das Ziel meiner Wünsche erreicht zu haben; und nun hätte ich ihn im Verdacht, mir viele Informationen der Eingeborenen, die mich diesem Ziel vielleicht näherbringen könnten, vorenthalten zu haben, um mich nicht begleiten zu müssen. Außerdem weigere er sich dauernd, auf die Jagd zu gehen und würde nicht in meinem Sinn mit den Eingeborenen verkehren, dabei hätte ich ihm nie einen Grund für sein Mißtrauen gegeben. Darüber zeigte er sich sehr erbittert und klagte, ich spräche böse Worte über ihn, die er nicht verdient habe. Er schloß mit der Erklärung, er wolle mich nicht weiter begleiten, und obwohl er nicht

1) Am 1. Juli.

einmal eigene Munition besitze, wolle er lieber so leben wie die Sklaven-Indianer. Seine Rede war von lautem und weinerlichem Klagen begleitet, wobei ihn seine beiden Frauen nach Kräften unterstützten. Ich ließ sie ungestört zwei Stunden lamentieren, doch weil ich sie ja nicht entbehren konnte, war ich gezwungen, sie zu besänftigen und den English Chief zu überreden, seinen Entschluß zu ändern. Was er dann nach einer Weile, obzwar mit einigem Widerwillen, auch tat. –

Nach sechs Stunden Aufenthalt ging es endlich weiter. – Für die verschiedenen Gegenstände der Eingeborenen, die die Chipewyans unter sich verteilt hatten, ließ ich einige Kleidungsstücke, eine Feile, Feuerstähle, kleine Messer und anderes am Ufer zurück. –

Abends lagerten wir an der Mündung des Mountain River. Während meine Leute die Kanus entluden, untersuchte ich die in der Nähe liegenden Sandbänke und fand sie mit einer salzhaltigen Schicht bedeckt. – Zum Abendessen lud ich den English Chief ein, damit ein paar Schlückchen Rum seinen Groll vollständig vertrieben. Er erzählte mir, daß es bei den Chipewyans Sitte sei, auf den Kriegspfad zu gehen, wenn man Tränen vergossen hätte; denn dies sei ein Zeichen weiblicher Schwäche, und ein Mann müsse versuchen, diese Schmach zu tilgen. Allerdings wolle er zunächst noch bei mir bleiben, solange ich es wünsche, und erst im kommenden Frühjahr seine Ehre wiederherstellen. Ich sorgte dafür, daß er noch etwas flüssigen Trost bekam, um die Rückkchr seines Grolls zu verhindern. –

Die nächsten beiden Tage war es sehr schwül. Die Uferstreifen wurden immer schmaler, bis die Ufer ziemlich steil emporstiegen, und wir hatten Mühe, über mehrere Stromschnellen hinwegzukommen. Doch schon am anderen Tag, am 16., wurde der Fluß wieder breiter und die Ufer flacher. Das Land an der Nordseite besteht aus schwarzer, mit Steinen vermischter Erde und ergibt mit seinen Espen, Pappeln, Birken und Pechtannen ein reizvolles Bild. Die Strömung war so ruhig, daß es aussah, als glitten wir durch stilles Wasser.

Am 17. sahen wir kurz hintereinander drei Lager mit Feuerstellen. Nach der Bauart der Hütten schienen hier Rotmesser-Indianer gewesen zu sein, obwohl dies eigentlich nicht ihre Gegend ist. Unsere Jäger konnten fünf Schwäne, einen Adler, drei Kraniche, einen kleinen Biber und zwei Gänse erlegen; sie sichteten auch frische Menschenspuren. Das Wetter war schön und klar.

Eine am 18. vorgenommene Messung ergab 61°33′ nördl. Breite.

Am 19. mußten wir unsere Kanus abdichten und neue Paddel schnitzen, denn das Wasser besaß sonderbarerweise eine holzfressende Eigenschaft.[1]

Den nächsten Morgen steuerten wir gegen eine sehr starke Strömung zu einer Insel, wo wir am Ufer einen Pfriemen und ein Paddel fanden. Ersteres mußte den Knisteneaux gehören; wahrscheinlich waren sie im letzten Frühjahr in Richtung Athabaska hier vorbeigekommen, als sie sich unter ihrem Führer »Merde d'Ours« auf dem Kriegspfad befanden. Womöglich war dies auch der Grund, warum so wenig Eingeborene am Flußufer geblieben waren. – Wir fuhren ans nördliche Flußufer und lagerten dort.

Da es anfing, schauerlich zu regnen und ein starker Wind aufkam, blieben wir hier zwei Tage, bis wir unsere Rückreise fortsetzten. Halb unter Segel erreichten wir am 22. nach drei Stunden Fahrt die Einfahrt in den Sklaven-See. Mit Paddeln hätten wir für diese Strecke mindestens acht Stunden gebraucht. Da der Wind

1) Aufgrund der oben erwähnten mineralhaltigen Quellen ist zu vermuten, daß das Wasser Kalium enthielt.

zu heftig war, konnten wir es nicht wagen, in den See hineinzufahren, deshalb warteten wir den nächsten Tag ab.

Am 23. brachen wir um fünf Uhr auf und liefen durch denselben Kanal in den See ein, durch den wir damals herausgefunden hatten. Auf diesem Weg durften wir endlich wieder mit einer reichen Beute an Fischen rechnen. Außerdem warteten hier ja auch unsere Leute, die am See zurückgeblieben waren und bis zum Herbst auf uns warten wollten.

Wir paddelten in eine tiefe Bucht, um den Wind mit uns zu haben, zogen das Segel auf und wurden eine gute Strecke vorwärts getrieben. Mittags nahmen Wind und Wellengang so zu, daß unsere Rah brach; glücklicherweise widerstand aber der Quermast lange genug, um uns Zeit zu geben, die Rah mit einer Stange zu befestigen, ohne das Segel herablassen zu müssen. Zwei Mann waren ständig damit beschäftigt, das von allen Seiten eindringende Wasser aus dem Kanu zu schöpfen, und hätte unser Mast nachgegeben, so wären wir aller Wahrscheinlichkeit nach ganz vollgeschlagen und gesunken. Zum Glück umschifften wir bald eine Landspitze, die uns gegen Wind und Wellen etwas schützte. Nun gingen wir an Land und nutzten das restliche Tageslicht dazu, eine neue Rah und einen neuen Mast anzufertigen und das Kanu neu abzudichten. Fische und Beeren gab es hier im Überfluß. In der Nacht wurde der Wind gemäßigter.

Unter einem schwachen Südwind fuhren wir anderentags bis zum Nachmittag. Da kam uns plötzlich ein großes Kanu mit Segel und vorneweg zwei kleinen Booten entgegen. Es waren Laurent Le Roux und einige Indianer. Sie waren schon seit 25 Tagen auf der Jagd, und Le Roux hatte die Absicht, so weit wie möglich den Fluß hinaufzufahren, um dann bei Eingeborenen eine Nachricht für mich zu hinterlassen, wie weit er mit seinem Vorhaben gediehen sei. – Nach unserer Trennung am 25. Juni war er an den Marder-See[1] gereist, wo er auf Sklaven-Indianer getroffen war, bei denen er mehrere Ballen Pelzwerk, insbesondere Marderfelle, einhandeln konnte. Auf seiner Reise dorthin war er auch Biber-Indianern begegnet, die ihm erzählten, daß ihr Stamm eine Menge Felle zum Tauschen bereithielte. Le Roux hatte diesen Leuten einige eiserne Messer und andere Artikel gegeben und ihnen gesagt, sie sollten dies ihren Stammesbrüdern bringen und sie dazu bringen, an den Sklaven-See zu reisen, wo er im kommenden Winter bleiben wollte. –

Wir warfen nun unsere Netze aus und fingen eine Menge Fische. Bei Einbruch der Dämmerung erreichten uns meine Chipewyans, die etwas zurückgeblieben waren, und klagten, daß sie beinahe ertrunken wären. Ihre Kanus seien bei dem hohen Wellengang in ziemlicher Entfernung vom Ufer zerbrochen, da sie aber so flach seien, hätten sie sich darauf retten und sie etwas reparieren können. An diesem Abend gab ich meinen Leuten ein wenig Rum, um sie nach all den Strapazen wieder aufzumuntern.

Am 25. mußte Le Roux seine Vorräte mit uns teilen, da wir nur wenig Fische in unseren Netzen hatten. Der Wind kam aus südlicher Richtung und war zu stark, als daß wir hätten weiterfahren können. – Eine Messung ergab 61° 29′ nördl. Breite. – Nachmittags verfinsterte sich der Himmel, und ein Gewitter brach los; der Wind drehte sich westlich und tobte wie ein Orkan.

Wegen des Wetters ging es erst am 27. weiter. Fast den ganzen Tag konnten wir unter Segel gehen. Als wir am

1) Laurent Le Roux war in der Zwischenzeit ebenfalls nach Norden vorgestoßen und hatte den »Lac La Martre« entdeckt. Er liegt auf halber Strecke zwischen dem Großen Sklaven-See und dem Großen Bären-See.

Nachmittag lagerten, äußerten der English Chief und seine Leute, die sehr erschöpft waren, den Wunsch, zurückbleiben zu dürfen, um zu den Biber-Indianern zu gehen; der English Chief versprach jedoch, im Winter nach Fort Chipewyan zu kommen. Ich widersetzte mich ihrem Wunsch nicht. –

Die Nacht hindurch und am nächsten Morgen war es so stürmisch, daß wir kaum unsere Netze bergen konnten. Doch unsere Mühen wurden durch eine beträchtliche Menge an Weißfischen, Forellen und anderen Fischen belohnt. Gegen Mittag nahm der Wind noch zu. Am Abend hörten wir zwei Schüsse; wir machten daher Feuer, um unseren Standort anzuzeigen. Als wir uns schon schlafen gelegt hatten, hörten wir in direkter Nähe erneut einen Knall, und kurz darauf stürzte der English Chief völlig durchnäßt ins Lager und berichtete aufgeregt, daß das Kanu seiner Begleiter zerbrochen wäre und daß sie ihre Flinten und ein am Morgen erlegtes Rentier verloren hätten. Seine Gefährten seien nicht weit von uns, und er bat uns, ihnen Feuer zu schicken, da sie vor Kälte fast erstarrt seien. Doch gleich darauf kamen jene mit den Frauen auch schon ins Lager und wurden sogleich mit trockener Kleidung versorgt. –

Am 30. konnten wir endlich unsere Reise fortsetzen. Ein scharfer Wind brachte uns gegen zwei Uhr mittags zu der Blockhütte, die Le Roux diesen Sommer gebaut hatte. Er hatte sie »Fort Rea«[1] genannt. Er selbst und die Chipewyans kamen etwas später nach. Meinen Versprechungen gemäß gab ich nun meinen Indianern, die hier zurückbleiben wollten, eine reichliche Ausstattung an Eisenwaren, Munition, Tabak und anderes als Belohnung für ihre Mühen, die sie mit mir ausgestanden hatten. Dann schlug ich

1) Im Nordarm des Großen Sklaven-Sees.

dem English Chief vor, ins Gebiet der Biber-Indianer zu ziehen und dafür Sorge zu tragen, daß jene auch wirklich ihre Felle zu Le Roux bringen würden. Dieser wollte dann im nächsten März mit einer ausreichenden Menge an Pelzwerk zum Athabaska-See zurückkehren. – Ich blieb die ganze Nacht über auf, um alles für unsere Abreise vorzubereiten und Le Roux mit den nötigen Instruktionen zu versehen. –

Am nächsten Morgen fuhr ich mit meinen Kanadiern bei schönem Wetter weiter. Wir mußten bald landen, um ein Leck im Kanu zu flicken, das uns einige kleine Indianer hineingeschossen hatten. Eine Messung ergab 62°15′ nördl. Breite. –

Am 1. September kamen wir morgens an der »Isle à la Cache« vorüber und am Nachmittag an der »Isle de Carrebœuf«, von wo wir im Südwesten weit ausgedehntes Land erblickten, das wir für das gegenüberliegende Seeufer hielten. Um halb sieben Uhr landeten wir für die Nacht, da es zu donnern anfing und sich das Wetter zu ändern schien.

Am nächsten Mittag ergab eine Messung 61°36′ nördl. Breite. Die Nacht auf den 3. verbrachten wir beim alten Fort und erreichten am Abend dieses Tages den Eingang des Slave River. Wir hatten den See hinter uns.

Bis zum 7. fuhren wir unter anhaltendem Regen den uns nun schon bekannten Fluß hinauf. – In diesen Tagen ereignete sich nur ein Zwischenfall: Das Kanu lief auf einen Baumstamm auf und füllte sich mit Wasser, ehe wir ans Ufer gelangen konnten. Die Reparatur hielt uns zwei Stunden auf. –

Am Morgen des 8. lag dicker Nebel über der Gegend, der sich aber bald wieder verzog. Nachmittags waren wir an der »Portage des Noyés« und lagerten an ihrem oberen Ende, um unsere Kleider, die zum Teil schon zu schimmeln begannen, zu trocknen.

Am nächsten Nachmittag landeten wir an der Mündung des Dog River. Wir waren sehr ermattet, da wir unser Kanu über mehrere Portagen hatten tragen müssen. Es wurde frisch abgedichtet, und wegen der bevorstehenden Stromschnellen fertigten wir noch schnell neue Paddel an. Ein Schwan war heute unsere einzige Jagdbeute.

Nach einer sehr stürmischen Nacht ging es am 9. unter Regenschauern und Schneegestöber weiter. Abends landeten wir bei den Hütten einiger Knisteneaux. Sie waren auf dem Rückweg von einem Kriegszug; um nicht zu verhungern, hatten sie sich noch im Feindesland von den Ihren getrennt und wußten jetzt nichts über deren Schicksal, glaubten aber, daß jene entweder Hungers gestorben oder an den Peace River zurückgekehrt seien. Ich gab ihnen etwas Munition zum Jagen, denn seit sechs Monaten hatten sie lediglich vom Ertrag ihrer Pfeile und Bogen gelebt und viel gelitten. Einer von ihnen war sehr krank, so gab ich ihm etwas Arznei, die ich mit mir führte; er war der Meinung, seine Feinde hätten ihm einen Zauber zugeworfen, der ihn krank gemacht hätte, eine fixe Idee, die bei solchen Leuten schon genügt, sie zu töten. An seine Gesundung glaubte er nicht. Ich nutzte diese Schwäche aus und sagte ihm, ich könne ihn nur heilen, wenn er mir verspreche, nie mehr gegen wehrlose Menschen in den Krieg zu ziehen. Er willigte sofort ein. Um ganz sicherzugehen, erzählte ich ihm noch, daß die Arznei nur wirke, wenn er sein Versprechen auch wirklich einhalte. Dann gab ich ihm einige harmlose Tropfen mit Wasser vermischt, und kurz darauf genas er und war mir sehr dankbar. –

Am 11. war es bitter kalt. Wir brachen auf und kamen bis an den Platz, wo wir am 3. Juni übernachtet hatten.

Am 12. September erreichten wir unter nordwestlichem Wind den Athabaska-See. Um zehn Uhr drehte der Wind ein wenig und blies so heftig aus Norden, daß wir das Segel aufziehen konnten und aufgrund unserer hohen Geschwindigkeit schon um drei Uhr nachmittags Fort Chipewyan erreichten.

Hier endete unsere Reise, die 102 Tage gedauert hatte.[1]

1) ... und auf der Alexander Mackenzie und seine Männer 4800 Kilometer zurückgelegt hatten.

Tagebuch einer zweiten Reise zum Pazifik 1792–1793

ERSTES KAPITEL

Am 10. Oktober 1792 brachen wir von Fort Chipewyan auf, um noch in der reisegünstigen Jahreszeit unsere in westlicher Richtung entfernteste Niederlassung, Fort New Establishment, zu erreichen. Von dort aus sollte meine nächste Entdeckungsreise, über das große Schneegebirge[1] hinweg, beginnen. Diese Exkursion wurde im Auftrag von Roderic Mackenzie[2] gestartet.

Zunächst steuerten wir mit drei Kanus, die mit den nötigen Handelsartikeln beladen waren, westwärts zum Pine River, der in den Peace River mündet. Hier warteten wir auf einige andere Kanus, von denen wir noch Vorräte übernehmen wollten, da wir befürchteten, sie könnten bei unserem Reisetempo nicht mithalten.

Am Morgen des 12. gelangten wir in den Peace River. – Das ganze Land zwischen diesem Fluß und dem Athabaska-See[3] bis zum Elk River[4] bildet eine einzige Einöde aus Erde und Schlamm, die nur durch mehrere Seen unterbrochen wird: den »Lake Clear Water«, einen sehr tiefen See mit glasklarem Wasser, den »Lake Vassieu« (Schlamm-See) und den Athabaska-See, den größten von allen. *Athabaska* bedeutet in der Sprache der Knisteneaux »flache, schlammige, Überschwemmungen ausgesetzte Gegend«. Die beiden letztgenannten Seen sind zur Zeit so

1) Die Rocky Mountains.

2) Postenchef von Fort Chipewyan und Bevollmächtigter der Northwest Company; ein Vetter Alexander Mackenzies.

3) Mackenzie nennt ihn auch »Lake of the Hills« (Berg-See).

4) Athabaska River.

wasserarm, daß sie wahrscheinlich in ein paar Jahren ihren Charakter geändert haben und dort große Wälder entstehen werden. Das ganze Gebiet ist so flach, daß es manchmal völlig überschwemmt ist – was das regelmäßige Ein- und Rückfluten zwischen dem Athabaska-See und dem Peace River erklärt. –

Am 13. kamen wir an den Peace Point, eine Landspitze, die wie der Fluß ihren Namen daher hat, weil hier Biber-Indianer und Knisteneaux das Kriegsbeil begruben.

Als in früheren Zeiten die Knisteneaux in diese Gegend gekommen waren, hatten sie das Land von Biber- und Sklaven-Indianern bewohnt vorgefunden. Da trieben sie beide Stämme vor sich her; die letzteren waren den Strom abwärts gegangen – deshalb erhielt dieser Teil des Flusses den Namen »Sklaven-Fluß« –, die Biber-Indianer dagegen wanderten den Fluß aufwärts. Und als die Knisteneaux mit ihnen Frieden schlossen, wurde der Peace Point als Grenze bestimmt. –

Die Strömung war nicht so stark wie vermutet, allerdings führte der Fluß auch sehr wenig Wasser und war nicht einmal eine Meile breit.

Die rauhe Witterung machte unsere Reise alles andere als angenehm; doch setzten wir sie so schnell fort, daß wir schon am Nachmittag des 17. an den Wasserfällen anlangten, die ungefähr 20 Fuß hoch sind. Nach etwas mehr als einer Meile hatten wir die hier gelegenen Portagen bewältigt[1] und entdeckten am Ufer mehrere Feuerstellen. Wir schlossen daraus, daß die Kanus, die das Fort einige Tage vor uns verlassen hatten und ebenfalls unterwegs nach Fort New Establishment waren, nicht weit vor uns sein könnten.[2] In der Nacht fielen mehrere Zoll Schnee.

Als wir am nächsten Morgen aus den Strömungen der

1) Nahe der Mündung des Red River.
2) James Finlay, Pelzjäger der Company, und seine Leute.

Wasserfälle heraus waren, steckten wir bei günstigem Nordostwind das Segel auf und kamen so schnell vorwärts, daß wir vor Mittag die Mündung des Loon River passierten und kurz danach die »Grande Isle« erreichten, an deren oberem Ende wir unser Nachtlager aufschlugen. Es fror sehr stark, und alle Anzeichen deuteten auf Wintereinbruch, so daß ich Sorge hatte, vom Eis aufgehalten zu werden. Deshalb brachen wir am 19. sehr früh auf und landeten schon um acht Uhr morgens bei der alten Niederlassung[1]. –

Bis an die Fälle ist das Land ziemlich niedrig und, mit Ausnahme einiger freien Wiesenflächen, von Bäumen bewachsen. Etwa auf der Höhe der Fälle sollen weite Ebenen sein, auf denen zahlreiche Büffelherden weiden[2]. – Die Leute, die uns vorausgeschickt worden waren, hatten letzte Nacht in der alten Niederlassung gelagert und bei ihrer Abfahrt das Feuer so schlampig gelöscht, daß es sich ausbreiten konnte und das große Gebäude einäscherte. Wären wir nicht rechtzeitig dazugekommen, hätte es auch die kleinen Blockhütten erfaßt. –

Wir fuhren weiter und konnten nach zirka 33 Meilen Finlay und seine Männer einholen. Er war beauftragt, sich im bevorstehenden Winter vom Fort aus um den Pelzhandel zu kümmern.[3] Mit ihm zusammen landeten wir dort am 20., wo uns die Bewohner mit Gewehrsalven und großem Freudengeschrei begrüßten. Besonders die Indianer freuten sich über unsere Ankunft, brachten wir doch neue Vorräte an Rum mit, den sie seit Mai entbehren mußten – denn es herrscht in dieser Gegend das unge-

1) Fort Old Establishment; dieser Handelsplatz wurde aufgegeben und stromaufwärts nach Fort New Establishment verlegt. Der dortige Postenchef hieß Charles Boyer. – Liegt in der Nähe des heutigen Fort Vermilion.

2) Das Gebiet »Wood Buffalo«, heute ein National-Park.

3) James Finlay sollte Charles Boyer ablösen und den Handel mit den Biber-Indianern aufrechterhalten.

schriebene Gesetz, den Eingeborenen während des Sommers weder Rum zu schenken noch zu verkaufen, um sie nicht vom Jagen abzulenken. Bei unserer Ankunft war nur ein Häuptling mit seinem Stamm anwesend, doch wurden täglich zwei weitere Stämme erwartet. Diese kamen auch im Verlauf des 21. und des 22. beim Fort an und verlangten lautstark nach der erwarteten Bewirtung. Darauf rief ich alle Jäger bzw. Waffenfähige – etwa 42 an der Zahl – zusammen, hielt ihnen eine kleine Rede, die sowohl für sie als auch für unsere Leute einige vorteilhafte Ratschläge enthielt, und bestärkte diese dann mit einem Neun-Gallonen-Faß verdünnten Rums und Tabak. –

Während des Sommers gehören zu dieser Niederlassung etwa 300 Menschen, davon sind etwa 60 Jäger. Obwohl diese Leute ihrer Sprache nach zum Stamme der Chipewyans zu gehören scheinen, haben sie mehr Ähnlichkeit mit ihren ehemaligen Feinden, den Knisteneaux. Sie schneiden ihre Haare, bemalen und kleiden sich wie diese und lieben ebenso unmäßig Rum und Tabak. Nicht ohne Verwunderung fiel uns neben den schönen und herausgeputzten Männern die Verwahrlosung der Frauen auf; wahrscheinlich kommt dies daher, daß die Frauen sehr unterwürfig gehalten und erniedrigt werden, denn ich bemerkte bei zwei von ihnen, deren Oberhaupt ihnen mehr Freiheit und Vertraulichkeit gewährte als andere Männer ihren Frauen, ein viel anständigeres und gefälligeres Aussehen. Ich werde darauf noch zurückkommen.

In der Nacht fror es heftig, und die Dicke des Eises am anderen Morgen forderte uns förmlich dazu auf, unsere Reise fortzusetzen. Deshalb erteilte ich den Eingeborenen noch einige Ratschläge, versorgte Finlay mit Direktiven für seine Arbeit hier und verließ am 23. unter mehreren Salven das Fort. Zwei Tage zuvor hatte ich bereits zwei schwerbeladene Kanus abgeschickt, mit dem Befehl, zu unserem Überwinterungsplatz zu fahren, ohne auf mich zu warten.

Nach zirka 164 Meilen hauptsächlich in südöstlicher Richtung kamen wir am 1. November an eine Flußgabelung, in deren westlichen Arm, der bedeutend größer ist, wir hineinsteuerten und nach einer kurzen Strecke an Land gingen. Hier wollten wir überwintern.[1] Wir waren schon ganz erschöpft, denn mehr als einmal hatten wir den Fluß vom Eis frei hauen müssen. Leider war unsere Mühsal noch nicht zu Ende, denn nirgends stand eine Hütte zu unserer Aufnahme.

Wir trafen hier unsere Leute an und zwei Männer der Company, die schon im Frühjahr hierher gefahren waren, um Holz für ein Blockhaus und Palisaden zu schlagen. Bei ihnen hielt sich der Stammeshäuptling dieser Gegend mit seinen ungefähr 70 Leuten auf, die unsere Ankunft besorgt erwartet hatten und uns nun unter allen möglichen Freudenbezeigungen begrüßten. Nach der Menge des bei unserer Landung verschwendeten Pulvers zu urteilen, hatten sie während des Sommers wenigstens nicht Mangel an Munition leiden müssen. –

Von den Fällen bis hierher sind die Ufer des Flusses relativ hoch und zum Teil aus mit Steinen vermischtem Ton, zum Teil aus fetter, schwarzer Erde. –

Im Sommer 1788 hatte man beim alten Fort ein 30 Fuß vom Wasser entfernt gelegenes Stück Land urbar gemacht und Rüben, Möhren und Pastinaken[2] gesät. Alles gedieh prächtig. Auch wurde ein Versuch mit Kartoffeln und Weißkohl angestellt, wobei letzterer aus Mangel an Pflege leider mißriet. Im darauffolgenden Winter ließ man dann auch die Setzkartoffeln erfrieren. Seither wurden hier

1) Mündung des Smoky River, der von Süden her in den Peace River fließt. Von der Gabelung erhielt die Niederlassung, die Mackenzie hier anlegte, den Namen »Fort Fork«.

2) Gemüsepflanze mit aromatischer, fleischiger Wurzel.

keine mehr angebaut. Ohne Zweifel wäre der hiesige Boden sehr fruchtbar, würde man auf seinen Anbau mehr Sorgfalt verwenden. Als ich im Herbst 1787 zum ersten Mal nach Athabaska kam, hatte sich Peter Pond[1] an den Ufern des Elk River niedergelassen, wo er innerhalb von drei Jahren einen Küchengarten anlegte, wie ich ihn schöner nur in Kanada sah. –

An den Ufern wachsen Zypressen, Pfeilholz und Dornensträucher. Dahinter befinden sich vom Ufer nicht sichtbare Weidegründe vieler Büffel und Elche. Außerdem soll es dort Wölfe, Füchse und Bären geben. Weiter entfernt verläuft in westlicher Richtung eine riesige Bergkette, wo sich große Rentierherden aufhalten, die nur selten von Jägern gestört werden. Diese Berge heißen deshalb auch »Deer-« oder »Carrebœuf Mountains«. Unserem Standort gegenüber liegen schöne Wiesen, auf denen wir Tiere der verschiedensten Arten beobachteten. –

Sobald mein Zelt aufgeschlagen war, ließ ich alle Indianer zusammenrufen und gab jedem eine Portion Rum nebst einem Stück schwarzen Tabaks. Dann zündete ich eine große Pfeife an. Da sich die Indianer bei den Leuten, die schon länger hier waren, ziemlich unruhig verhalten hatten, sagte ich ihnen, ich hätte von ihrem schlechten Betragen gehört und sei gekommen, dies zu untersuchen. Ich würde, setzte ich hinzu, es mir zur festen Regel machen, sie mit Güte zu behandeln, wenn ihr Benehmen entsprechend sei, könne aber auch streng werden, sollten sie es verdient haben. Anschließend schenkte ich noch einmal Rum aus, empfahl ihnen aber, davon mäßigen Gebrauch zu machen, und verteilte als Zeichen des Friedens noch mehr Tabak. Sie wiederum machten mir die schönsten Versprechungen und sprachen ihre Freude darüber

1) Peter Pond war 1775 als Pelzjäger an den Athabaska River gekommen, schloß sich später der Northwest Company an und gründete in deren Namen 1778 das Fort Chipewyan.

aus, mich in ihrem Land zu sehen. Schließlich verabschiedete ich mich.

Nun untersuchte ich unser Lager und fand zu meiner Freude, daß die zur Holzbeschaffung vorausgeschickten Männer sehr fleißig gearbeitet hatten. So fand ich zur Einfassung eines Vierecks mit 120 Fuß eine ausreichende Menge zurechtgemachter Palisaden und Holz, Bretter und anderes zur Errichtung eines Blockhauses vor.

Da ich aber so mit den Unterhandlungen zwischen den Indianern und uns und deren Ausrüstung zur Winterjagd beschäftigt war, konnte ich erst am 7. November selbst mit Hand anlegen, das Fort aufzubauen. Am folgenden Tag begann der Fluß zu vereisen, und am 11. fiel Schnee. Am 22. wurde das Wasser vom Frost zum Stehen gebracht, so daß wir jetzt zu Fuß über den Fluß gehen konnten – was sicher bis Ende April so bleiben würde. Für unsere Jäger war dies ein glücklicher Umstand, denn bisher hatten sie nur diesseits des Flusses jagen können; nun war es ihnen möglich, leicht auch ans andere Ufer zu gelangen und binnen kurzer Zeit so viel frisches Fleisch herbeizuschaffen, wie wir nur brauchten. Allerdings mußten sie die gesamte Beute auf den Schultern transportieren, da für Schlitten noch nicht genügend Schnee lag.

Am 27. war die Kälte so beißend, daß die Äxte zerbrechlich waren wie Glas. –

In dieser Lage, von aller Hilfe weit entfernt, die sonst die Bequemlichkeiten des zivilisierten Lebens noch erhöht, wurde es für mich zur zwingenden Notwendigkeit, meinen Kopf und meine Erfahrungen in Situationen zu gebrauchen, die mit meiner sonstigen Lebensart in fast keiner Verbindung mehr standen. Ich lebte jetzt unter Menschen, die überhaupt keine Kenntnis davon hatten, was zur Heilung von Krankheiten notwendig war oder bei Unfällen zu geschehen hatte, die jedem Menschen überall, in der entlegensten Wüste und in der bevölkert-

Das neue Fort Fork an der Mündung des Smoky River in den Peace River bei Wintereinbruch

sten Stadt, passieren können. Ich lebte unter Menschen, die nicht die geringste Ahnung von jener Urmedizin hatten, die in den erprobten Heilkräften gewisser Pflanzen besteht und die man sonst ja häufig bei unzivilisierten und wilden Völkern antrifft. Und so war ich gezwungen, ihr Arzt zu sein. Mit Waschungen, Umschlägen und Salben heilte ich die geschwollene Brust einer Frau, die man, um sie zu kurieren, mit Feuersteinen angeritzt hatte. Eine andere Kur mußte ich bei einem Mann anwenden, der im Wald gearbeitet hatte. Er wurde auf einmal von einem Schmerz im Daumengelenk befallen, der ihn außerstande setzte, eine Axt zu halten. Bei der Untersuchung seines Armes entdeckte ich einen ungefähr halben Zoll breiten roten Streifen vom Daumen bis zur Schulter; der Schmerz war heftig und von fieberhaften Anfällen begleitet. Dies war ein Fall, der mein Wissen zu übersteigen schien; und trotzdem mußte ich ja etwas tun, um die Schmerzen dieses Mannes zu lindern, wenn ich auch die Beschwerden an sich nicht beheben konnte. Deshalb bereitete ich aus Rum und Seife eine Salbe und rieb damit seinen Arm ein – mit fast gar keinem Erfolg. In der Nacht war der Mann in einem wahnwitzig zu nennenden Zustand, und der rote Streifen nahm nicht nur zu, sondern auch am ganzen übrigen Leib entstanden rote Flecken, und der Mann klagte über Magenschmerzen. Nun kam mir der Gedanke, ihn zur Ader zu lassen, und aus der Not heraus versuchte ich zum ersten Mal diese Operation: Der Erfolg berechtigte meine Handlung, denn in der folgenden Nacht schlief der Patient ruhig, und nach kurzer Zeit genas er völlig und konnte wieder arbeiten. –

Bei meinen Spaziergängen im Wald war ich sehr erstaunt, in dieser so unfreundlichen Jahreszeit von dem Gesang mehrerer Vögel begleitet zu werden, die wohl in milderen Tagen Kräfte gesammelt haben mußten – so lebhaft, wie sie waren. Das Männchen dieser Gattung war etwas kleiner als unser Rotkehlchen und auf dem Rücken von schöner, hellbrauner Farbe; Hals, Brust und Bauch waren scharlachrot, die Flügel schwarz und an ihren hellbraunen Spitzen mit zwei weißen Querstreifen; die Schwanzfedern waren bunt und der Kopf von einem Federhäubchen gekrönt. Das Weibchen, kleiner als das Männchen, hatte durchweg hellbraunes Gefieder, ausgenommen am Hals, der durch sein Gelb hell glänzte. Vermutlich ist dieser Vogel, wie noch andere kleinere graue Vögel, der ständige Bewohner dieser Region.

Am 23. Dezember konnte ich von meinem Zelt in das für mich errichtete Haus umziehen und beaufsichtigte nun die Arbeiten am Bau von Unterkünften für meine Leute. Die Materialien für fünf Blockhütten waren bereits vorhanden.

Für Bewohner einer milderen Gegend ist es sicher schlimm, in einer so strengen Jahreszeit ganz der Witterung ausgesetzt zu sein, doch die Menschen hier sind dagegen abgehärtet. Eine kurze Beschreibung ihrer Lebensumstände soll dem Leser ermöglichen, sich eine Vorstellung davon machen zu können, was sie alles durchmachen müssen.

Die Männer, die uns hier erwartet hatten, waren Anfang Mai mit Kanus voller Pelzwerk zum Regen-See aufgebrochen – eine Reise, die wegen der großen Strecke und ihrer Schwierigkeiten sehr mühsam ist. Dort hatten sie nur kurz Rast gemacht und waren dann fast ohne Pause mit einer anderen Ladung an Waren zurückgereist. Vor ungefähr zwei Monaten waren sie wieder hier gelandet und arbeiteten seitdem unter den härtesten Bedingungen in den umliegenden Wäldern, gegen Frost und Schnee nur durch einen alten Schuppen geschützt. Doch ist dies die Lebensart jener Leute; unermüdlich nehmen sie die größten Anstrengungen auf sich, bis ihre Kräfte durch frühzeitiges Altern schwinden.[1] –

Am 29. hatten wir Wind aus Nordost und zwar ruhiges, doch trübes Wetter; auf einmal war ein Geräusch in der Luft wie ferner Donner, und im Südwesten klarte

1) Mackenzie beschreibt hier die sogenannten »Nordmänner«, auch »Coureurs des Bois« genannt; meistens Kanadier, die im Dienste der verschiedenen Companys auf Pelzjagd gehen und entfernte Außenposten aufbauen.

der Himmel auf. Dann überfiel uns ein Föhnwind, der bis zum Abend heftig blies. Als er einsetzte, war es seltsamerweise plötzlich so warm geworden, daß der Schnee schmolz und der Fluß aussah wie im Frühling während der Eisschmelze. Als der Wind sich gelegt hatte, war es eine Stunde lang ganz ruhig, bis sich ein beißender Nordostwind mit Hagel und Regen erhob, der die ganze Nacht hindurch bis zum folgenden Abend wütete. Darauf verwandelte sich der Regen in Schnee. –

Am 1. Januar 1793 weckten mich meine Leute nach alter Sitte mit Gewehrsalven, womit sie mir zum neuen Jahr Glück wünschten; dafür bewirtete ich sie mit geistigen Getränken und Kuchen.

Ein Vergnügen ganz anderer Art wurde mir durch folgendes Erlebnis beschert: Bei meiner Ankunft hier hatte ich einen jungen Indianer vorgefunden, dessen rechte Hand durch die Explosion seines Gewehres verstümmelt war – der Daumen hing nur noch an einem Fetzen Haut. Als er zu mir gebracht wurde, war seine Wunde in so schlimmem Zustand und stank so nach Fäulnis, daß ich mich richtiggehend überwinden mußte, ihn zu untersuchen. Seine Freunde hatten dazu noch alles getan, ihm zu »helfen«, indem sie um ihn herum gesungen und auf seine Hand geblasen hatten – was das Übel natürlich verschlimmerte. Da das Leben des jungen Mannes auf dem Spiel stand, entschloß ich mich, meinen Ruf als Chirurg zu wagen, und nahm ihn in Behandlung. Aus der Rinde der Pechtannenwurzel machte ich ihm einen warmen Umschlag auf seine Wunde, die ich vorher mit dem Saft der Rinde ausgewaschen hatte. Dies war zwar äußerst schmerzhaft, doch nach wenigen Tagen wurde die Wunde sauber, und das verbrannte Fleisch außen herum löste sich. Ich wollte ihm seinen Daumen amputieren, doch der Indianer willigte erst ein, als der

Hautfetzen, an dem der Daumen noch hing, durch die Anwendung von Vitriol zu einem Faden zusammengeschrumpft war. Nun schloß sich die Wunde so dicht, wie ich es wünschte, und nachdem ich noch einige Tage lang eine Salbe aus Wachs und Talg darauf geschmiert hatte, konnte mein Patient gegen Weihnachten wieder auf die Jagd gehen. Als erstes brachte er mir eine Elchzunge mit. Als er mich verließ, bekam ich von ihm und seinen Familienangehörigen die wärmsten Danksagungen, was ich mir gern gefallen ließ, hatte ich doch seine Wunde einen Monat lang dreimal täglich verbunden. –

Am 5. Januar war es am Morgen bitter kalt, doch nachmittags begann es zu tauen, da der Wind wieder aus Südwesten kam; ich hatte schon am Athabaska-See beobachtet, daß dieser Wind immer klares und mildes Wetter und der aus Nordwesten meistens Hagel und Schnee mit sich bringt. Die warme Luft kommt vom Pazifik, der nicht weit entfernt sein kann, denn obwohl der Wind über schneebedeckte Berge muß, reicht die Strecke nicht aus, ihn ganz abzukühlen. –

In meinem Blockhaus lebten einige Indianer mit mir. Eines Nachts erhielt einer von ihnen die Nachricht vom Tod seines Vaters; stillschweigend ging er hinaus und feuerte sein Gewehr ab. Da dieser Lärm zu dieser Zeit sehr ungewöhnlich war, erkundigte ich mich durch meinen Dolmetscher, was los sei, und erfuhr, daß es bei den Indianern Sitte sei, durch Abfeuern ihrer Gewehre den Freunden den Tod eines nahen Verwandten anzuzeigen. Am nächsten Morgen erschien der mit dem Verstorbenen ebenfalls verwandte Häuptling. Auf dem Kopf trug er seine prächtige Federhaube, die nur im Krieg oder bei solch feierlichen Anlässen wie einer Trauerfeier getragen wird. Er bestätigte mir diese Sitte, seine Trauer auf diese

Art zu äußern.[1] Frauen dürfen bei solchen Gelegenheiten weinen, aber für die Männer ist es ein Zeichen der Schwäche, persönliche Regungen zu zeigen.

Am 12. kam ein Jäger ins Fort, dessen Frau den hiesigen Frauen erzählte, daß sie im Wald ihre Mutter zurückgelassen habe. Diese sei vor kurzem Witwe geworden, habe drei Kinder zu versorgen und werde in diesen Tagen mit dem vierten niederkommen. Die Frau schilderte diesen Umstand völlig ohne Anteilnahme, obgleich sie die Situation für die Zurückgelassene als gefährlich darstellte. Wahrscheinlich war sich die Tochter ihres barbarischen Verhaltens gar nicht bewußt und hätte sicher, würde die arme verlassene Frau bei der Geburt sterben, dies mit großem Wehgeschrei beklagt und sich zum Zeichen ihrer Trauer ein oder zwei Fingerglieder abgeschnitten haben. In der Tat betrachten die Indianer den Zustand einer Gebärenden als einen der geringsten Fälle körperlicher Schmerzen, denen die menschliche Natur unterworfen ist. Diese scheinbare Unempfindlichkeit läßt sich aber durch die rauhen Lebensbedingungen dieser Leute erklären. Es kommt auch öfter vor, daß bei den eiligen Aufbrüchen von einer in die andere Gegend eine Frau dabei ist, die kurz vor der Entbindung steht oder auf dem Marsch gebärt, ohne daß ihre Reisegefährtinnen davon Kenntnis nehmen und ihr beistehen, und daß sie dann mit ihrem neugeborenen Kind versuchen muß, ihren Stamm wieder einzuholen. –

An diesem Morgen passierte ein sehr unangenehmer Vorfall, bei dem ich gerade noch das Schlimmste verhindern konnte: Zwei junge Indianer hatten während eines

1) Ein weiterer Anlaß, die Gewehre abzufeuern – außer im Krieg oder auf der Jagd –, findet sich bei gemeinsamen Trinkgelagen; dann tauschen die Indianer ihre Gewehre gegen Rum ein und feuern sie vor dem Tausch ab, um zu zeigen, daß sie in Ordnung sind, und um damit die Menge des Rums zu bestimmen.

Spiels solchen Streit bekommen, daß sie ihre Messer zogen, um sie in blutiger Absicht zu gebrauchen. Ich konnte aber dazwischenfahren. Ihre Wut aufeinander war so groß, daß sie sich, nachdem ich sie mit einem scharfen Verweis aus dem Haus getrieben hatte, noch fast eine halbe Stunde im Fort gegenüberstanden und mit rachsüchtigen Blicken und zornigem Schweigen ansahen.

Das Spiel, über dem der Streit entstanden war, ist das sogenannte »Game of the Platter« (Schüssel-Spiel). Man benutzt dazu eine glatte Schüssel aus Holz oder Rinde und sechs kleine Stückchen aus Metall, Holz oder Stein, die auf einer Seite verschieden angemalt sind. Diese Stückchen werden in die Schüssel gelegt, durcheinandergeschüttelt, in die Luft geworfen und sehr geschickt wieder aufgefangen. Die Anzahl der mit derselben Farbe nach oben liegenden Stückchen bestimmt den Gewinner; haben zwei Spieler die gleiche Anzahl, wird der Wurf nicht gerechnet; sind es mehrere Spieler, geht die Schüssel weiter. –

Am 13. besuchte mich ein Indianer, der mir eine sonderbare Vorstellung von dem hier herrschenden Aberglauben gab. Er bat mich um ein Heilmittel, das er auf die Gelenke seiner Beine und Füße legen könnte, die er seit fünf Wintern nicht mehr richtig gebrauchen konnte. Er schrieb dieses Leiden einer damals begangenen Grausamkeit zu, als er einen alten Biberbau in Brand steckte, um darin eine Wölfin und ihre zwei Jungen zu verbrennen.

Bis Ende Januar war der Winter so mild gewesen, daß uns erst kürzlich die Schwäne verließen. Auch lag so wenig Schnee, daß die Indianer erst am 28. anfingen, Schneeschuhe anzufertigen.

Doch zu Beginn des Februars wurde es so kalt, daß sogar meine Uhr stehenblieb – was ich in diesem Land noch nie erlebt habe.

In unserer Nähe lag eine Hütte von Indianern, die vor

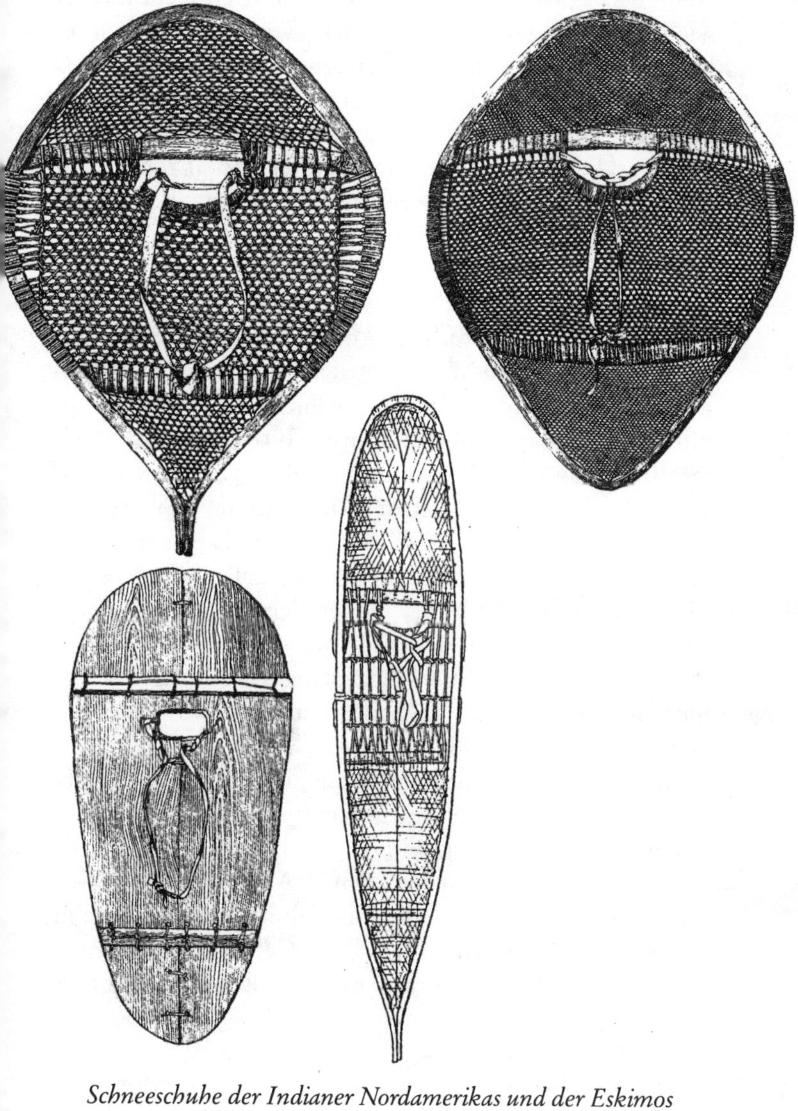

Schneeschuhe der Indianer Nordamerikas und der Eskimos

Kälte und Hunger fast umkamen. Sie hatten vor kurzem einen nahen Verwandten verloren und ihren Gebräuchen nach alles weggeworfen, was dem Verstorbenen gehört hatte. Wir hatten Mühe, ihnen begreiflich zu machen, daß man mit der Hinterlassenschaft die Schulden des Toten bezahlen müsse, zumal wenn er Pelze besessen habe; diejenigen, die dieses System verstanden und akzeptierten, ließen aber niemals mehr Pelze sehen, als zur Bezahlung der Schulden notwendig waren.

Am 8. kam einer meiner Männer zu mir, der einige Zeit bei den Indianerhütten gelebt hatte. Er berichtete mir, daß ihn einer der Indianer fast erstochen hätte. Ich schickte nach einem Mann, der sich unter den Eingeborenen gut auskannte, und der sagte ihm, es sei sehr unklug, mit den Indianern außerhalb ihrer Hütten herumzustreiten; innerhalb derselben wäre ihm dies sicher nicht passiert, und wenn er sein Leben verloren hätte, würde es seiner eigenen Torheit zuzuschreiben sein. Es scheint also, selbst unter diesen Kindern der Natur, daß das Haus eines Menschen seine Burg ist, in der der Schutz der Gastfreundschaft streng gewahrt bleibt. –

Die starke Kälte, die seit Anfang Februar herrschte, hielt an bis zum 16. März; nun kam aus Südwesten ein warmer Wind auf, und es wurde milder.

Am 22. war ein Wolf kühn genug, in eine Indianerhütte einzudringen; er hätte fast ein Kind fortgeschleppt.

Am 23. wurden einige Gänse gesichtet, die man hier als Boten des Frühlings ansieht. Am 1. April konnten meine Jäger fünf derselben erlegen. So früh im Jahr hatte ich in diesen Gegenden noch nie wildes Geflügel beobachtet. Das Wetter blieb weiterhin mild, und am 5. war der Schnee ganz geschmolzen.

Am Morgen dieses Tages wurde ich um halb vier Uhr mit der Nachricht geweckt, ein Indianer sei getötet worden. Ich eilte ins Freie und fand dort zwei Frauen dabei, die Leiche eines Mannes, der »White Partridge« (Weißes Rebhuhn) genannt worden war, in eine Biber-Jacke zu wickeln. Er hatte von einem Dolch vier tödliche Wunden erhalten, ebenso zwei Hiebe auf den Kopf. Sein Mörder, der zu meinen Jägern gehörte, war geflohen, und ich hörte, daß er von mehreren Verwandten des Ermordeten verfolgt würde. Die Geschichte dieses unglückseligen Vorfalls ist folgende:

Die beiden Männer waren seit vielen Jahren enge Freunde gewesen. Der Mörder hatte drei Frauen, und da sein jüngerer Freund in eine davon verliebt war, willigte er ein, sie ihm abzutreten, aber nur unter der Bedingung, sie zurückzubekommen, wenn er es wünsche. Diese Verbindung dauerte fast drei Jahre, bis der Ehemann plötzlich seine Frau zurückforderte; doch die beiden Liebenden trafen sich weiterhin, was der Frau allerdings jedes Mal Prügel von ihrem Mann eintrug – bis der Liebhaber sich dazu entschloß, sie mit Gewalt wegzunehmen, was seinen Tod zur Folge hatte. Solche Entführungen sind bei den Indianern nicht ungewöhnlich und enden meist mit bitteren Kämpfen. –

Die Biber-Indianer und die aus den Felsengebirgen (Rocky Mountains-Indianer), die mit uns an diesem Fluß Handel trieben, waren zusammen etwa 150 waffenfähige Männer, von denen zwei Drittel die Biber-Indianer stellten. Sie haben, wie schon erwähnt, fast ganz die Sitten und Gebräuche der Knisteneaux angenommen und sind geistigen Getränken und gutem Essen sehr zugetan.

Obwohl sie mit den Knisteneaux Frieden geschlossen hatten, lebten sie nicht gerade in freundschaftlicher Nachbarschaft, und oft hatten erstere versucht, sie vom Saskatchewan und vom Mississippi zu vertreiben. Schließlich ließen sie sich im Quellgebiet des Mississippi, am Beaver River, nieder. Die Kriegszüge gingen auch westlich des

Indianer mit seinem Sohn

Slave River hinauf, bis im Jahre 1782 die Biber-Indianer Waffen erhielten und sich besser wehren konnten.

Alle europäischen Waffen, die die Biber-Indianer vor 1780 besaßen, hatten sie von den Knisteneaux und den Chipewyans erhalten, die jene aus Fort Churchill mitbrachten und sich teuer bezahlen ließen. Bis zum Jahre

1786, als die ersten Handelsleute an die Ufer des Peace River kamen, hatten seine Bewohner nur Pfeil und Bogen als Waffen und fürchteten sich sehr vor ihren Feinden; seit sie aber gut bewaffnet sind, nennen sich alle Stämme »Verbündete«.

Die Biber-Indianer sehen recht gut aus und lieben den Putz. Ihre Frauen dagegen sind schmutzig und die Sklaven ihrer Männer. Diese leben in der Polygamie wie alle indianischen Stämme und neigen so zur Eifersucht, daß man die schlimmsten Geschichten hören kann. Obwohl die Männer so streng sind, kommt es nur selten vor, daß eine Frau einen Liebhaber hat, und wenn, dann ist dieser ebenso ein Tyrann wie der Ehemann und fordert Unterwürfigkeit. Die Liebe tritt bei ihnen so frühzeitig ein, daß sie schon im Alter von elf bis zwölf Jahren ihre Folgen zeigt. Die Frauen sind nicht sehr fruchtbar, was aber an ihrem harten Leben liegt, denn ihnen werden Arbeiten aufgebürdet, die in anderen Ländern Lasttiere zu leisten haben. Auf ihren Märschen sieht man die Männer nur die Gewehre tragen und die Frauen mit so schweren Lasten folgen, daß sie sich, wenn sie sich zum Rasten niedersetzen, kaum wieder erheben können – deshalb lehnen sie sich oft nur an einen Baum und ruhen in dieser Stellung aus. Wenn sie an den Ort kommen, den ihre Tyrannen als Lagerplatz ausersehen haben, errichten sie in kurzer Zeit die Zelte aus Stangen und Elchhäuten, während die Männer ruhig da sitzen, zuschauen und eine Pfeife rauchen, sofern sie Tabak besitzen. Trotz aller Unterdrückung haben die Frauen jedoch großen Einfluß auf die Meinung ihrer Männer.

Diese Indianer sind treffliche Jäger, und da sie auf der Jagd keine Mühen scheuen, sind sie immer ganz mager. Ihre Religion ist sehr dürftig, und selten sah ich eine Zeremonie, die nicht von den Knisteneaux geborgt war. Sie sind lasterhafter und kriegerischer als die Chipewyans, besitzen jedoch nicht deren Egoismus. Solange sie die Mittel haben, ihren Bedarf zu kaufen, sind sie großmütig und freigebig; sind ihre Mittel jedoch erschöpft, werden sie zu umherstreifenden Bettlern. Sie zeichnen sich außerdem durch ihre große Ehrlichkeit aus. Krankheiten treten nur selten bei ihnen auf, und ihre einzigen Heilmittel bestehen darin, die Schläfen zu verbinden, fürs Schwitzen zu sorgen, bei der kranken Person zu singen und auf sie oder den leidenden Körperteil zu blasen. Stirbt ein Stammesbruder, so wird, wie schon erwähnt, sein Eigentum geopfert oder zerstört; auch fehlt es dann nicht an Klagen und Trauern. Die nahen Verwandten schwärzen sich ihre Gesichter und schneiden sich die Haare ab: auch durchstechen sie mit Messern oder Pfeilen ihre Arme. Die Trauer der Frauen geht noch weiter: Neben dem Klagegeheul und dem Haareabschneiden greifen sie zuweilen mit äußerster Entschlossenheit zu einem scharfen Instrument, um den Nagel vom Finger zu trennen oder sich ein Fingerglied abzuschneiden. Doch dieser Beweis außerordentlicher Trauer findet nur beim Tod eines geliebten Sohnes, eines Ehemanns oder Vaters statt. Viele alte Frauen besitzen an beiden Händen keinen ganzen Finger mehr. Die Trauer um den Tod eines Nahestehenden dauert mehrere Jahre an. Wie alle Indianer scheinen sie ihre Kinder sehr zu lieben, nur sind sie beim Wickeln genauso sorglos wie bei ihrem eigenen Aufzug. Das Kleinkind wird auf ein etwa zwei Fuß langes, mit Moos bedecktes Brett gelegt und mit Bändern festgebunden; nach Bedarf wird das Moos erneuert. Der Häuptling des Stammes hier besitzt neun Frauen und entsprechend viele Kinder.

Als die Handelsleute zum ersten Mal in ihre Gebiete kamen, wurden sie zunächst mit der größten Gastfreundschaft empfangen; da sich diese Männer aber nicht sehr gut benahmen, wurde ihnen diese Ehrerbietung entzogen, ja oft Verachtung entgegengebracht. Anders als die

Indianer mit seiner Squaw. Sie arbeitet an einem Schneeschuh.

Knisteneaux und die Chipewyans haben sie etwas gegen die geschlechtliche Vermischung ihrer Frauen mit weißen Männern. Ihre Spielleidenschaft hat großen Einfluß auf sie: Weder der Ruin noch die Mahnungen der häuslichen Liebe können sie davon abhalten. Sie sind ein munteres, geschäftiges Volk, mit scharfen, durchdringenden schwarzen Augen – übrigens ebenso leicht zu besänftigen wie in Wut zu bringen. Die Männer reißen sich ihre Bartwurzeln aus[1] wie auch die Frauen alle Haare am Körper, ausgenommen auf dem Kopf, wo sie dickes, schwarzes Haar tragen. Unter ihnen gibt es einige alte Leute, die meistens aber nicht wissen, wie lange sie schon leben. Nur ein Mann erinnerte sich an 60 Winter; ein anderer erklärte mir sein Alter, indem er mir erzählte, daß die gegenüberliegenden Berge und Ebenen, die jetzt mit Pappeln bewachsen sind, nur mit Moos bedeckt und von Rentieren bevölkert gewesen seien und er dies noch mit eigenen Augen gesehen habe. –

Am 20. April wurden wir zum ersten Mal von unseren Sommergefährten, den Mücken und Moskitos, heimgesucht. Die Ebene auf der anderen Seite des noch mit Eis bedeckten Flusses bot einen reizenden Anblick: Die Bäume waren voller Knospen, und mehrere Pflanzen blühten auf. Alexander Mackay[2] brachte mir ein Sträußchen und eine gelbe, von sechs purpurroten Blättern umgebene Knospe. Die Veränderung der Natur war ebenso plötzlich wie erfreulich; noch vor wenigen Tagen war der Boden mit Schnee bedeckt gewesen. Am 25. wurde auch der Fluß frei vom Eis. –

Es sollte sich nun herausstellen, daß die Ermordung von White Partridge alle Pläne vereitelte, die ich mit den

1) Man denke an die seltsame Bemerkung Mackenzies während der ersten Reise, als er mehrere alte Männer mit langen Bärten beschrieb.

2) Mackay war zu diesem Zeitpunkt schon zu der Expedition gestoßen. Siehe dazu auch die Einführung.

Indianern in bezug auf die Frühlingsjagd gemacht hatte. Sie hatten sich in einiger Entfernung des Forts versammelt und schickten mir eine Gesandtschaft, die mich um Rum bat, damit sie um ihren verstorbenen Freund weinen könnten. Man muß wissen, daß es für einen Indianer nur eine Schande ist, in nüchternem Zustand zu weinen, ein Rausch dagegen entschuldigt alles. Als ich mich weigerte, drohten sie, Kriegsvorbereitungen zu treffen – was ich sowohl aus eigenem Interesse wie auch im Interesse der Company nicht zulassen konnte. Also erfüllte ich ihre Bitte. –

Da der April, in dem ich mit den Indianern eifrig Handel betrieben hatte, vorüber war, ließ ich unsere alten Kanus mit Rinde ausbessern und vier neue bauen; so konnte ich sechs Boote mit Pelzwerk beladen nach Fort Chipewyan abschicken. Sechs der Kanuführer behielt ich zurück, da sie mir zugesagt hatten, mich auf meiner bevorstehenden Reise zu begleiten. Ich nahm noch einen Jäger in meine Dienste und schloß meine hiesigen Geschäfte ab.

Nachdem ich mittels verschiedener Messungen die Lage unserer neuen Forts auf 56°9′ nördl. Breite und 117°15′ westl. Länge bestimmt hatte, wurde unser Kanu[1] zu Wasser gelassen. Im Innern maß es 25 Fuß, die Seitenhöhe vier Fuß neun Zoll, dabei war es so leicht, daß es zwei Mann ohne Rast leicht drei Meilen weit tragen konnten. Wir beluden es mit Proviant, Waren, die wir verschenken wollten, Waffen, Munition, Gepäck – an die 3000 Pfund und die persönliche Habe von zehn Männern: meine eigene, die von Alexander Mackay, Joseph Landry und Charles Ducette (diese beiden hatten mich schon auf meiner ersten Reise begleitet), François Courtois, Jacques Beauchamp, François Beaulieux und Baptiste

1) Mackenzie benutzte für diese zweite Reise ein großes Kanu, in dem alle Platz fanden. Er wollte damit etwaigen Fluchtversuchen der Reise überdrüssiger Begleiter vorbeugen.

Bisson, nebst der zweier Indianer, die als Jäger und Dolmetscher mit uns kamen. Einen von ihnen nannte man »Cancre« (Krebs), weil er in seiner Jugend so träge gewesen war.

Am Abend des 9. Mai, um sieben Uhr, begannen wir unsere zweite Expedition. Der Dolmetscher, der mir während des Winters treu gedient hatte, und der Mann, den ich als Aufsicht über das Fort und zur Versorgung der Indianer mit Munition zurückließ, vergossen bei dem Gedanken an die Gefahren, die uns drohen könnten, einige Tränen, und meine Leute beteten um unsere glückliche Wiederkehr.

DRITTES KAPITEL

An diesem ersten Tag fuhren wir nur knapp drei Meilen in südwestlicher Richtung und landeten zuerst auf einer kleinen Insel.

Schon früh um drei Uhr ging es am nächsten Morgen weiter, und nach knapp neun Meilen gegen eine starke Strömung mußten wir an Land gehen, um das Kanu, das leckgeschlagen war, zu reparieren. Ich nutzte den Aufenthalt, um eine Messung vorzunehmen, und fand uns bei 55°58′48″ nördl. Breite. Auf unserer weiteren Fahrt wurden die Ufer immer steiler und felsiger. An vielen Stellen entspringen dem Gestein kleine Quellen, die mit weißem Schorf oder Salzteilchen bedeckt sind. Wegen des hohen Wasserstands und der starken Strömung war unser Fortkommen sehr beschwerlich, da wir öfters die Stangen als die Paddel benutzten. Schon auf diesem ersten Teil der Strecke passierte das Unglück, daß mir mein Taschenkompaß ins Wasser fiel.

Als ich am nächsten Morgen die Umgegend des Ortes, an dem wir übernachtet hatten, betrachtete, bot sich mir an der Westseite des Flusses das schönste Panorama, das ich je gesehen hatte: Bis zum Horizont erstreckte sich eine weite Hügellandschaft mit sanften Abhängen, und dieser prächtige Schauplatz der Natur war mit allem geschmückt, was dieses Land an Bäumen und Tieren zu bieten hat. Pappelgruppen in verschiedensten Formen und dazwischen große Herden von Elchen und Büffeln belebten die Szenerie, die von steilen Abhängen und dem darüberliegenden Hochland begrenzt wird. In den Herden hüpften eine Menge Jungtiere herum, und die ganze Gegend war mit üppigem Grün bedeckt; die Bäume blühten, und die sich an der samtigen Rinde ihrer Zweige brechenden Strahlen der aufgehenden Sonne tauchten die Landschaft in schimmernden Glanz. Die Ostseite des Flusses besteht aus einem Hochland, das mit Weißtannen und Birken bedeckt ist, an den Ufern stehen Erlen und Weiden in großer Zahl.

Bei unserem Aufbruch war das Wetter trübe geworden, und ein widriger Wind blies. Da unser Kanu zu schwer beladen war, ließen wir bis auf einige Portionen alles Frischfleisch am Ufer zurück. Bald kamen wir an die Mündung eines kleinen Flüßchens, den die Indianer *Quiscatina-Sepy* nennen, was soviel heißt wie »Fluß mit den hohen Ufern«. Die ganze Zeit über mußten wir Wasser schöpfen.

Dann bemerkten wir am Ufer den Lagerplatz eines Häuptlings der Biber-Indianer, der sich mit seinen Leuten auf der Jagd befand. Obwohl es schon spät war, wollte ich nicht bei ihnen an Land gehen, da ich befürchtete, daß sie mir meine Jäger abspenstig machen könnten. Deshalb fuhren wir weiter; doch begleiteten uns mehrere dieser Leute zu Land längs des Ufers und sprachen dauernd auf meine Indianer ein, so daß diese aus Unachtsamkeit das Kanu auf eine Untiefe laufen ließen. Wir mußten gegen meinen Willen landen, um den Schaden auszubessern, und über Nacht hier bleiben. Ich erlaubte nun meinen beiden Jägern die Nacht bei den Biber-Indianern, die zum Teil mit ihnen verwandt waren, zu verbringen, nahm ihnen aber das Versprechen ab, am Morgen wiederzukommen – obwohl mir dabei nicht ganz wohl war. Doch ehe wir das Kanu repariert hatten, kam der Häuptling mit einem anderen Mann in unser Lager und klagte, daß sie für den bevorstehenden Sommer weder genug Munition noch Tabak hätten. Ich verwies sie an das Fort und sagte ihnen, daß sie dort alles bekommen würden, wenn sie nur fleißig Jagd auf Pelztiere machten. Dann pries ich ihnen die Vorteile meiner Expedition, deren Erfolg hauptsächlich von der Treue und dem Benehmen meiner Jäger und Dolmetscher abhinge. Nun kam der Häuptling auf die

Idee, sich von mir unser Kanu zu leihen, um seine Familie damit über den Fluß setzen zu können. Meine vorsichtigen Einwände dagegen ließ er nicht gelten – bis ich ihm sagte, daß das Kanu zu einer so wichtigen Reise bestimmt sei, daß sich keine Frau hineinsetzen dürfe – was er ohne weiteres akzeptierte. Es war fast Mitternacht, als er sich, mit einem kleinen Geschenk an Tabak versehen, verabschiedete.

Einige der Indianer übernachteten in unserem Lager, und von ihnen erfuhr ich, daß wir bei unserem Tempo in etwa zehn Tagen das Felsengebirge erreichen würden. Zu meiner großen Freude kehrten meine jungen Indianer noch in der Nacht zurück. Sie waren allerdings so vergnügt, daß ich befürchtete, sie führten etwas im Schilde.

Am 12. ging es früh um vier Uhr weiter, und den ganzen Tag steuerten wir in nordwestlicher Richtung. Am Abend lagerten wir auf einer Insel, wo wir von mehreren in der Nähe wohnenden Eingeborenen besucht wurden. –

Während unserer letzten zwei Tagesreisen war das Ufer immer steiler geworden und bestand zuletzt nur noch aus steilen weißen Felsen. So hatten wir fast keine Tiere mehr gesehen und ebensowenig Indianer. –

Da die oben erwähnten Eingeborenen zu den Felsengebirgs-Indianern gehörten, versuchte ich, bei ihnen Erkundigungen über die vor uns liegende Strecke einzuziehen; doch sie stellten sich unwissend und erklärten einstimmig, daß sie über das Land am Fuße des ersten Gebirges nichts wüßten. Wir sollten aber wegen der reißenden Strömung und der Stromschnellen besser auf dem Landweg weiterreisen.

Ich erkundigte mich nach einem alten Mann, der mir schon vor einigen Monaten einiges über das Land jenseits dieses Stammes berichtet hatte, und war sehr bestürzt über die Nachricht, daß man ihn seit einem Monat nicht mehr gesehen habe. Dieser alte Indianer war auf dem

Kriegspfad über das Gebirge an einen großen Fluß[1] gekommen. Auf dem Rückzug war er an die Gabelung eines anderen Flusses gelangt, die er mir genau beschrieben hatte. Er hatte mir den Rat gegeben, den südlichen Arm hinauf zu fahren, denn von dort komme man auf einem Marsch von einer guten Tagesreise zu dem Fluß hinter dem Gebirge. Als Beweis für die Richtigkeit seiner Angaben wollte er mir seinen Sohn, der ihn damals begleitet hatte, als Führer mitgeben und hatte ihn deshalb zum Fort geschickt. Dieser war dort auch angekommen, lief jedoch am Abend vor unserem Aufbruch mit einem anderen jungen Indianer, den ich nicht mitnehmen wollte, davon.

Undeben diesem anderen jungen Indianer sollten wir am 13. begegnen. Er befand sich bei der Gruppe der Felsengebirgs-Indianer. Zu einer anderen Zeit und an einem anderen Ort hätte ich ihn sicherlich wegen seines Verhaltens bestraft, doch in meiner jetzigen Lage mußte ich darüber hinwegsehen, um ihn nicht zu reizen, auch noch meine anderen Indianer zu beeinflussen. Über den Sohn des alten Indianers wollte er mir nichts berichten, doch bot er sich wieder an, mich zu begleiten, wozu er aber nicht die nötigen Erfordernisse besaß.

An diesem Tag drohte Regen, und die Indianer suchten mich zu überreden, noch länger bei ihnen zu bleiben, denn im Felsengebirge sei noch tiefer Winter. Doch ich wollte keine Zeit verlieren und drängte zum Aufbruch. Meine jungen Indianer waren über die Trennung sehr betrübt, und so schied ich mit der Versicherung, in drei Monaten zurückzukommen.

Der Fluß verbreiterte sich nun auf 500 Yards[2] und war voller Inselchen und Untiefen. Längs der Ufer entdeckten

1) Vermutlich der Fraser.
2) 1 Yard = 91,44 cm.

wir Spuren großer Bären und sahen auch auf einer der Inseln eine ihrer Höhlen oder Winterlager, *Watee* genannt. Die Eingeborenen fürchten diese Tiere so sehr, daß sie nur zu dritt oder viert auf die Jagd gehen.

Meine Besorgnis in bezug auf die Treue meiner jungen Jäger war nicht ganz grundlos gewesen, denn der ältere von ihnen erzählte mir, sein Onkel habe ihm in der letzten Nacht folgendes gesagt: »Mein Neffe, deine Abreise macht mir angst. Die Weißen werden dich vielleicht rauben. Sie wollen dich zu unseren Feinden führen, und du kannst nie mehr zurückkehren. Wärst du nicht bei dem Häuptling[1], so wüßte ich nicht, was ich täte; aber er verlangt deine Begleitung, und so mußt du ihm folgen.« – Nach einer Fahrt von zirka 20 Meilen lagerten wir zur Nacht.

Am 14. steuerten wir hauptsächlich wieder in südwestlicher Richtung und passierten um die Mittagszeit die Mündung des Bären-Flusses. Um sieben Uhr am Abend gingen wir an Land.

An diesem Tag waren wir an mehreren Eingeborenen vorbeigekommen; das Land war dicht mit Wald bedeckt, und verschiedentlich hatten wir am Ufer Biber beobachten können. Doch unsere einzige Jagdbeute war lediglich eine Gans.

In der Nacht stieg das Wasser um zwei Zoll, und vom Morgen an blies der Wind so heftig aus Südwesten, daß wir nur schwer vorwärts kamen. An der Mündung eines von Osten einfallenden Flüßchens lagen viele Baumstämme, die zum Teil von Bibern, zum Teil aber mit Äxten geschlagen worden sein mußten. Die Beschaffenheit des Bodens wechselte ständig; einmal bestand er aus Torf und felsigen Klippen, dann wieder aus roten, gelben und grünen Schichten. Manche Gegenden boten denselben

1) Die Indianer nannten die weißen Pelzjäger »Chief«.

reizvollen Anblick wie das Land, das wir kurz nach unserer Abfahrt von Fort Fork erblickt hatten. Auf einer Insel standen eine Menge weißer Birken, deren Rinde für den Kanubau äußerst geeignet ist.

Am 16. fuhren wir an einer Stelle vorbei, die sich für die Errichtung eines Forts direkt anbietet. Sie liegt am Mündungsdelta eines größeren Flusses, der von den Indianern »Sinew River« (Sehnen-Fluß) genannt wird;[1] hier gibt es Holz und Biber in Hülle und Fülle, und auf den Hügeln und in den Ebenen, die das Hinterland der Flußufer bilden, weiden viele Elche und Büffel.

Als wir am Abend unser Lager aufschlugen, konnten Mackay und einer der jungen Jäger einen Elch und einen Büffel erlegen. Doch verzehrten wir nur einen Teil des Elchfleisches. Das Land oberhalb unseres Lagerplatzes dehnte sich aus in eine weite Ebene, die von einer hohen Bergkette begrenzt wurde. Überall wuchsen Pappeln und Birken. Das ganze Gebiet ist so von Tieren bevölkert, daß es hier und dort wegen der Menge des Mistes wie ein Stall erscheint. Der Boden ist schwarz und leicht. Wir entdeckten hier auch zwei furchterregende Bären.

Über Nacht fror es, und am 17. hatten wir schneidende Kälte. Nachmittags sahen wir endlich das Felsengebirge mit seinen schneebedeckten Gipfeln, was für alle Reisenden ein Grund zur Freude war, hatten wir es doch eher vor Augen als erwartet. Wir fuhren noch sechs Meilen weiter und landeten dann zu unserer üblichen Zeit um sieben Uhr abends.

Mackay wollte noch einen Büffel erlegen, doch passierte ihm das Unglück, daß seine Flinte explodierte – glücklicherweise ohne schlimme Folgen für ihn. Auf den Anhöhen des gegenüberliegenden Ufers bemerkten wir

1) Heute Fort St. John; wäre Mackenzie diesem Fluß gefolgt, wäre seine Reise etwas weiter südlich zu Ende gewesen.

Der Büffel – ein leicht zu jagendes Tier

einen Büffel wütend hin und her toben; meine Jäger vermuteten, daß er durch den Pfeil eines Eingeborenen verwundet sei.

Auch in dieser Nacht fror es stark. Als wir anderentags etwa zehn Meilen gepaddelt waren, stieß das Kanu auf einen Baumstumpf, was zu unserem Unglück in einer Gegend geschah, in der die Ufer so steil waren, daß wir nicht ausladen und flicken konnten. Also wurde das Gepäck so verlagert, daß der beschädigte Teil des Bootes über dem Wasser lag und wir so bis zu einem bequemeren Landeplatz weiterfahren konnten.

Um Mittag landeten wir auf einer Insel, auf der acht Hütten standen. Allerdings trafen wir keine Menschen an, sondern fanden nur einige Indianerpaddel und einen ausgetretenen Pfad, an dessen Rändern die Eingeborenen die Zweige abgebrochen und deren Rinde abgeschält hatten, um an die innere Rinde zu gelangen, die einen Teil ihrer Nahrung ausmacht.

Am Morgen des 19. klarte es nach einer durchregneten Nacht auf. Da die Strömung sehr stark zu werden drohte, gingen Mackay, die beiden Jäger und ich an Land weiter, um das Kanu zu entlasten. Wir wollten einige kleinere Berge besteigen, die mit Zypressen bewachsen waren und nur wenig Unterholz hatten. Auf einem Pfad wanderten wir eine Meile weit und trafen auf eine Büffelherde mit vielen Jungen. Ich ließ die Indianer nicht auf sie feuern, da ich besorgt war, der Knall könnte eventuell in der Nähe befindliche Eingeborene erschrecken. Wir ließen jedoch unseren Hund los, der auch tatsächlich ein Kalb stellen konnte. Als wir ihm gerade die Haut abzogen, hörten wir aus der Richtung unseres Kanus zwei Schüsse, die das Zeichen zu unserer Umkehr waren. Wir erwiderten die Signale, und ich eilte den Berg hinab. Am Fluß erwartete mich die Nachricht, daß das Kanu in geringer Entfernung vor einer Stromschnelle hing und daß man es, da mehrere Wasserfälle folgen würden, ausladen und tragen müsse. Ich war darüber sehr verdrossen, denn wir würden nun viel Zeit verlieren. Als ich in Höhe der Stromschnellen anlangte, schien mir der Fluß auf seiner anderen Seite schiffbar – allerdings müßten wir dazu übersetzen, was bei einem so schwer beladenen Boot sicher gefährlich würde. Zunächst hatten wir Glück. Auf der anderen Seite konnten wir das Kanu ohne größere Schwierigkeiten längs einer Insel weiterziehen; dann wurde es bei dem Versuch, um die Inselspitze herumzukommen, auf so steiniges Ufer getrieben, daß es beträchtlichen Schaden erlitt. Nun hatten wir die Mühen der Reparatur und mußten außerdem auch unsere Sachen trocknen. Schließlich konnten wir die Fahrt fortsetzen. Doch nach knapp einer Meile ging es auf dieser Flußseite nicht mehr weiter; in gerader Linie überzusetzen war wegen der Strömung und der Wasserfälle, in die wir vermutlich hineingeraten wären, zu gefährlich. Im Fluß lagen mehrere kleine Inseln aus festem Gestein, die aussahen wie Tische mit schmalen Fußgestellen, denn durch die Gewalt der Strömung waren sie unter Wasser bis auf einen dünnen Sockel ganz untergraben. Von einer Insel zur anderen fahrend, kamen wir nun an den Hauptwirbel der Stromschnellen; wir wagten uns hinein und kamen glücklich über die Stelle hinweg. Mackay und die Indianer beobachteten unsere Manöver von einem Berg aus und waren sehr in Sorge um uns, denn hätten wir es nicht geschafft und wären verunglückt, dann hätten sie auch Sorge um sich selbst haben müssen.

Als wir unbeschadet wieder an der Westseite des Stromes angekommen waren, fanden wir hier das Ufer etwas niedriger, so daß wir das Kanu an einem 60 Faden[1] langen Seil ziehen konnten, bis wir einen so reißenden Wasserfall vor uns hatten, wie wir ihn bislang noch nie gesehen hatten. Wir luden aus und trugen Gepäck und Kanu über eine 120 Schritt lange Felsspitze. Sobald das Kanu wieder beladen war, bestieg ich mit den Leuten, die nicht unbedingt gebraucht wurden, die Uferanhöhe. Mein Standort war jetzt so hoch über dem Wasser, daß mich die Leute unten im Boot nicht mehr hören konnten, obwohl ich ihnen mit aller stimmlichen Kraft zurief, sie möchten einen

1) 1 Faden = 1,64 m.

Teil der Ladung wieder aus dem Kanu nehmen. Die plötzliche Erkenntnis, welches Risiko mit unserem Unternehmen verbunden war, versetzte mir einen großen Schrekken: Ein Fehltritt des Mannes, der am Tau zog, oder das Zerreißen des Taues würde das Kanu mit allem, was darin war, dem sofortigen Untergang preisgegeben haben. Doch es kam glücklich den Fall hinunter. Unmittelbar darauf zeigten sich neue Gefahren: Große und kleine Steine rollten ohne Unterlaß vom steilen Ufer herab und machten die Situation für den, der zog, lebensgefährlich. Auch konnte dieser Mann jeden Moment in das tosende Wasser stürzen, und meine Angst wuchs jedesmal, wenn ich die Männer am Fluß von Zeit zu Zeit aus den Augen verlor.

Auf unserem Marsch durchs Gehölz am Steilufer entlang kamen wir an eine Einfassung, in der die Eingeborenen Schlingen gelegt hatten, um Wild zu fangen. Nach mehrstündiger Fußwanderung setzten wir uns an einer flachen Stelle des Ufers nieder und erwarteten voller Unruhe die Ankunft der zu Wasser Reisenden. Nach einiger Zeit sandte ich Mackay mit einem Indianer den Fluß hinab, um Ausschau zu halten, während ich mit den anderen Männern weiter flußaufwärts ging, um zu sehen, was auf uns zukäme. Nach anderthalb Meilen erblickte ich einen Abschnitt, wo der Fluß zwischen hohen Felsen hindurchrauschte und Stromschnellen und Wasserfälle eine neue Folge von Schwierigkeiten bieten sollten. Da das Kanu noch immer nicht in Sicht war, gingen wir zurück an die Stelle, an der wir vorher gesessen waren. Schließlich sahen wir die Männer das Kanu um eine kleine Felsenspitze herumtragen. Ihre Schwierigkeiten waren in der Tat groß gewesen, und das Kanu hatte Schaden genommen; doch nun hatten sie es überstanden, und wir gingen weiter, das Kanu an Tauen ziehend, bis zu der Stelle, an der ich vorhin umgekehrt war. Dort lagerten wir. An diesem Tag hatten wir nur sieben Meilen zurücklegen können.

Um die vor uns liegenden Wasserfälle genauer zu untersuchen, schickte ich einen meiner Kanuführer dorthin, und als er kurz vor Einbruch der Dunkelheit wieder zurückkehrte, meinte er, es sei unmöglich, an den Felsspitzen und dem überhängendem Gestein in Ufernähe vorbeizukommen. Die ersten Stimmen wurden laut, daß uns nur die Umkehr bliebe. Doch so schnell wollte ich nicht aufgeben.

Am 20. setzten wir unsere Reise um vier Uhr morgens fort. Nach einer dreiviertel Meile voller gefährlicher Stellen kamen wir am Ufer an den Fuß eines Felsens, der glücklicherweise aus so weichem Gestein war, daß man Tritte hineinhauen konnte. Ich kletterte hinauf und sprang unter Lebensgefahr von dort auf einen kleinen Felsen hinunter. Dann forderte ich meine Leute auf, mir zu folgen. Als vier Mann zu mir auf den kleinen Felsen heruntergeklettert waren – ich hatte ihnen geholfen, in dem ich sie mit meinen Schultern abstützte –, zogen wir das Kanu vorsichtig vom Wasser zu uns herauf. Dabei bekam es einen Sprung. Von dem hohen Felsen war ein Baum auf den kleinen herabgestürzt, und mit dessen Rinde konnten wir den Schaden notdürftig ausbessern. Dann ließen wir das Boot wieder zu Wasser und zogen es mit dem Tau längs der Felsen bis zur nächsten Spitze, von wo wir dann wieder weiterfahren konnten. Nun gelangten wir in die kleine sandige Bucht einer felsigen hohen Insel. Wir landeten und schickten zwei Leute aus, Rinde zu holen, damit wir das Kanu richtig reparieren könnten.

Mackay und die Indianer, die seit dem Bruch des Kanus am Ufer entlanggelaufen waren, wurden durch die Unwegsamkeit des Bodens daran gehindert, sich uns wieder anzuschließen. So versuchten wir allein, uns mit Hilfe von Stangen fortzubewegen, bis wir nicht mehr auf Grund stießen. Nun mußten wir unsere Zuflucht wieder bei den Tauen nehmen, was aber deshalb so schwierig und außerordentlich gefährlich war, weil die Leute, die ziehen sollten, sich mühsam von einem zum anderen der vereinzelt am Steilufer stehenden Bäume hangeln mußten. Wie viele andere, bewältigten wir auch diese Gefahr und konnten endlich an einer flacheren Uferstelle die Männer wieder aufnehmen, die sich zu Fuß durchgekämpft hatten.

Wir setzten ans andere Ufer über, was uns trotz des reißenden Wassers ohne Schaden gelang. Um die Mittagszeit hielten wir an, um eine Messung vorzunehmen. Wir befanden uns jetzt 56° nördl. Breite. Dabei hätten wir beinahe unser Kanu verloren, denn die Männer hatten es so nachlässig angebunden, daß es die Strömung fast losgerissen hätte. Dank eines Kanuführers, der wegen Erschöpfung im Boot gelegen hatte und noch schnell das Tauende ergreifen konnte, wurde das Schlimmste verhindert. –

Die Reise ging weiter. Um fünf Uhr lag wieder eine Strecke ununterbrochener Stromschnellen vor uns, und wieder stiegen einige aus dem Boot, um es am Tau zu ziehen. Plötzlich wurde die Bewegung des Gewässers so wild, daß eine Welle, die an den Bug des Kanus schlug, das Tau zerriß. Eine unbeschreibliche Angst erfüllte uns, schienen doch das Boot und die darin befindlichen Menschen unweigerlich dem Untergang ausgeliefert. Doch eine zweite große Welle stieß das Fahrzeug aus dem Wirbel, und es konnte ans Ufer gebracht werden. Nach diesem Vorfall befanden sich die Kanuführer in einem Zustand, bei dem es sehr unklug gewesen wäre, sofort weiterzufahren, schon auch deshalb, weil der Fluß oberhalb unseres Standorts einen einzigen weißen Bogen schäumenden Wassers bildete.

Nach soviel Gefahren und Schwierigkeiten war es ganz natürlich, daß die Leute, die sich zu diesem Unternehmen hatten verpflichten lassen, murrten und umkehren wollten.

Ich ging jedoch nicht darauf ein, sondern befahl ihnen, auf einem hinter uns liegenden Berg das Nachtlager aufzuschlagen. Ich selbst ging mit einem Indianer weiter den Fluß hinauf, und obwohl wir marschierten, bis es dunkel wurde, konnten wir kein Ende der Stromschnellen und Wasserfälle erkennen. Dies überzeugte mich von der Unmöglichkeit, die Reise zu Wasser fortzusetzen. Müde und mit zerrissenen Schuhen kehrten wir ins Lager zurück. –

Der Fluß ist von dem Ort aus, wo ich mittags eine Messung vorgenommen hatte, bis hierher nicht über 50 Yards breit und schießt zwischen steilen Felsen hindurch, von deren ungeheuren Höhen oft große Brocken herabfallen, die unten in viele spitzige Steine zerbersten und das Ufer bilden. Unsere heutige Fahrt wäre sicher unmöglich gewesen, wenn das Wasser höher gestanden hätte. – Längs der Ufer hatten wir öfters verlassene Kriegslager der Knisteneaux entdeckt – wahrscheinlich ist ein Grund für die wilde Gesinnung dieses Volkes ihr Wille, dieses beinah unzugängliche Land zu besiegen. –

Nach einem Streifzug durch die Umgebung erzählte mir Mackay von verschiedenen Rissen im Erdboden, aus denen Hitze und Rauch emporstiegen, die einen starken Schwefelgeruch verbreiteten. Hätte ich genügend physikalische Kenntnisse gehabt, wäre ich diesem Phänomen mit wissenschaftlichem Eifer auf den Grund gegangen.[1] –

Am 21. regnete es bis acht Uhr, und da meine Leute so

1) Die Rede ist von Fumarolen: Gas- oder Wasserdampf aushauchende Spalten im vulkanischen Gebiet.

erschöpft waren, ließ ich sie schlafen. Wie ich oben schon erwähnte, war der Fluß ab hier nicht mehr so schiffbar, und wir mußten nun Gepäck und Kanu über das Gebirge tragen. Da dies ein sehr abschreckendes Unterfangen war, schickte ich Mackay mit drei Männern fort, mit dem Auftrag, an Land parallel zum Fluß weiterzumarschieren und zu erkunden, ab wann man das Kanu wieder ins Wasser setzen könnte. Sollte aber ihrer Meinung nach der Weg zu Wasser nicht mehr möglich sein, hatten sie die Order, zu sehen, ob Eingeborene hier eine Portage angelegt hätten, und uns dann zu benachrichtigen. Die Zurückgebliebenen wurden in der Zwischenzeit damit beschäftigt, das Kanu abzudichten und Axtstiele zu verfertigen.

Gegen Sonnenuntergang kamen Mackay und ein Mann zurück, zwei Stunden später die beiden anderen. Sie waren durch dichte Wälder gedrungen, hohe Berge hinauf- und tiefe Täler hinabgestiegen und dann nach etwa zwei Leagues über die Stromschnellen hinausgekommen. Auf dem Rückweg hatten sie sich getrennt und herausgefunden, daß trotz seiner Schwierigkeiten der vom Ufer entferntere Weg für uns geeigneter sei. Obwohl ihr Bericht nicht sehr positiv ausfiel, waren sie doch nicht mutlos; außerdem ließen ein Topf mit versüßtem wildem Reis und eine Portion Rum sie schnell alle Mühsal vergessen. –

Bei Tagesanbruch traten wir am 22. unsere außergewöhnliche Reiseetappe an. Meine Leute begannen, einen Weg durch die kleinen Bäume den Berg hinauf auszuhauen, und zwar ließ ich sie so fällen, daß etwas von den Stämmen stehen bliebe, die Bäume dadurch parallel des Wegs niederfielen und somit eine Art Geländer entstand. Dann schafften wir das Gepäck vom Ufer ins Lager hinauf – eine gefährliche Unternehmung, da die Träger bei einem Fehltritt den steilen Abhang hinab ins Wasser gestürzt wären. Nun kam die Hauptaufgabe, nämlich das Kanu hinaufzuschaffen; nachdem wir es glücklich ins Lager geschleppt und wir uns von dieser Anstrengung erholt hatten, bugsierten wir es weiter den Berg hinauf, indem wir das Tau an seinem Bug immer wieder um einen höher gelegenen Baum banden und dann von unten her schoben und abstützten. Um zwei Uhr nachmittags hatten wir mit allem Gepäck den Gipfel erreicht. Nun ging es daran, den Weg weiter frei zu hauen, und als wir etwa eine Meile vorgerückt waren, kehrten wir zu den Zelten zurück. – Das Wetter war heute sehr trüb gewesen, mit kurzzeitigen Regenschauern und Donner. –

Am nächsten Morgen traten wir den Marsch an. Mackay, die zwei Indianer und ich erklärten uns bereit, den Weg frei zu hauen. Bis gegen Mittag ging es nur bergauf. Doch so hoch auch unser Standort lag, konnten wir in allen Richtungen nur noch höhere Berge sehen. Nachmittags wurde der Boden sehr uneben; Berge und Schluchten wechselten sich ab. Doch kamen wir schneller voran als erwartet, und erst um vier Uhr holten uns die Träger ein. Um fünf Uhr lagerten wir völlig erschöpft an einem Bach, der unter einer dicken Eis- und Schneedecke hervorquoll. –

An diesem Tag waren wir etwa drei Meilen vorgedrungen. Die erste Meile war noch leicht zu bewältigen gewesen, doch auf den letzten zwei war das Wegbahnen nur mühsam vonstatten gegangen. Stachelbeer- und Brombeersträucher sowie der häufig vorkommende »Bois picant« (Stechbaum), dessen Stamm mit Stacheln bedeckt ist, zerrissen unsere Beinkleider und zerkratzten unsere Beine.

Am 24. langten wir nach vielem Auf und Ab nachmittags um vier Uhr einige 100 Yards oberhalb der Stromschnellen und Fälle an.[1] Wir hatten an diesem Tag nur etwa vier Meilen geschafft, und ich glaube, daß man di-

1) Diese Schlucht wird heute »Peace River-Cañon« genannt.

rekt am Ufer entlang schneller und sicherer reisen kann, wenn auch diese Strecke etwas länger ist.

Mackay, der schon am 21. hier gewesen war, meinte, das Wasser sei sehr gestiegen. Es strömte unter unserem Standort zwar still, aber mit erstaunlicher Geschwindigkeit zwischen senkrecht hochgehenden Felsen dahin. In diesen Felsen findet man in beträchtlicher Höhe tiefe runde Löcher, die zum Teil 200 Gallonen aufnehmen können und mit Wasser gefüllt sind. Dies zeigt an, daß der Wasserstand manchmal sehr hoch sein muß. – Weiter aufwärts erweiterte sich der Fluß zickzackmäßig, und es war schrecklich anzusehen, mit welcher Gewalt das Wasser an die Felsen anschlug und wieder zurückgeworfen wurde und wie hohe schäumende Wogen über den niedrigeren Felsen zusammenbrachen.

Die jungen Indianer sagten mir, daß hier die Stelle sei, wo sich nach Aussagen ihrer Verwandten ein den Niagarafällen ähnlicher Wasserfall herabstürze. Da aber nirgends solche Fälle zu sehen waren, meinten sie, die Gewalt des Wassers hätte sie sicher zerstört. Für mich war es klar, daß sie Märchen erzählten, denn wie sollten Leute ihres Stammes so weit in diese Gegend vorgedrungen sein? – An der Menge der Bäume, die mit Äxten gefällt worden waren, sahen wir, daß die Knisteneaux oder andere mit diesem Werkzeug ausgestattete Stämme hier gewesen sein mußten. Wir kamen an etlichen Schlingen vorüber, sahen auch viele Spuren, doch kein Wild.

In der Nacht regnete es in Strömen, und als wir am 25. aufbrachen, ließ ich am Ufer einige Geschenke als Freundschaftszeichen für die hier lebenden Eingeborenen zurück. Cancre, einer meiner Begleiter, legte dazu ein Stückchen Holz, das er an einem Ende zerkaut hatte, bis es die Form eines Pinsels bekam. Dies war ein Zeichen, daß wir genügend Proviant hätten und niemandem zur Last fallen würden. – Nachdem wir an diesem Tag

Wolf in den Rocky Mountains

mühsam vier Meilen flußaufwärts zurückgelegt hatten, lagerten wir und erlegten zum Nachtmahl einen kleinen Elch.

Am nächsten Tag ging es unter ständigem Murren meiner Leute weiter, denn da das Boot nur mit Stangen fortbewegt werden konnte, froren sie an den Fingern. Wir passierten zwei Flußmündungen[1], mußten über einige Stromschnellen hinweg, und obwohl die Sonne schien und wir hart arbeiten mußten, war es uns so kalt, daß wir unsere dicken Jacken anzogen. Natürlich ließ sich von den umliegenden, mit Eis und Schnee bedeckten Bergen ein gewisser Grad an Kälte erwarten, da sie aber nicht so hoch sind, um diese außergewöhnliche Temperatur zu erklären, muß wohl das Land selbst sehr hoch liegen.[2] – Eine genaue Messung war mir nicht möglich.

Die nächsten zwei Tage setzten wir unter den gewohnten Strapazen die Reise ohne größere Rastpausen fort, doch am 29. regnete es so heftig, daß wir nicht wagten, länger auf dem Wasser zu bleiben. Wir landeten, und um uns die Langeweile zu vertreiben, schrieb ich einen Brief, in dem ich den bisherigen Verlauf unserer Fahrt schilderte, steckte ihn in ein leeres Rumfäßchen und warf dieses in den Peace River, was alle sehr erheiterte.

Bei Tagesanbruch entdeckten wir einen Wolf, der unaufhörlich um unser Lager schlich und wahrscheinlich durch unser Frischfleisch angelockt worden war. Die ganze Nacht schon war unser Hund sehr unruhig gewesen, und es erleichterte uns ungemein, daß die Ursache seines Gebells nur dieses magere Tier war. Bei trübem Wetter setzten wir die Reise fort und kamen wieder an einem am linken Ufer einmündenden beträchtlichen

1) Vermutlich der Clear Water River und der Carbon River.

2) Es besteht kein Zweifel, daß sich Mackenzie jetzt im Zentralmassiv der Rocky Mountains befand.

Fluß[1] vorbei. Abends landeten wir bei einem verlassenen Indianerlager.

Am 31. passierten wir die Mündung eines wegen der Schneeschmelze sehr viel Wasser führenden Flusses[2], was uns wegen der starken Strömung einige Schwierigkeiten bereitete. Da das Flußbett aus Kalkgestein besteht, ist das Wasser fast weiß; ebenso sehen die Berge aus – weiß, ohne den geringsten Schatten von Bäumen. – Um neun Uhr fanden es die Kanuführer so kalt, daß sie an Land gingen und ein Feuer machten. Doch da ich ihnen etwas Rum gab und der Strom recht ruhig dahinfloß, waren sie bald zu bewegen, weiterzufahren. Nach einer kurzen Strecke öffnete sich vor uns eine schöne Wasserfläche, und das Land ringsum weitete sich zu einer Ebene aus, begrenzt von waldbestandenen Bergen. Deshalb hofften wir, nun bald das rauhe Gebirge hinter uns zu haben, doch schon kurze Zeit später war der Fluß wieder von Felsen eingeschlossen, und wir mußten über Stromschnellen hinweg und um viele Felseninselchen herumsteuern. Außerdem lag nun wieder eine riesige, in Nord-Süd-Richtung verlaufende Bergreihe vor uns.

Nach zirka drei Meilen erreichten wir eine Stelle, wo sich der Fluß in zwei Arme teilt; wäre es nach meinem Gefühl gegangen, so hätten wir den nordwestlichen genommen, doch der bereits oben erwähnte alte Indianer hatte mich gewarnt: Zwar sei dieser Arm zunächst leicht zu befahren, verzweige sich aber nach wenigen Meilen mitten im Felsengebirge in ein Kanalnetz und werde unpassierbar.[3] Der andere, nach Südosten gehende Arm[4] sei zwar schwierig und habe einige Portagen, doch könne man von

1) Barnard River.

2) Nabesche River.

3) Finlay River; wird fünf Jahre später von James Finlay befahren – kein Durchkommen zur Westküste.

4) Peace- oder Parsnip River.

seinem Ende binnen einer Tagesreise zu einem anderen großen Fluß[1] kommen, der hinter dem Felsengebirge liege. Ich beschloß, dem alten Mann Glauben zu schenken, und befahl meinem Steuermann, in den südöstlichen Arm zu schwenken. Bald murrten meine Leute lautstark, denn die Fahrt war sehr anstrengend und ermüdend. Schon nach drei Meilen mußten wir lagern.

Am 1. Juni wurde gegen Mittag die Strömung etwas schwächer, und wir gingen an Land, um das Kanu abzudichten. – Eine Messung ergab 55°42′ nördl. Breite. – Als wir weiterfuhren, blieben Mackay und die Indianer an Land, um das Kanu zu erleichtern, und schlugen sich zu Fuß durch. Am Abend lagerten wir auf einer Landspitze, die sich jedoch bald als Insel herausstellte, denn als Mackay und seine Begleiter zu uns ins Lager wollten – wir hatten mit Gewehrsalven unseren Standort kenntlich gemacht –, mußten sie erst einmal ein Stück durch den Fluß schwimmen. – Nirgends fand ich hier im Nordwesten so viele Biberburgen wie an diesem Tag. Überall sah man diese klugen und überaus fleißigen Tiere, und das ganze Ufer lag voll mit von ihnen gefällten Pappeln. – In der Nacht hielten wir die Gewehre in Bereitschaft, denn unsere Indianer meinten, daß in dieser Gegend zahlreiche Knisteneaux auf dem Kriegspfad seien, vor denen wir sicher keine Gnade finden würden. –

Morgens wurde die Fahrt gegen den reißenden, von Inseln durchschnittenen und mit Treibholz angefüllten Strom fortgesetzt. Am Abend des 3. lag die Flußgabelung etwa 25 Meilen hinter uns.

1) Vermutlich sprach der Indianer vom Fraser.

FÜNFTES KAPITEL

In der Nacht vom 4. zum 5. stieg das Wasser so hoch, daß uns am nächsten Morgen unser Kanu und das Gepäck, das wir am Uferrand gelassen hatten, beinahe fortschwamm. Wir steuerten ans nördliche Ufer, und Mackay, die Jäger und ich gingen an Land, um einen Hügel zu ersteigen, von dem aus wir vielleicht Aussicht ins Landesinnere hätten. Den Kanuführern gab ich den Befehl, weiterzufahren und bei Gefahr zwei Gewehre abzufeuern.

Als wir den Gipfel des Hügels erreicht hatten, sahen wir, daß er den Rand einer Ebene bildete, und um eine Aussicht zu bekommen, mußte ich einen Baum erklimmen. Nun erblickte ich rechts eine Reihe schneebedeckter Berge in nordwestlicher Richtung, und von dort dehnte sich nach Süden ein weites Hochland aus ohne Schnee. Zwischen Gebirge und Hochland lag eine Öffnung, die wir als das Flußbett deuteten.

Nun gingen wir zurück und warteten am Fluß auf unser Kanu. Wir feuerten unsere Gewehre ab, erhielten jedoch keine Antwort. Ich nahm an, daß es schon weitergefahren sei, und wir marschierten deshalb weiter den Fluß hinauf. Auch hier kein Boot und keine Erwiderung unserer Signale, und da meine Sorge immer mehr zunahm, ließ ich Mackay und einen Indianer an dieser Stelle zurück und wies sie an, ein großes Feuer zu machen. Ich selbst ging mit dem anderen Indianer weiter um eine große Flußbiegung. Da es bisher sehr kalt gewesen war, fand ich die heutige Hitze fast unerträglich, denn unser Weg führte über trockenen Sand, wo nur einige verstreute Zedern etwas Schatten gaben. Am Flußufer angelangt, feuerten wir wieder die Gewehre ab, doch vergeblich. Dann ließen wir frische Zweige den Fluß hinuntertreiben, zum Zeichen für die anderen. Unsere unangenehme Lage wurde nun noch verschlimmert, da Schwärme von Mücken und Moskitos über uns herfielen. Wir marschierten zu Mackay zurück und stellten dort allerlei beängstigende Vermutungen über den Verbleib des Kanus an, z. B. die Männer hätten das Boot sinken lassen und machten bereits Pläne, auf einem selbstgebauten Floß zurückzufahren. Was mich betrifft, kann man sich meine Stimmung vorstellen, denn zu den Befürchtungen kamen noch die Selbstvorwürfe, daß ich meine Leute allein gelassen hatte – eine Unbesonnenheit, die meiner Reise ein jähes Ende setzen könnte.

Am Abend brachen Mackay und Cancre auf, um zu der Stelle zurückzugehen, wo wir am vorhergehenden Abend gelagert hatten. Ich dagegen wollte den Fluß wieder aufwärts wandern – sollten wir unseren Zweck nicht erreichen, wollten wir uns hier, am Platz unserer Trennung, wiedertreffen.

Wir hatten zwar überall Wasser zu trinken, aber keinerlei feste Nahrung. Nicht einmal ein Rebhuhn hatten wir schießen können. Wir, der andere Indianer und ich, wollten eben rasten, als wir einen Schuß hörten – das Zeichen, daß Mackay und Cancre das Kanu gesichtet hätten. Obwohl ich wegen der Hitze des Tages sehr müde war und erst am nächsten Morgen zurückgehen wollte, klagte mein Indianer so über Kälte und Hunger, daß wir sofort umkehrten. Durchnäßt erreichten wir bei völliger Finsternis das Kanu und unsere Leute. Das Boot war beschädigt, und die Kanuführer hatten ihrer Aussage nach an diesem Tag so viele Mühseligkeiten erduldet wie niemals zuvor. Ich hielt es für klug, ihnen alles zu glauben, und erfreute alle mit einem Schluck Rum, obwohl ich der Ansicht war, daß sie sich nicht genügend angestrengt hatten, vorwärts zu kommen. – Am Abend hatte Regen eingesetzt, der sich jetzt in ein Gewitter verwandelte.

Am 6. morgens um halb fünf Uhr brachen wir wieder gemeinsam auf. Eine ganze Strecke mußten wir das Kanu von einem Ast zum anderen ziehen, denn die Strömung war zu stark, um die Paddel gebrauchen zu können, und das Wasser zu tief, um sich mit den Stangen fortzubewegen; die Ufer waren so dicht bewachsen, daß auch der Versuch, mit Tauen weiterzukommen, unmöglich war. Wir landeten nach Mittag und verbrachten den restlichen Tag damit, das Kanu auszubessern, unsere Kleidung zu trocknen und neue Paddel und Stangen zu verfertigen.

Am 7. war es hell und ruhig, doch da das Wasser inzwischen um zwei Zoll gestiegen war, mußten wir gegen eine noch stärkere Strömung ankämpfen. Wären wir es nicht schon gewohnt gewesen, solche Schwierigkeiten zu besiegen, hätten wir eigentlich verzweifeln müssen.

Am Mittag des nächsten Tages bestimmte ich unseren Standort auf 55°5′36″ nördl. Breite und 122°35′50″ westl. Länge. –

Nach acht Meilen in südöstlicher Richtung lagerten wir abends um sieben Uhr. Mackay war mit den Jägern den größten Teil des Tages zu Fuß gegangen und brachte ein Stachelschwein zum Abendessen. – Wir beschäftigten unsere Indianer möglichst oft am Ufer, um sie nicht durch die Bootsarbeit zu verdrießen und sie dadurch zur Flucht zu bewegen. – Wieder waren wir an mehreren verlassenen Indianerhütten vorbeigekommen.

Bei sehr schwacher Strömung ging es am 8. weiter. Bald hatten wir in südöstlicher und östlicher Richtung das vollständige Panorama der Berge vor uns. In den letzten drei Tagen war es nur ab und zu möglich gewesen, sie zu sehen, und dann auch nur in großer Entfernung. – Am Abend gab es wilden Pastinak und Pemmikan zum Essen.

Mit dichtem Nebel endete am 9. der seit Tagen anhaltende Regen. Wir setzten unser Kanu aufs Wasser und fuhren knapp 16 Meilen, immer in südöstlicher oder nordöstlicher Richtung. Plötzlich rochen wir Feuer und hörten im Wald Menschen. Sie schienen sehr verwirrt zu sein, und auch wir waren in einiger Verlegenheit, da unsere Waffen nicht geladen waren und wir nicht wußten, wie viele Eingeborene hier sein mochten. Deshalb befahl ich meinen Leuten, zum anderen Ufer zu fahren, um abzuwarten, wie sich die fremden Indianer verhalten würden. Noch bevor wir die Hälfte des Flusses überquert hatten – er war hier nicht mehr als 100 Yards breit –, erschienen auf einer erhöhten Stelle uns gegenüber zwei Männer, schwangen ihre Speere, zeigten uns ihre Pfeile und Bogen und begleiteten dies mit feindlichen Gebärden und lautem Geschrei. Obwohl meine Dolmetscher ihnen zuriefen, daß wir ihnen nichts tun wollten, drohten sie ihre Pfeile auf uns abzuschießen, falls wir landeten. Sie waren entschlossener, als ich erwartet hatte. Indessen wurde hin und her gefragt und geantwortet, bis sie schließlich in unsere Landung einwilligten, wenn auch nicht ohne Anzeichen von Furcht und Mißtrauen. Als ich auf sie zuschritt und ihnen beiden die Hand gab, legten sie ihre Waffen ab, und der eine zog, wenngleich auch zitternd, sein Messer aus der Scheide und übergab es mir als Zeichen seiner Unterwürfigkeit. Wir erklärten ihnen, daß wir in aller Freundschaft hier seien, und sie untersuchten uns und unsere Sachen genau und argwöhnisch. Wohl hatten sie schon von weißen Männern gehört, aber wir waren die ersten, die sie zu Gesicht bekamen. Die Gruppe war erst seit einigen Stunden hier und hatte noch nicht einmal Hütten aufgebaut; außer den beiden, die uns empfangen hatten, waren alle anderen im Gebüsch versteckt. Wir erwiesen den beiden jede nur mögliche Höflichkeit und schickten dann einen von ihnen, seine Gefährten zu holen; den anderen behielten wir aus verständlichen Gründen bei uns zurück. Unterdessen hatten wir das Kanu entladen und unser Lager aufgerichtet.

Ich beschloß zu bleiben, bis die Eingeborenen genug Vertrauen zu mir hätten, daß sie mir Auskunft geben würden. Denn wenn wir die von dem alten Indianer beschriebene Portage nicht selbst finden könnten und der Fluß hier nicht weiter beschiffbar wäre, müßten wir zu der Flußgabelung zurück und den anderen Arm hinauffahren.

Zwei Stunden nach unserer Landung war die ganze Gesellschaft der Eingeborenen um uns versammelt: Es waren nur drei Männer, drei Frauen und sieben bis acht Kinder. Da sie auf ihrer Flucht vor uns ihre Schuhe und Beinkleider vergessen hatten, sahen sie mit ihren zerschundenen Beinen und Füßen recht jämmerlich aus, doch konnten sie mit einigen Glasperlen und anderen Kleinigkeiten getröstet werden. Auch gaben wir ihnen etwas von unserem Pemmikan ab, was ihnen sehr willkommen war.

Als sie sich völlig beruhigt hatten, ließ ich die Männer zu meinem Zelt kommen, um sie über die Gegend zu befragen. Meine Erwartungen wurden jedoch nicht erfüllt; sie kannten keinen Fluß nach Westen, sprachen allerdings von einem anderen, von dem sie eben über eine Portage von elf Tagen gekommen seien; von dem Stamm, der an diesem Fluß wohne, erhielten sie gegen Biber- und Rentierfelle ihre Eisenwaren. Jenes Volk dort wiederum reise einen Monat lang in das Land eines Stammes, der in Häusern wohne und der ihnen diese Waren gebe. Und dieser Stamm wiederum ginge an den »stinkenden See«[1], wo sie mit Menschen, deren Schiffe so groß wie Inseln seien[2], handelten. Über sich selbst erzählten sie, daß sie nur wenige seien und sich immer vor ihren Feinden verstecken müßten, wobei sie vor Hunger und Kälte fast umkämen. Deshalb versicherte ich ihnen, daß ich ihnen, wenn sie mich zu dem von mir gesuchten Fluß bringen würden, später an die Mündung dieses Flusses Waffen und Muni-

1) Der Pazifische Ozean; den Salzgeruch des Meeres empfanden jene Indianer als »stinkend«.

2) Vermutlich Schiffe der Spanier oder Russen, die schon vor den Briten an der Westküste Kanadas entlangsegelten.

tion bringen würde, damit sie imstande wären, aus ihrem elenden Zustand herauszukommen. Auch sagte ich ihnen, daß das Land unterhalb des Gebirges voll mit Wild sei und ich zwischen ihnen und den Biber-Indianern Frieden stiften wolle, wenn sie mich auf meiner Rückreise hinunterbegleiten wollten. Doch sie blieben dabei, keinen Fluß zum Meer zu kennen.

Den Weg ohne Führer fortzusetzen erschien mir bei genauerer Überlegung zu schwierig, zu unsicher und zu zeitaufwendig. Deshalb beschloß ich abzuwarten, war weiterhin freundlich zu den Eingeborenen, bewirtete sie, so gut ich konnte, und gab ihren Kindern Zucker. Ich erhielt von ihnen einige getrocknete und gut geräucherte Forellen, die sie mitgebracht hatten. Auch machte mir einer fünf Biberfelle zum Geschenk.

Am nächsten Morgen wartete ich mit Ungeduld auf eine neue Unterredung mit den Eingeborenen. Doch sie schliefen in ihren Blätterlagern, bis die Sonne aufgegangen war. Ihre Betten und Bettgenossinnen hatten sie als gastfreundliche Menschen meinen Gefährten überlassen.

Schließlich konnten wir das Gespräch fortführen, doch gaben sie mir keine anderen Antworten als gestern. Inzwischen war mir ihre Sprache schon so weit vertraut, daß ich aus den Aussagen eines Mannes, der sich mit meinem Dolmetscher unterhielt, heraushörte, daß er von einem großen Fluß sprach. Ich befragte daraufhin den Dolmetscher und erfuhr, daß der Eingeborene tatsächlich von einem großen Fluß gesprochen hatte, der in Richtung Süden gehe und von dem ein Arm nahe der Quelle des von uns befahrenen Flusses beginne; zunächst seien dort nur drei kleine Seen und ebenso viele Portagen, die zu einem kleinen Fluß führten, der sich wiederum in den großen ergieße; allerdings gehe der große Fluß nicht ins Meer. Die dort wohnenden Menschen seien kriegerisch und bauten große Häuser. Ich bat den Indianer, mir auf Birkenrinde mit Kohle eine Zeichnung anzufertigen, was er bereitwillig tat. Die Meinung, daß der große Fluß nicht ins Meer fließe, schrieb ich zuversichtlich seiner Unkenntnis des Landes zu.

Nun waren meine Hoffnungen neu belebt, dazu konnte ich mit Geschenken doch noch einen der Eingeborenen dazu bewegen, mir Führer zu sein. So schnell wie möglich wollte ich aufbrechen.

Hier noch kurz eine Beschreibung der Eingeborenen: Sie sind nicht mehr als fünf Fuß und sechs bis sieben Zoll groß und sehen sehr mager aus, was bei einem Volk, das es so schwer hat, sich Nahrung zu verschaffen, nicht verwunderlich ist. Ihre Gesichter sind rund und haben hohe Backenknochen. Die Augen sind schmal und dunkel, die Nasen durchbohrt, aber ohne Zierat. Ihre Haare hängen unordentlich auf die Schultern herab, und ihre Haut ist dunkelgelb getönt. Sie kleiden sich in Röcke aus Biber- und Murmeltierfellen und Rentier- und Elchhäuten, die unten mit Troddeln verziert sind. Ihre langen Beinkleider könnte man »Schifferhose« nennen. Die Scham bleibt unbedeckt.

Die Kleidung der Frauen ist von der der Männer nur dadurch unterschieden, daß diese eine Schürze tragen, die um den Leib herum befestigt wird und über die Knie herabhängt. Die Frauen sind größer und stärker als die Männer, aber unreiner. Unter ihren Augen verläuft von Ohr zu Ohr ein schwarzer Streifen, den ich anfangs für einen Ausschlag hielt. Ihre Haare tragen sie mit Mittelscheitel zu Zöpfen gebunden. In den Ohren hängen lange Glasperlen, die sie von dem Volk erhalten, bei denen sie auch ihre Eisenwaren holen. Neben einigen Armbändern aus Horn und Knochen ist dies ihr ganzer Schmuck. Halsbänder mit Eisbärkrallen tragen nur die Männer.

An Waffen besitzen sie sechs Fuß lange Bogen aus Zedernholz, die an einem Ende mit einer kurzen eisernen

Spitze versehen sind und auch als Speere verwendet werden können; die Pfeile haben eiserne, steinerne oder knöcherne Widerhaken. Eiserne Messer und Speere mit gut polierten Eisenspitzen deuten darauf hin, daß diese Leute mit Eisen sehr gut versorgt sind. Ich bin davon überzeugt, daß ihre Handelsbeziehungen mit den Völkern jenseits des Gebirges schon lange bestehen und regelmäßig gepflegt werden.

Außerdem sah ich bei ihnen Schlingen aus dünngeschnittenen Häuten, Netze und Angelschnüre aus Weidenrinde und Nesseln, Angelhaken aus kleinen Steinen, Kessel aus Watape und Pechtannenrinde, verschiedene Schüsseln aus Holz und Rinde, Löffel aus Horn und Holz, lederne Beutel und aus Rinde geflochtene Körbe, die, mit Fischereigerät gefüllt, zum Teil in der Hand oder auf dem Rücken getragen werden. Um ihre Kleider zu färben und das Leder geschmeidig zu halten, benutzen sie rote Erde. Die viele Pechtannenrinde, die hier zu finden ist, dient ihnen zum Bau ihrer Kanus, die zwei bis fünf Menschen aufnehmen können. Kanus ähnlicher Bauart wurden noch bis vor kurzem von den Biber-Indianern benutzt, die mittlerweile aber Birkenrinde verwenden, da diese haltbarer ist. –

Vor unserer Abreise brachten mir die Eingeborenen noch ein paar eben gefangene sechspfündige Forellen, die ich mit Glasperlen bezahlte, ebenso ein aus Nesseln verfertigtes Netz, eine bearbeitete Rentierhaut und eine Art Löffel aus Horn. Meine jungen Indianer erhielten zwei Köcher voll vortrefflicher Pfeile, ein langes Halsband mit Eisbärkrallen, Armbänder aus Horn und anderes, was wir alles reichlich entlohnten.

SECHSTES KAPITEL

In der Hoffnung, sie bei unserer Rückkehr in zwei Monaten wieder anzutreffen, verließen wir am 10. Juni mit unserem neuen Führer diese gastfreundlichen Menschen. Die Biberfelle, die mir ein Eingeborener geschenkt hatte, ließ ich zurück, mit der Bitte, sie bis zu unserer Heimreise für mich aufzubewahren.

Schon nach einer Meile mußten wir anhalten, weil zwei unserer Männer ihre Flinten vergessen hatten. Dann ging die Fahrt nordöstlich weiter. Die Strömung wurde nun merklich sanfter. Gegen Südosten hin sahen wir eine Kette schneebedeckter Berge.[1] Rechter Hand lag flaches, morastiges Gebiet, das zum Gebirge hin langsam anstieg. Das linke Flußufer lief den größten Teil der Strecke dicht am Gebirge entlang. Nach zirka 17 Meilen lagerten wir.

Mein Dolmetscher ermahnte unseren Führer, mir treu zu dienen und in der Nacht nicht auf den Gedanken zu kommen, fliehen zu wollen, doch dieser erwiderte: »Wie könnte ich die Hütte des großen Geistes verlassen! Erst wenn er mir sagt, daß er mich nicht mehr braucht, kehre ich zu meinen Kindern zurück!« Doch sollte er im Verlauf der weiteren Reise seine hohe Meinung über mich verlieren.

Bei hellem und kaltem Wetter steuerten wir am nächsten Morgen weiter in der oben angegebenen Richtung. Links sahen wir nun einen hohen Berg, der wegen seiner kegelförmigen Gestalt von meinen Indianern »Beaver Lodge Mountain« (Biberburg-Berg)[2] genannt wurde. Wir kamen auf die Höhe des gestern gesichteten Gebirges, ein anderes ähnliches Gebirge lief auf der linken Flußseite mit

1) Mackenzie befand sich jetzt vermutlich schon auf dem Kamm der Rocky Mountains, denn nach Westen hin waren keine hohen Berge mehr zu sehen.

2) Heute der Mount Alexander (3000 m).

diesem parallel. Es schien aus einer Reihe runder Berge zu bestehen, die fast bis an ihre Gipfel bewachsen, ganz oben aber mit Schnee bedeckt waren. Während unserer Weiterfahrt mußte dauernd Wasser geschöpft werden, und erst nach einer Weile konnten wir an Land, um die Lecks des Kanus abzudichten. Bald verließen wir bei einem kleinen, von links einströmenden Flüßchen den Hauptarm unseres Flusses, da dieser den Angaben unseres Führers zufolge wenig später am Rande des Gebirges im Schnee versickert. Der neue Arm war nicht über zehn Yards breit, und obwohl die Strömung sehr gering war, verschaffte uns sein schlängelnder Lauf einige Schwierigkeiten, vorwärts zu kommen. Nach einer Meile kamen wir in einen kleinen Teich, der fast völlig mit Treibholz bedeckt war und deshalb große Mühe machte, ihn zu durchqueren. Sein Wasser stand so hoch, daß die ganze Umgegend überflutet war. In der Nähe eines leeren Indianerlagers machten wir Quartier. Unsere Hoffnung, Eingeborene anzutreffen, wurde nicht erfüllt. Ringsumher sahen wir eine Menge Biber, doch aus Sorge, hier vielleicht doch lebende Eingeborene zu erschrecken, schossen wir keinen ab. Viele kleine Vögel schwirrten durch die Luft, darunter blaue Dohlen und ein Kolibri.

Am 12. war das Wetter wie tags zuvor; zwischen drei und vier Uhr brachen wir auf. Der See ist ungefähr 300 bis 400 Yards breit und in südöstlicher Richtung zwei Meilen lang. Wahrscheinlich liegt hier die höchste und südlichste Quelle des *Unjigah* oder Peace River.[1] Sie liegt bei 54°24′ nördl. Breite und 121° westl. Länge und speist diesen Fluß, der sich nach schlängelndem Lauf über eine ungeheure Landstrecke in den Sklaven-See ergießt und bei 70° nördl. Breite und ungefähr 135° westl. Länge ins Eismeer fließt.[2]

1) Mackenzie hatte tatsächlich die Quelle des Peace River erreicht.
2) Der Peace River speist letztendlich auch den Mackenzie.

Aussichtspunkt

Wir landeten, entluden das Kanu und trugen alles auf einer ausgetretenen Portage über einen niedrigen Landrücken zu einem anderen kleinen See. Zwischen den Gebirgen rechts und links von uns lag etwa eine Viertel Meile; an beiden Seiten gingen felsige Abhänge hinauf. An den Ufern wuchsen Weiden, viel Gras und Unkraut. Hier hatten Eingeborene alte Kanus zurückgelassen, in denen wir Körbe mit allerlei Gerät entdeckten. Ich nahm einiges für uns Brauchbares heraus und ersetzte es durch unsere Geschenkartikel. Von den Felsen stürzten zwei Wasserströme in den See herab, den wir gerade verlassen hatten; dagegen fielen von der vor uns liegenden Höhe zwei andere in den See, dem wir uns näherten. Wir befanden uns also an der Wasserscheide und gingen nun wieder mit dem Strom.

Etwa 175 Schritt trugen wir unser Gepäck und das Boot den See entlang, bis er sich in einen kleinen Fluß ergoß, der aber so wenig Wasser führte, daß wir mit dem Kanu Mühe hatten, weiterzukommen. Doch bald vergrößerte er sich durch viele kleine Ströme, die als Bäche von den Bergen herabkamen und wahrscheinlich von Schmelzwasser gespeist wurden, denn das Wasser war eiskalt. Sandbänke und eine Menge in den Fluß gestürzter Bäume, durch die wir uns richtiggehend hindurchhauen mußten, erschwerten die Fahrt erheblich. Dazu kam, daß die Strömung immer reißender wurde. Um vier Uhr nachmittags erreichten wir einen weiteren kleinen See, der etwa eine halbe Meile Durchmesser hat. Danach jagte der Fluß in einem Bett von flachen Steinen schnell und ungestüm dahin. Gegen Abend wurden wir von zwei querliegenden Baumstämmen aufgehalten, wo nur das Geschick der Kanuführer verhindern konnte, daß wir daraufzutrieben. Wir gingen an Land und schlugen unser Nachtlager auf.

Da wir oft ins kalte Wasser gestiegen waren, um das

Kanu weiterzuschieben, waren wir wie erstarrt. Zwei Leute, die ich zu Fuß ein Stück vorgeschickt hatte, kamen mit einem fürchterlichen Bericht über Stromschnellen, gestürzte Bäume und große Felsbrocken zurück. Zu diesem Zeitpunkt bemerkten wir bei unserem Führer Anzeichen von Verdruß. Er war schon während der Flußfahrt hierher immer unruhiger geworden und hatte mehrmals verlangt, zurückzukehren. Er zeigte uns aber ein nicht weit entferntes Gebirge, mit der Bemerkung, es liege auf der anderen Seite des Flusses, in welchen sich der unsrige ergieße.

Am 13. begannen meine Leute sehr früh damit, einen Pfad auszuhauen, auf dem wir das Kanu und das Gepäck an den Stromschnellen vorbeitragen konnten. Als das Boot wieder zu Wasser gelassen werden konnte, wollte ich mit einigen anderen zu Fuß weiter, um es zu entlasten, doch meine Leute wehrten sich dagegen und meinten, wenn sie untergehen sollten, solle ich mit untergehen. Ich glaubte nicht, daß ihre Sorge berechtigt sei, doch kurz nachdem wir abgestoßen hatten, kamen wir in einen Wirbel, und das Kanu drehte sich. Sogleich sprangen wir ins Wasser, um es wieder geradezurichten und vor allen Dingen anzuhalten, doch plötzlich wurde das Wasser so tief, daß wir schnell wieder hineinkletterten. Kaum saßen wir, als wir an einen Felsen getrieben wurden, der das Hinterteil des Kanus völlig zerschmetterte, so daß der Steuermann nicht mehr auf seinem Platz bleiben konnte. Die Gewalt dieses Stoßes trieb uns auf die andere Seite des Flusses, wo der Bug dasselbe Schicksal erfuhr wie das Heck. Der Vordermann versuchte noch einige über das Wasser hängende Zweige zu ergreifen und damit die Fahrt zu stoppen, doch waren diese Zweige so elastisch, daß es ihn in hohem Bogen aus dem Boot heraus ans Ufer schleuderte. Wir anderen konnten uns nicht einmal nach ihm umsehen, denn gleich darauf schossen wir über einen

Wasserfall, wobei mehrere große Löcher in den Boden des Kanus gerissen wurden und alle Paddel zerbrachen. Eigentlich hätte das Kanu umschlagen müssen, doch sobald das Wrack wieder flach im Wasser lag, sprangen wir heraus, und dank meiner Autorität hielten sich alle am Kanurand fest. Dieser glücklichen Entschlossenheit verdankten wir unsere Rettung, denn hätte einer der Männer losgelassen, wäre er durch die Gewalt der Strömung an die Felsen getrieben und zerschmettert worden oder die Wasserfälle hinabgestürzt. In dieser Lage wurden wir mehrere 100 Yards abgetrieben, und bei jedem Yard schwebten wir in höchster Lebensgefahr. Endlich gelangten wir in seichteres Gewässer und fanden mehr durch die Schwere unseres Kanus als durch unsere eigenen Kräfte Grund unter den Füßen. So kurz dieses Abenteuer auch war, es ging um Leben und Tod. Der Vordermann, der aus dem Boot hinausgeschleudert worden war, kam uns unbeschadet zu Hilfe, und alles Gerettete wurde ans Ufer gebracht. Die Indianer weinten, anstatt zu helfen, und ich blieb im Wasser stehen, bis alles an Land geschafft worden war, obwohl ich mich zum Schluß wegen des eiskalten Wassers kaum noch auf den Beinen halten konnte.

Der Verlust, den wir durch dieses Unglück hatten, war beträchtlich, denn einige Gerätschaften und unser ganzer Vorrat an Kugeln waren verlorengegangen. Doch der Gedanke an unsere wunderbare Rettung ließ uns dies vergessen, hatte doch niemand persönlichen Schaden davongetragen.

Nun wurde am Ufer alles getrocknet. Glücklicherweise war das Pulver nicht sehr naß geworden, und auch meine Instrumente hatten es gut überstanden. Meine Männer waren gar nicht so traurig über diesen Unfall, glaubten sie doch, daß ich unsere Reise nun abbrechen würde, um so mehr, da wir kein Kanu mehr hatten und alle Kugeln versunken waren. Es schien ihnen ganz unmöglich, unter diesen Umständen die Reise fortzusetzen. Ich ließ sie in diesem Glauben, bis sie sich von dem Schrecken erholt hatten und durch eine herzhafte Mahlzeit und reichlich Rum ihren Mut wiederfanden.

Dann hielt ich eine Rede: Ich ermahnte sie, ihre Errettung mit Dank anzuerkennen, sagte ihnen aber auch, daß es nicht unmöglich sei, diesen Fluß zu befahren, da ja nur unsere Unkenntnis über seinen Verlauf schuld sei an unseren Problemen; außerdem hätten wir durch die Bewältigung dieser Schwierigkeit Erfahrungen gesammelt, um neue zu überwinden. Ich wies sie auch darauf hin, daß ich schon vor unserer Abreise über bevorstehende Gefahren gesprochen und sie also nicht getäuscht habe und sie mich ja freiwillig begleiteten. Dann erwähnte ich, welche Ehre für jeden einzelnen damit verbunden sei, wenn wir unser Ziel erreichten, und führte ihnen den Mut und die Entschlossenheit der Nordmänner[1] vor Augen, Eigenschaften, auf deren Fortbestehen ich in ihnen als deren Nachkommen zählen würde. Wegen der verlorenen Kugeln sollten sie sich nicht sorgen, wir hätten ja genügend Materialien, aus denen wir neue gießen könnten; und das Kanu müßten wir eben soweit ausbessern, bis wir in eine Gegend gelangten, wo wir uns ein neues bauen könnten. Diese Ansprache hatte die gewünschte Wirkung: Sie willigten alle ein, mich zu begleiten, wohin ich sie auch führen würde.

Sie wollten allerdings auf diesem Fluß nicht mehr weiterfahren, sondern das Wrack aufgeben, das Gepäck bis an den großen Fluß tragen, der ja nach Aussagen der Eingeborenen nicht weit entfernt sei, und dort ein neues Kanu bauen; doch ich bestimmte, Rinde zu suchen und

1) Mackenzie versuchte hier geschickt, seine kanadischen Waldläufer bei ihrer Ehre zu packen, indem er sie auf ihre normannischen Urahnen ansprach, die Französisch-Kanada erschlossen hatten. Die meisten jener Männer waren damals aus der Normandie gekommen.

das alte Boot noch einmal auszubessern. – Nachmittags berechnete ich die Lage unseres Standorts mit 54°23′ nördl. Breite. –

Erst nach zehn Uhr kam einer unserer jungen Indianer zum Lager zurück und brachte eine kleine Rolle halbwegs brauchbarer Rinde mit. Er hatte sich gegen Sonnenuntergang von den anderen getrennt, nachdem sie die ganze Zeit in einer schrecklichen Gegend umhergewandert waren, ohne gute Rinde zu finden oder an den großen Fluß zu gelangen. Sein Bericht über den Fluß[1], an dem wir uns momentan befanden, konnte nicht abschreckender sein: Anscheinend bestand er nur aus einer Folge von Stromschnellen, Wasserfällen und hineingestürzten Baumstämmen.

Unser Eingeborenenführer wurde nun sehr unruhig, und obwohl er nichts Zusammenhängendes über das Gebiet vor uns sagen wollte, kam doch soviel heraus, daß der vor uns liegende Fluß auch nur der Arm eines größeren Flusses sei, der sich nicht weit von dem Zusammenfließen mit demselben in zwei große Arme teile. Diesen Beschreibungen fügte er noch einige grillenhafte, schreckenerregende Bemerkungen über die dortigen Anwohner hinzu, die denen glichen, die ich schon auf meiner ersten Reise erwähnt habe. –

An diesem Tag wäre fast ein weiteres Unglück geschehen: Wir hatten an die 80 Pfund Pulver zum Trocknen ausgebreitet, und ich hatte alle zur größten Vorsicht ermahnt. Trotzdem ging einer der Kanadier mit seiner angezündeten Pfeife so sorglos dazwischen herum, daß dies beinahe schlimme Folgen gehabt hätte. Daß nichts passierte, war einer der vielen Glücksfälle auf dieser gefährlichen Reise. –

1) Der Herrick Creek, ein Nebenfluß des MacGregor River, der in den Fraser mündet.

An den Ufern des Flusses fand ich mehrere Bäume und Pflanzen, die ich in diesen Breiten bisher noch nicht gesehen hatte, wie z.B.: Zedern, Ahorn, Hemlocktannen und dergleichen. –

Am 14. gingen wir daran, das Kanu zu flicken. Um halb sieben Uhr kamen auch die anderen Männer, die Rinde gesucht hatten, zurück; sie hatten seit 24 Stunden nichts gegessen und nicht geschlafen, waren hungrig, durchfroren, mit zerfetzten Kleidern und zerschundener Haut. Ihr Bericht stimmte mit dem des jungen Indianers überein. Sie glaubten aber, den Flußarm, den unser Führer erwähnt hatte, gesehen zu haben, und meinten, daß dieser so schwierig zu befahren sei, daß man eine gute Strecke tragen müsse.

Wir ließen uns indes nicht bei unseren Reparaturarbeiten stören, da wir heute noch damit fertig werden wollten. Es gelang uns auch, mit der Rinde, einem Stück Wachstuch und viel Kiefernharz das Kanu wieder in einen brauchbaren Zustand zu bringen. Plötzlich entdeckten wir weiter den Fluß hinab eine Rauchsäule, und auf einmal wurde unser Führer ganz vergnügt, da er natürlich erwartete, dort auf andere Eingeborene zu treffen und aus unseren Diensten entlassen zu werden.

Am nächsten Morgen begannen meine Leute sehr früh, einen Weg frei zu hauen, denn wir wollten einen Teil der Ladung auf dem Landweg transportieren, um in den zu erwartenden Stromschnellen das mehr als zerbrechliche Kanu nicht zu sehr zu belasten. Ein Mann namens Beauchamp weigerte sich nun, sich in das Boot zu setzen. Da dies auf unserer Reise das erste Beispiel gänzlichen Ungehorsams war, hätte ich ihn eigentlich bestrafen müssen, um die anderen davon abzuhalten, sich ähnlich zu verhalten. Da Beauchamp aber unter seinen Gefährten allgemein als etwas einfältig galt, reagierte ich, indem ich ihn für unwürdig erklärte, uns weiterhin zu begleiten, und gab ihn damit dem Spott und der Verachtung preis – was ihn schließlich seine widerspenstige Art aufgeben ließ. Nach 14 Stunden harter Arbeit, wobei wir nur drei Meilen in südöstlicher Richtung vorankamen, lagerten wir, und ich versorgte alle reichlich mit Rum, um sie die Mühen des Tages vergessen zu lassen. Nach unseren jetzigen Schwierigkeiten freuten wir uns fast auf das Vergnügen einer leichten Fahrt auf dem rasch und ohne Unterbrechung dahinströmenden Fluß, den uns unser Führer in Aussicht gestellt hatte.

Am 16. ging es zunächst weiter wie am gestrigen Tag: Einige bahnten den Weg, andere trugen das Gepäck, und die übrigen führten das Kanu. Ich selbst war bei den ersteren und entdeckte bald, daß wir zu gefährliche Stromschnellen vor uns hatten, um das Kanu darüber hinwegzubringen. Also wurde der Pfad breiter ausgehauen, um auch das Kanu tragen zu können. Während wir ein neues Leck im Boden ausbesserten, schickte ich Mackay und die zwei Indianer aus, den großen Fluß zu suchen, und zwar ohne auf den Lauf unseres Flüßchens Rücksicht zu nehmen.

Das Kanu wurde aus dem Wasser genommen, geflickt und dann eine beträchtliche Strecke über den morastigen Boden getragen. Dies war eine sehr gefährliche Arbeit, denn das Boot war durch die Materialien, die wir zum Flicken verwendet hatten, viel schwerer geworden, und die Männer, die es trugen, waren dauernd in Gefahr, unter ihrer Last in den tiefen Morast zu fallen.

Abends um sieben Uhr erreichten wir das Ende des von uns ausgehauenen Wegs und lagerten. Mackay und die Indianer kehrten zurück und berichteten, daß sie den großen Fluß gefunden hätten. Außerdem sei der vor uns liegende Teil unseres Flüßchens voller Treibholz und Baumstämme. Unser Hund, der mit ihnen gegangen war, sei hineingestürzt und so unter das Treibholz geraten, daß man ihn nur mit großer Mühe habe retten können. Wenigstens brachten sie zwei Gänse mit, bei deren Verzehr wir wieder munterer wurden. Wie um unsere Schwierigkeiten noch zu vergrößern, hatten uns den ganzen Tag Moskitos und Sandmücken gequält. –

Nachts um drei Uhr wurde ich durch die Nachricht geweckt, daß unser Führer geflohen sei. Zwar versuchten Mackay, Cancre und unser Hund, ihn zu verfolgen, doch ohne Erfolg. Sicher hatte er seine Flucht schon länger geplant. –

Allen Widrigkeiten zum Trotz ging es am 17. unter den gleichen Bedingungen weiter. Mal mußte das Kanu getragen werden, mal ging die Reise im Fluß weiter – bis wir in einem Gewirr von kleinen Kanälen, in die sich der Fluß in jede Richtung teilte, nicht mehr weiter konnten und über eine Landenge marschieren mußten.

Nach dreiviertel Meilen erreichten wir abends um acht Uhr das Ufer des großen Flusses. So hatten wir endlich, nach vielen Anstrengungen und großer Angst, das unaussprechliche Vergnügen, uns auf der Westseite des großen Gebirges an einem ohne größere Probleme schiffbaren Gewässer zu befinden.

SIEBTES KAPITEL

Da es die ganze Nacht hindurch geregnet hatte, befürchtete ich schon, das Wetter würde uns zwingen, längere Zeit zu rasten. Doch um acht Uhr konnten wir aufbrechen und abwechselnd in südöstlicher und südwestlicher Richtung etwa fünf Meilen den Fluß hinuntersteuern. Der Wasserspiegel war beträchtlich gefallen, und überall wurden Sandbänke und Sumpfstellen sichtbar.

Es war so neblig, daß wir die ganze Breite des Gewässers nicht überblicken konnten. Längs der Ufer lagen viele Biberburgen, und unmittelbar dahinter stiegen hohe Berge empor, deren Gipfel mit Schnee bedeckt waren. Die Strömung war zwar stark, aber gleichmäßig. Nach zirka zehn Meilen Fahrt verengte sich der Fluß zwischen mäßig hohen Felsen. Dann veränderte sich die Landschaft, und wir fuhren inmitten einer Ebene dahin. Mehrere Flüßchen und Bäche mündeten in den Strom, und wir passierten die von unserem entflohenen Führer angekündigte Gabelung des Flusses.[1] Auch kamen wir an einem erst kürzlich errichteten Indianerlager vorüber. Nach 58 Meilen landeten wir zur Nacht an der Mündung eines kleinen Flusses.

Kurz vorher hatten wir in unserem Rücken am Ufer Rauch aufsteigen sehen, und obwohl allem Anschein nach hier Eingeborene lagerten, ließ ich sie ungestört, da ich meine Männer nicht durch Zurückrudern gegen den Strom ermüden wollte. Auch von unserem Lagerplatz aus sahen wir mehrere Rauchsäulen aus dem umliegenden Gehölz aufsteigen, da ich aber niemand dabei hatte, der uns mit den Eingeborenen hätte bekannt machen können und da eine solche Bekanntschaft außerdem nicht ohne Zeitverlust vor sich geht, beschloß ich, die Reise fortzu-

1) Die Expedition befand sich jetzt auf dem Fraser.

setzen, solange der Fluß so gut befahrbar war, und diese Eingeborenen erst auf unserer Rückreise aufzusuchen.

Am 19. brachen wir bei Nebel auf. Wieder bemerkten wir Rauch. Er war so dick und roch so stark nach Zypressen- und Pechtannenharz, daß die ganze Luft davon erfüllt war. Weiter ging es, immer südwestlich oder südöstlich steuernd. Nach zwölf Meilen glitten wir an einer Insel vorbei, auf deren anderer Seite wohl ehemals der Hauptkanal des Flusses gewesen sein mußte. Die Ufer bestanden hier aus hohen weißen Klippen mit grotesken Spitzen.

Bald rückten die Felsen rechts und links so eng zusammen, daß wir befürchteten, sie bildeten bald den Rand eines Wasserfalls. Deshalb landeten wir am linken Ufer. Obwohl uns bei genauerer Untersuchung kein Wasserfall den Weg versperrte, gab es hier doch lange und für Kanus unpassierbare Stromschnellen, und wir fanden auch eine ausgetretene Portage vor. Mühsam schleppten wir unser schweres Boot eine halbe Meile über einen felsigen, schroffen Berg, wofür wir vier Stunden brauchten. – Eine Messung ergab 53°42'20" nördl. Breite. – Kurze Zeit später mußten wir über eine Portage, die nur doppelt so lang war wie das Kanu. Längs dieser Portage stürzte sich die wirbelnde Wassermasse durch eine enge Schlucht hindurch. Am Ufer fanden wir große Mengen wilder Zwiebeln, die unserem Pemmikan zwar einen besseren Geschmack geben konnten, aber auf unsere schwindenden Vorräte keinen erwähnenswerten Einfluß hatten.

Wir fuhren etwa eine dreiviertel Meile und sahen dann direkt am Ufer Rauch aufsteigen; ehe wir landen konnten, hatten die Eingeborenen das Lager verlassen. Meine beiden Indianer wurden ihnen hinterhergeschickt und konnten sie auch einholen, da sie aber gegenseitige Verständigungsprobleme hatten, waren alle Versuche einer freundschaftlichen Unterhaltung vergeblich. Die Eingeborenen bedrohten sie mit Pfeil und Bogen und gaben ihnen durch Zeichen zu verstehen, sich nicht zu nähern. Meine jungen Leute hielten dies aber erst für ratsam, als fünf Pfeile auf sie abgeschossen wurden, vor denen sie sich gerade noch hinter Bäume retten konnten. Als sie mit dieser Nachricht zurückkamen, bedauerte ich sehr, sie nicht begleitet zu haben. Ich versuchte nun in Begleitung von Mackay, die Eingeborenen einzuholen, doch waren diese schon so weit entfernt, daß wir es nicht für klug hielten, ihnen weiter zu folgen. Meine Indianer waren sehr erschrocken und schilderten mir, die Eingeborenen seien außer mit Pfeil und Bogen und Speeren auch mit langen Messern bewaffnet gewesen. Bei meiner Rückkehr fand ich meine Leute damit beschäftigt, den Inhalt der von den Eingeborenen zurückgelassenen Körbe und Beutel zu untersuchen. Einige waren mit Fischereigeräten gefüllt, andere mit roter Erde, die wohl zur Körperbemalung verwendet wird. Ich ließ meine Leute nichts mitnehmen, nahm aber selbst einige wenige Sachen an mich, für die ich nützlichere Dinge zurückließ.

Um vier Uhr verließen wir diesen Ort, legten noch knapp 18 Meilen zurück und landeten um halb sieben für die Nacht. Es regnete, und zuweilen hörte man ein fernes Donnern. Die Ufer waren mit Fichten und breitästigen Zedern bewachsen.

Unsere Weiterfahrt am nächsten Tag war wieder äußerst gefährlich, da über dem Wasser dicker Nebel lag und wir Sorge hatten, Stromschnellen nicht rechtzeitig entdecken zu können. Unsere Richtung war jetzt nordwestlich. Ganz dicht am Ufer sahen wir ein paar Hirsche, »Red Deer«, wovon wir einen schossen und einen kleineren verwundeten. Allerdings setzten meine Indianer diesem nach und konnten auch ihn zur Strecke bringen. – Nach der Menge der Spuren müssen diese Hirsche in der Gegend sehr zahlreich sein. Sie sind nicht so groß wie die Elche am Peace River, und ich habe im Norden diese Art auch noch nie gesehen, obwohl sie am Red River häufig vorkommen sollen. – An mehreren Pechtannen war die Rinde abgeschält – vermutlich zur Abdeckung der Indianerhütten. Wir brachten nun das Wild an Bord und steuerten in südwestlicher Richtung weiter. Ab hier veränderte sich das Aussehen der Landschaft; die Ufer sind nun relativ flach und mit Pappeln und Zedern bewachsen. Das Land dahinter steigt nur ganz allmählich etwas an. An manchen Stellen ist das Uferland überflutet.

Nach sechs Meilen landeten wir bei einer großen Hütte, wie wir sie als Indianerunterkunft noch nie gesehen hatten. Sie war ungefähr 30 Fuß lang und 20 Fuß breit und wahrscheinlich für drei Familien gebaut. Innen gab es drei Feuerstellen und drei Bettgestelle, dahinter lag eine Grube zur Aufbewahrung der Fische. Die Außenwände bestanden aus dicht zusammengesetzten Pechtannenstämmen, die an den Ecken ineinandergefügt waren. Das Dach stützte sich auf eine Giebelstange, die auf zwei aufrecht stehenden, zehn Fuß hohen Gabeln ruhte. Alles war mit Zedernfasern miteinander verbunden. Die Wände hatten Öffnungen, die vermutlich als Schießscharten dienen sollten; zumindest waren sie sicher nicht in der Absicht herausgehauen worden, Licht eindringen zu lassen, denn durch die Ritzen zwischen den Stämmen fiel soviel Helligkeit ein, daß das Haus nur als Sommerwohnung bestimmt zu sein schien. Unsere ganze Aufmerksamkeit war indes durch einen Apparat geweckt, der im Innern des Hauses lag. Er hatte eine zylindrische Form und fünfeinhalb Fuß Durchmesser. An einem Ende war er viereckig, am anderen war ein Gestell in konischer Form angebracht, dessen Öffnung nur sieben Zoll Durchmesser aufwies. Aller Wahrscheinlichkeit nach ist dieser Apparat zum Fangen von Fischen bestimmt und dazu auch äußerst brauchbar, da die Fische, sind sie einmal darin, nicht wieder hinaus können; es sei denn, sie hätten riesige Kräfte, die langen Stäbe zu durchstoßen, aus denen der Apparat gebaut ist.[1] Das Haus war in einer Ordnung verlassen worden, aus der man ersah, daß die Bewohner bald zurückkehren würden. –

Von diesem Ort fuhren wir weiter südöstlich und erblickten bald die Gipfel- und Stützstangen eines älteren, zerstörten oder verrotteten Hauses. Das Ufer stand unter Wasser. Auf einer Landspitze bemerkten wir einen Hügel, der aussah wie ein Grab: Er war von länglicher Form und mit Rinde abgedeckt. Daneben stand ein Pfahl, an dessen Spitze ein Stück Rinde hing – wahrscheinlich ein Denkmal oder Sinnbild.[2] Danach fuhren wir an zwei Inseln vorüber, auf denen jeweils ein Haus obenbeschriebener Art stand.

Unser Kanu war mittlerweile so zerbrechlich, daß es nicht mehr lange halten konnte. Deshalb landeten wir, und ich schickte sogleich einen Mann los, Rinde zu sammeln. Er brachte auch eine ausreichende Menge, um davon den Boden eines fünf Faden langen und viereinhalb Fuß hohen Bootes zu verfertigen.

Mittags setzten wir unsere Reise fort. Bald wurde der Fluß so zwischen Felsen eingeengt und wild, daß ich befahl, das Kanu auf dem Landweg weiterzutransportieren. Es war nun aber so schwer, daß meine Leute lieber die Stromschnellen in Kauf nehmen als es tragen wollten. Ich billigte dieses Vorhaben zwar keineswegs, doch ließ ich ihnen ihren Willen. Also unternahmen vier Mann das Wagnis, und ich eilte angstvoll zum Ende der Stromschnellen, um den Ausgang dieses Unternehmens sehen zu können. Es kam so, wie ich gedacht hatte: Die Strömung war so ungestüm, daß sich das Kanu, obgleich

1) Fischreuse.
2) Totempfahl.

es unbeschadet über die Felsen kam, mit Wasser füllte. Die Männer konnten es gerade noch ans Ufer setzen, wo wir dann drei Stunden mit Ausbesserungsarbeiten zubringen mußten. Danach ging es weiter, vorbei an einem großen leeren Indianerlager, an Felsen aus rotem und weißem Ton, die Ruinen alter Schlösser glichen, und an den Überresten indianischer Hütten.

Da wir in dieser Gegend große Schwierigkeiten hatten, uns Proviant zu verschaffen, hielt ich es für ratsam, etwas für unsere Versorgung auf der Rückreise zu tun. Ich ließ deshalb am 21. in einem Loch 90 Pfund Pemmikan vergraben, tief genug, um darüber ein Feuer anzünden zu können und es so vor Eingeborenen und Tieren zu verstekken. –

Der nächste Morgen war sehr trüb. Der Fluß führte uns an Felsen aus gelbem und blauem Ton vorbei, die ebenso grotesk wirkten wie die gestrigen. – Eine Messung ergab 52°47′51″ nördl. Breite. –

Plötzlich kam aus einem kleinen Flußarm ein Mann herausgepaddelt. Kaum hatte er uns erblickt, als er auch schon ein lautes Geschrei anhob, um seine Freunde auf uns aufmerksam zu machen. Gleich darauf erschienen am Ufer einige Eingeborene, die ihre Waffen auf uns richteten und uns mit drohenden Gebärden bedeuteten, uns fernzuhalten, anderenfalls würden sie uns angreifen. Ich ließ sofort das Kanu anhalten, denn es wäre wirklich töricht gewesen, näher ans Ufer zu gehen, bevor sich die Wut dieser Wilden nicht ein wenig gelegt hätte. Sie drohten uns – meine Dolmetscher konnten ihre Sprache verstehen – mit dem sofortigen Tod, falls wir landeten, und unterstrichen ihre Äußerungen mit einer Ladung Pfeile, die uns nur kanpp verfehlten. Da uns die Strömung etwas von den Eingeborenen weggetrieben hatte, ließ ich ans andere Ufer paddeln, so daß wir ihnen gerade gegenüber waren. Solange wir in Hörweite waren, ließen meine Dolmetscher nichts unversucht, sie zu besänftigen, doch erfolglos. Indessen bemerkten wir, daß sie ein Kanu mit zwei Mann wegschickten – wahrscheinlich, um Hilfe zu holen. Nun durften wir kein Mittel unversucht lassen, sie zu einer freundlichen Unterredung zu bewegen, bevor sie durch Verstärkung noch übermütiger würden.

So machte ich einen sehr gewagten Versuch, der zum Glück gelang: Ich verließ das Kanu und spazierte allein das Ufer entlang, um einige dazu zu verleiten, zu mir zu kommen; denn meine Vermutung ging dahin, daß sie es gefahrloser finden könnten, ohne den Beistand meiner Leute mit mir zu reden. Trotzdem sicherte ich mich durch einen im Gebüsch versteckten, bewaffneten Mann ab. Er sollte sich immer in meiner Nähe halten und mir gegebenenfalls zu Hilfe kommen. Ich war noch nicht lange auf dem Ufer, als zwei der Eingeborenen in ihrem Kanu auf mich zusteuerten, 100 Yards vor mir aber anhielten. Ich gab ihnen Zeichen, näher zu kommen, und zeigte ihnen Spiegel, Glasperlen und andere verlockende Spielereien. Sehr furchtsam näherten sie sich endlich dem Ufer, legten zwar mit dem Heck an, wagten aber noch nicht zu landen. Ich gab ihnen einige Glasperlen, mit denen sie sogleich wieder ablegen wollten, doch wiederholte ich meine Bitte so oft, bis sie ganz ans Ufer kamen, ausstiegen und sich zu mir setzten. Nun kam auch der im Gebüsch versteckt gewesene Indianer hinzu; ihre anfängliche Furcht vor ihm war bald überwunden, und mit Vergnügen stellte ich fest, daß sie sich ganz gut untereinander verständigen konnten. Ich ließ ihnen mitteilen, daß wir freundschaftlich gesinnt seien und daß sie Vertrauen zu uns haben sollten. Als sie mehrere meiner Leute auf uns zukommen sahen, baten sie mich, sie gehen zu lassen, welcher Bitte ich natürlich sofort zustimmte. Ich war sehr zufrieden über den Erfolg meines Plans. Wir konnten deutlich erkennen, daß sie von ihren Stammesbrüdern mit großer Neugier erwartet wurden und daß vor allem die Geschenke ihre Aufmerksamkeit auf sich zogen. Danach beratschlagten sie etwa eine Viertelstunde und kamen schließlich zu dem Ergebnis, uns einzuladen, zu ihnen zu kommen. Voll Begeisterung darüber ruderten wir mit äußerster Geschwindigkeit zu ihnen hinüber, wobei sie unser Tempo etwas zu irritieren schien. Bei unserer Landung standen nur die beiden Männer, mit denen ich schon gesprochen hatte, zum Empfang bereit. Doch konnten wir durch unser Verhalten bald auch die anderen von ihrem Mißtrauen uns gegenüber befreien. Es fand dann eine sehr vertrauliche Unterhaltung statt, und nachdem ich allerlei Kleinigkeiten an die Erwachsenen und Zucker an die Kinder verteilt hatte, versuchte ich, durch meinen Dolmetscher alle nur möglichen Informationen einzuziehen.

Ihren Schilderungen zufolge sollte der Fluß, den wir gerade befuhren, sehr weit in Richtung Süden gehen; an seiner Mündung wohnten Weiße, die große Häuser bauten. Die Strömung sei gleichmäßig stark, bis auf drei Stellen mit Stromschnellen und Wasserfällen. Doch würden wir vor allen Dingen die zahlreichen Eingeborenen zu fürchten haben, denn besonders ihre Nachbarn seien boshafte Menschen, die in großen unterirdischen Höhlen lebten. Als wir ihnen sagten, daß wir ans Meer vordringen wollten, rieten sie uns von diesem Vorhaben ab, wollten wir nicht Opfer dieser Wilden werden. Dieses Volk besitze Eisen, Waffen und Geräte, die sie von Stämmen im Westen erhielten, die wiederum mit weißen Männern in großen Kanus handelten.

Obwohl mir vieles irreführend und übertrieben vorkam, war ich doch leicht beunruhigt. Deshalb versuchte ich sogleich, einige der Männer dazu zu bewegen, uns zu begleiten, um vor allem ihre Nachbarn uns günstig zu stimmen. Zwei fanden sich auch dazu bereit, doch als wir abfahren wollten, kam um eine flußabwärts gelegene Landspitze ein kleines Kanu mit drei Männern auf das Lager zu. Wir hielten es für besser, es zu erwarten, und bald zeigte sich, daß dies die Leute waren, die man bei unserem Erscheinen durch Boten zu Hilfe gerufen hatte. Obwohl wir mitten unter ihren Freunden standen, drohten sie uns mit den wildesten und feindseligsten Gebärden und beruhigten sich erst nach einiger Zeit. Einer von ihnen – er war in mittlerem Alter, hatte sich von den dreien am zurückhaltendsten benommen und wurde von allen mit großer Ehrerbietung behandelt – fragte seine Freunde über uns aus; als er genug erfahren hatte, riet er uns, unsere Abreise um eine Nacht zu verschieben, denn seine weiter unten am Fluß wohnenden Verwandten seien durch die Boten so in Unruhe gestürzt worden, daß sie planten, uns an der Weiterreise zu hindern – und es würde uns nichts nützen, wenn wir zwei Männer ihres Stammes bei uns hätten. Sie würden gegen Sonnenuntergang hierher kommen, und dann könne man sie davon überzeugen, daß wir nichts Böses im Schilde führten.

Ich ließ also das Kanu wieder entladen und mein Zelt aufschlagen. Die Eingeborenen waren jetzt so zutraulich, daß ich ihnen zu verstehen geben mußte, daß ich allein und ungestört sein wolle.

Den Eingeborenen, den ich oben besonders erwähnte, bat ich, mir einen möglichst genauen Plan von dem Fluß anzufertigen, was er bereitwillig und geschickt tat. Um ihm viele Informationen zu entlocken, versicherte ich ihm, daß ich oder ein anderer weißer Mann ihnen bald die Waren bringen würden, die sie benötigten, besonders Waffen und Munition zum Schutz gegen ihre Feinde. Doch konnte er nicht viel mehr erzählen, als ich schon wußte – lediglich, daß der Fluß voller Fische sei und das Land ringsherum voller Wild. –

Da unser Kanu ja sehr zerbrechlich, voller Lecks und

schwer zu steuern war und man mir gesagt hatte, daß weiter unten am Fluß kaum Rinde zu finden sei, schickte ich zwei meiner Leute aus, die nötige Menge für ein neues Kanu zu suchen.

Den restlichen Tag verbrachte ich bei Gesprächen mit den Eingeborenen. Die Gruppe bestand aus sieben Familien, darunter 18 Männer, die sich fast überhaupt nicht von den Felsengebirgs-Indianern unterschieden. Sie waren in Leder gekleidet und besaßen einige Decken aus Biber- und Kaninchenfellen. Sie schienen noch nicht lange in dieser Gegend zu sein, wo sie den Sommer verbringen und Fische für den nächsten Winter fangen wollten. Dazu hatten sie so ähnliche Apparate, wie wir sie in dem oben beschriebenen Haus vorgefunden hatten. Die Fische sind hier sehr groß und besuchen diesen Teil des Flusses nur zu bestimmten Jahreszeiten.[1] – Am Abend brachten meine Leute nur wenig Rinde, die nicht viel taugte.

Die vom unteren Fluß erwarteten Eingeborenen tauchten nicht auf.

1) Lachse auf dem Laichzug.

ACHTES KAPITEL

In Begleitung unserer neuen Führer setzten wir am 22. [Juni] unsere Reise fort. Der eine Eingeborene saß bei uns im Kanu, der andere in seinem eigenen: So konnte letzterer vorausgeschickt werden, um mit den am Fluß ansässigen Eingeborenen zu sprechen, außerdem war somit eine Flucht der beiden nicht ganz so leicht, da wir ihm Mackay als Beifahrer gaben.

Unsere Richtung war hauptsächlich südöstlich. Nach elf Meilen landeten wir bei einem Haus, von dem nur das Dach über den Erdboden herausragte; seine Bewohner hatten es bei unserem Näherkommen verlassen und sich auf zwei steile Anhöhen zurückgezogen, von wo aus sie uns mit Gebärden drohten. Unsere Führer gingen sogleich zu ihnen, und nach einem lautstarken Wortwechsel ließ sich einer von ihnen dazu bewegen, zu uns zu kommen; die übrigen sieben folgten bald nach. Ihre Kleidung bestand aus einem Gewand, das den rechten Arm frei ließ, und einer mit Schnur befestigten ledernen Decke, die wohl als Schutzschild gegen Pfeile über den linken Arm und die linke Brusthälfte hing. Als ihre Furcht vor uns etwas verflogen war, kamen auch ihre Frauen aus den Verstecken, doch ohne Kinder. Diese hatten sie wahrscheinlich weit genug entfernt, um sie gegen jede Gefahr zu schützen. Ich verteilte Geschenke und erklärte ihnen den Gebrauch unserer Gewehre, mit der Versicherung, daß wir zwar jene, die uns Schaden zufügen wollten, auf einmal vernichten könnten, genauso aber auch diejenigen, die uns Wohlwollen zeigten, zu schützen imstande seien. Nach einer halben Stunde verließen wir sie und ließen sie mit einer sehr positiven Meinung über uns zurück.

Nach zweidreiviertel Meilen hielten wir wieder bei Eingeborenen an. Sie sahen noch wilder und wütender aus als die vorherigen, so daß ich um unsere Führer fast Angst

Indianischer Jäger mit Pfeil und Bogen

hatte, die ihnen unsere freundschaftliche Gesinnung erklären wollten. Doch auch sie näherten sich uns nach einiger Zeit. Es waren 16 Männer und ein paar Frauen. Zum Zeichen meiner Freundschaft schüttelte ich allen die Hand, und sie luden uns ein, die Nacht in ihren nicht weit entfernten Hütten zu verbringen. Als wir vom Ufer stoßen wollten, um dorthin zu fahren, hörten wir plötzlich von einer Frau mehrere Worte in der Sprache der Knisteneaux. Es stellte sich heraus, daß sie aus dem Felsengebirge stammte und von den Knisteneaux gefangengenommen worden war, die sie über das Gebirge verschleppt hatten. Sie mußte den größten Teil des Sommers bei ihnen verbringen und war dann entflohen, um in ihr Land zurückzukehren. Auf ihrer Flucht war sie jedoch einem Kriegshaufen jenes Volkes, bei dem wir uns gerade aufhielten, begegnet und von diesen mitgenommen worden. Nun war sie hier verheiratet, wünschte sich aber sehr, wieder zu ihrem Stamm zu kommen. Ich sagte ihr, daß wir bei den Hütten miteinander sprechen würden. Wir kamen dort vor den Eingeborenen an und landeten.

Insgesamt hielten sich hier 35 Menschen auf – darunter sehr viele Frauen, doch die weibliche Gefangene konnte ich nirgends entdecken. Meiner Bitte, diese zu mir kommen zu lassen, wichen alle aus – vermutlich aus Angst, wir könnten sie mitnehmen. Da es so viele Menschen waren, mußte ich sehr sparsam mit unseren Geschenken umgehen. Unter ihnen befand sich auch ein Indianer aus dem Felsengebirge, der schon längere Zeit bei ihnen lebte. Da meine Dolmetscher ihn gut verstanden und er wiederum mit der Sprache der Fremden hier vertraut war, nutzte ich die Gelegenheit, alle nur möglichen Informationen über das hiesige Land in Erfahrung zu bringen. Ich wählte dazu einen Mann, der vom Nachbarstamm zu Besuch war und dessen Miene mich für ihn einnahm. Ich erklärte ihm das Ziel und den Zweck unserer Reise und die für die hier lebenden Menschen damit verbundenen Vorteile, worauf er mir versprach, mir alles zu sagen, was er wisse. Ein alter Mann, der Häuptling zu sein schien, sagte mir, er wünsche sich sehr, mich hierher zurückkommen zu sehen, denn dann wolle er mir seine beiden Töchter zur Verfügung stellen. Nun zeichnete der von mir erwählte Mann den weiteren Verlauf des Flusses auf ein großes Rindenstück. Daraus war zu ersehen, daß dieser südöstlich ging, mehrere andere Flüsse aufnahm und über weite Strecken nicht passierbar war. Wie der Mann mir erklärte, seien die Portagen sehr lang und bergig. Außerdem sei das Gebiet von wilden Stämmen bevölkert. Weiter wußte er nichts über den Fluß und die Gegend ringsum, nur daß es zum Meer noch weit sei und daß noch ein See komme, dessen Wasser nicht trinkbar sei. Er erzählte noch, daß die Nachbarstämme ihre Eisenwaren von den unteren Regionen des Flusses bekämen, und man zeigte mir ein Messer, das man vor langer Zeit von weißen Männern erhalten habe. Ein sehr alter Mann erwähnte, daß man ihm schon in frühester Jugend von weißen Männern im Süden berichtet habe, auch daß einer bei dem Versuch, den Fluß heraufzufahren, getötet worden sei – für was er sich aber nicht verbürgen wolle.

Dann beschrieben mir die Eingeborenen den Landweg zum Westmeer als sehr kurz – nach meinen Berechnungen konnte die Entfernung nicht mehr als sechs Grad betragen –, und halte man sich in der Ebene zwischen den Bergen, sei das Gelände nicht schwierig. Sie hätten diesen Weg schon so oft gemacht, daß man ihre Fußspuren sehen könne. Zu dem Volk, von dem sie Eisen, Erz und Kupfer erhielten, seien es nicht mehr als sechs Nächte. Und von dort komme man etwa in drei Tages- und Nachtreisen zu dem Ort, an dem die Weißen ihre Häuser gebaut hätten.

Meine Leute hatten den Erzählungen der Eingeborenen aufmerksam zugehört und hielten es für eine völlige

Tollheit, einen Weg durch das Gebiet so vieler barbarischer Völker zu versuchen. Meine Lage war schwierig. Abgesehen von dem, was wir von Eingeborenen oder vom Jagen erhalten könnten, hatten wir noch für 30 Tage Proviant. Außerdem war unser Vorrat an Munition ziemlich erschöpft. Und je mehr ich über den Fluß hörte, desto mehr kam ich zu der Ansicht, daß er sich nicht viel weiter nördlich des sogenannten »River of the West«[1] in den Ozean ergießen könne, so daß die Reise auf ihm noch sehr lang sein mußte. Der Gedanke daran, die Mündung eines so schwierigen Flusses zu erreichen und an die langwierige Rückreise beunruhigte mich aufs äußerste. Doch beschloß ich trotz der Probleme, standhaft zu bleiben, und hielt mich an die Hoffnung, auf dem Landweg in westlicher Richtung ans Meer vordringen zu können.

Um aber diesen Plan in die Tat umsetzen zu können, müßten wir eine beträchtliche Strecke den Fluß wieder hinauffahren, was um so mehr Schwierigkeiten mit sich bringen dürfte, weil ich mit dem erschlaffenden Eifer meiner Männer rechnen mußte, die mir als Anführer vertrauten.

Ich belohnte alle Eingeborenen, die mir Auskunft gegeben hatten, mit einigen Glasperlen, die sie, wie alle Indianer, den übrigen Waren vorzogen. Auf die gleiche Weise belohnte ich zwei Eingeborene, die mir einen kleinen Grundwortschatz in der Sprache ihres Stammes, der Nagailer, und der Sprache ihrer weiter westlich wohnenden Nachbarn, der Atnahs, beibrachten. Die Atnah-Sprache weist keinerlei Ähnlichkeit mit einer mir bekannten Indianer-Sprache auf, während die Sprache der Nagailer nur wenig von der der Biber-Indianer abweicht und dem Dialekt der Chipewyans sehr ähnlich ist. –

Den ganzen Tag hatte es gewittert und heftig geregnet.

1) Der Columbia.

Am Abend unterhielten uns meine Indianer und die jungen Frauen der hiesigen Eingeborenen mit Singen und Tanzen. Dann erschienen noch vier Männer, die wir bisher nicht gesehen hatten. Sie baten uns, mit zu ihren Familien zu kommen, die in einiger Entfernung lagerten.

Nach einer schlaflosen Nacht versuchte ich am Morgen des 23. noch einiges mehr zu erfahren. Die Eingeborenen wichen zwar von ihren gestrigen Angaben nicht ab, setzten jedoch hinzu, daß, wenn man den Fluß ein Stück hinaufgehe, man zu einem nach Westen abfallenden kleinen Gewässer komme, das man vier Tage lang befahren müsse; dann erreiche man nach zwei Tagesmärschen die Stämme, mit denen sie handelten. Diese hätten große Kanus aus Holz, mit denen sie zu dem See mit dem stinkenden Wasser gelangten.

Dann stellten sie mir eine Frage, die mich fast aus der Fassung brachte: »Warum fragt ihr uns eigentlich so genau über dieses Land aus? Wissen denn die Weißen nicht alles in der Welt?« Ich mußte erst einige Zeit nachdenken, bevor ich ihnen antworten konnte. Ich sagte ihnen, daß wir Weiße zwar über alle Teile der Erde Bescheid wüßten und daß ich auch wisse, wo ich mich und wo sich das Meer befinde, nicht aber, mit welchen Schwierigkeiten wir auf der Reise dorthin rechnen müßten. So konnte ich glücklicherweise ihre hohe Meinung, die sie anscheinend von uns hatten, retten. –

Nun mußte ich mich entscheiden und gab nach genauer Überlegung der Route auf dem Landweg den Vorzug; die verhältnismäßige Kürze und die Sicherheit dieser Strecke waren ausschlaggebend. Einer der Eingeborenen willigte ein, uns zu begleiten.

Das Schlimmste aber stand mir noch bevor: Ich mußte meine Männer zur Fortsetzung der Reise überreden. Nachdem ich eine warme Lobrede auf ihren Mut und ihre Ausdauer gehalten hatte, überzeugte ich sie von der Gefährlichkeit, die Fahrt weiter den Fluß hinunter zu verfolgen, und von den Vorteilen des kürzeren Landwegs. Ich versprach ihnen aber, daß ich den Fluß hinunterfahren würde, wenn sich der Landweg als zu schwierig erweise, erklärte ihnen aber feierlich, auf keinen Fall meinen Plan, ans Meer vorzustoßen, aufgeben zu wollen. Meine Rede wurde gut aufgenommen, und einstimmig versicherten sie, mir zu folgen, wohin ich sie auch führen würde. –

Wir trafen nun alle Anstalten aufzubrechen. Währenddessen konnten wir beobachten, wie mehrere Eingeborene das Lager verließen. Die Zurückbleibenden beschenkte ich noch einmal mit einigen nützlichen Artikeln, und Mackay schnitzte auf meinen Wunsch meinen Namen und das Jahr unseres Hierseins in einen Baum.

Um zehn Uhr waren wir zur Abreise bereit. Nun weigerte sich unser neuer Führer, sich ins Kanu zu setzen, und beharrte darauf, zu Fuß zu gehen. Es war vergeblich, ihm zu widersprechen, und so gab ich ihm Mackay und unsere beiden Indianer zur Begleitung. Sie sollten ihn während des Marsches mit kleinen Geschenken bei Laune halten.

Wir kamen mit unserem zerbrechlichen Kanu schneller gegen die Strömung an, als wir gedacht hatten. Bald nach unserer Abfahrt sahen wir ein Kanu mit drei Eingeborenen den Fluß herunterkommen, die aber, sobald sie uns bemerkten, ans Ufer paddelten und ins Gebüsch flohen. Ihr Kanu sah anders aus als die, die wir kannten. – Obwohl wir schnell vorankamen, konnten wir die am 22. schon gesehenen Hütten nicht mehr bei Tageslicht erreichen; so landeten wir nahe einem Lager von zwei Familien, die wir schon bei unserer Fahrt flußabwärts getroffen hatten. Sie bewirteten uns mit geröstetem Fisch. Bald verließ der jüngere Mann den Lagerplatz und ließ sich nicht mehr blicken, solange wir uns bei ihnen aufhielten. Dem anderen Mann erklärte ich durch Zeichensprache den Grund unserer so baldigen Rückkehr, was er zu verstehen schien. Vollkommen ruhig gingen wir schlafen; auch machten wir uns keine Sorgen über den Verbleib unserer Leute, die zu Fuß reisten.

Am 24. brachen wir früh auf, kamen bald an den oben erwähnten Hütten vorbei und kurz darauf an die Landspitze, auf der wir zum ersten Mal in dieser Gegend Eingeborenen begegnet waren. Um acht Uhr lagen wir auf der Höhe eines total verfallenen und verwitterten Hauses und waren nicht wenig erstaunt, hier Mackay und unsere Indianer anzutreffen. Der Führer war nicht bei ihnen, und sie waren ganz verstört. Sie erzählten, daß ihnen kurz nach unserer Trennung eine Gruppe Eingeborener über den Weg gelaufen sei, die sie noch von unserer Herfahrt in Erinnerung hatten. Diese schienen in großer Wut zu sein und bedrohten sie mit Pfeil und Bogen. Unser Führer richtete einige Fragen an sie, die meine Leute nicht verstehen konnten, und lief dann in außerordentlicher Geschwindigkeit davon. Mackay konnte ihn jedoch einholen und erfuhr, daß ihnen Verrat drohe, jedenfalls glaubte dies der Führer. Darauf führte er sie im Laufschritt über Schleichwege durchs Gestrüpp, und wenn sie ihn baten, etwas langsamer zu gehen, stürmte er weiter, ohne auf sie zu hören. Bis um zehn Uhr abends hielten sie nicht ein einziges Mal an, und als sie auch noch frische Fußspuren entdeckten, wurde ihre Besorgnis immer größer. Von den Anstrengungen völlig erschöpft, legten sie sich durchnäßt, durchfroren und hungrig ohne irgendeinen Schutz über dem Kopf nieder und wagten aus Angst vor Feinden nicht, Feuer zu machen. Bei Tagesanbruch verließen sie den unwirtlichen Ort und kamen an verlassenen Hütten vorüber. Der Führer lief hier zwei, drei Mal in den Wald und schrie wie besessen herum. Plötzlich rannte er in der Richtung, aus der sie gekommen waren, davon und war nicht mehr zu sehen. Da sie uns nirgends am Fluß entdekken konnten, entwarfen sie einen Plan, wie sie in direkter Richtung durch die Wälder an den Peace River gelangen könnten; sie hatten vorgehabt, bis Mittag auf uns zu warten und dann, wenn wir nicht kommen sollten, ihre verzweifelte Reise anzutreten. –

Die genannte Unruhe unter den Eingeborenen erfüllte uns alle mit panischem Schrecken, und die Fortsetzung der Reise wurde von meinen Leuten jetzt als unmöglich angesehen. Doch gegen ihre Einsprüche befahl ich, außer sechs Ballen alles aus dem Kanu zu nehmen, wies vier Mann zu dessen Beaufsichtigung an und ging mit den anderen zu unserem gestrigen Nachtlager zurück, in der Hoffnung, die beiden Männer dort bewegen zu können, zu unserem jetzigen Lagerplatz mitzukommen. Doch dieser Plan scheiterte: Die Eingeborenen hatten das Quartier verlassen, ohne ihre Sachen mitzunehmen.

Meine Angst wurde nun noch größer, doch weniger, weil ich mich vor einem Angriff der Eingeborenen fürchtete, sondern weil ich um die Fortsetzung meiner Reise bangte. Wir gingen zum Kanu zurück, und in viel strengerem Ton als sonst befahl ich, das Lager aufzuschlagen. Dann nahmen wir eine gute Verteidigungsposition ein und brachten unsere Waffen in Bereitschaft. Einige Leute wies ich an, aus Schrot neue Kugeln zu gießen.

Wie schon gesagt, waren meine Leute äußerst besorgt und unwillig, und selbst einer meiner Indianer, ein sehr junger Mann, machte mir Vorhaltungen: Er sei, obwohl noch jung an Jahren, doch schon im Krieg gewesen und halte mich jetzt nicht mehr wie bisher für einen weisen Mann.

Um die Moskitoschwärme abzuhalten, mußten wir etwas Rauch entwickeln, doch ein helles Feuer anzuzünden, wagten wir nicht. Wechselweise hielten Mackay, ich und drei Mann Wache.

Am nächsten Morgen berichtete mir Mackay, daß

meine Leute mich nicht länger begleiten wollten. Ich stellte mich jedoch ihnen gegenüber unwissend und versuchte mit ihnen gemeinsam zu überlegen, wie man die Eingeborenen versöhnen und wir uns einen Führer beschaffen könnten, denn ohne Führer könne die Reise ja nicht weitergehen.

Um zwölf Uhr kam ein Mann auf einem Floß den Fluß herab. Als er uns bemerkte, ging er sofort ans gegenüberliegende Ufer und floh in die Wälder. – Eine Messung ergab 52°47′51″ nördl. Breite. –

In der oben erwähnten nahe gelegenen Ruine des alten Hauses hatten wir eine Art Wachstation eingerichtet, und obwohl ich wußte, daß meine Leute geneigt waren, mich zu verlassen, gab ich am Abend vier von ihnen den Befehl, mit dem beladenen Kanu dorthin zu fahren – was sie ohne Widerrede befolgten. Wir anderen gingen zu Fuß. Um festzustellen, ob aus einer gewissen Entfernung das Haus mit einem Pfeil zu erreichen sei, schoß ich einen ab und hörte ihn zu meinem Erstaunen in einen Stamm der Außenwand dringen. Meine sich dort schon befindlichen Leute glaubten, aus den Wäldern angegriffen zu werden, und waren äußerst erschrocken.

Da Mackay die erste Wache hatte, hüllte ich mich in meinen Mantel und versuchte zu schlafen. Doch um Mitternacht hörte man aus dem Wald ein Geräusch, was allgemeine Unruhe entfachte. Auch unser Hund lief rastlos am Waldrand hin und her. Um zwei Uhr in der Frühe berichtete mir die Wache, sie sehe etwas Menschenähnliches auf allen vieren auf uns zukriechen. Zunächst hielt ich dieses Etwas für einen Bären, bis sich bei Tagesanbruch zeigte, daß es ein alter blinder Mann war, der zu schwach gewesen war, mit seinen Leuten zu fliehen, und den der Hunger aus seinem Versteck getrieben hatte. Ich ließ ihn an unser Feuer bringen und gab ihm zu essen. Als sein Hunger gestillt war, fragte ich ihn nach der Ursache des unter seinen Freunden und Verwandten entstandenen Schreckens. Er sagte mir, daß bald nach unserer Abreise aus diesem Gebiet einige Leute den Fluß herabgekommen seien und berichtet hätten, wir seien Feinde. Und nun seien alle durch unsere schnelle Rückkehr in diesem Glauben bestärkt worden. Sein ganzer Stamm sei jetzt in alle Richtungen verstreut auf der Flucht vor uns. Wir erklärten ihm den Grund für unsere Rückkehr und wandten alle nur denkbaren Mittel an, ihn von unserer freundlichen Gesinnung zu überzeugen.

Bei Sonnenaufgang entdeckten wir auf der anderen Seite des Flusses einen Mann in seinem Kanu. Doch obwohl der Blinde ihm zurief, er möge herkommen, paddelte er, so schnell er konnte, weiter den Fluß hinunter. Meine Leute hielten ihn für einen Spion, und auch ich wurde mißtrauisch, als wir ein hölzernes, anscheinend leeres Kanu mit der Strömung ans andere Ufer treiben sahen. Vermutlich waren darin Eingeborene versteckt. Es wäre allerdings unklug gewesen, der Sache genauer auf den Grund zu gehen, denn aus Furcht vor uns hätten diese Leute sicher ihre Waffen gegen uns benutzt und uns zur Rache gereizt.

Der alte Mann erzählte nun, daß fast alle Eingeborenen dieser Gegend den Fluß hinaufgegangen seien, um in den dortigen Ebenen Wurzeln zu suchen, die ihnen als Wintervorrat dienten. Auch seine Familie sei am oberen Teil des Flusses, um dort Fische zu fangen.

Ich hielt es nun für ganz unnötig, hier noch mehr Zeit zu verlieren, und bat den Alten, uns dorthin zu begleiten und uns zu helfen, einen neuen Führer zu finden. Er wollte nur ungern meine Bitte erfüllen, doch in unserer Lage konnten wir ihn damit nicht verschonen.

Um sieben Uhr (am 26.) verließen wir diesen Standort, den ich »Deserter's Creek« (Flüchtlings-Fluß) nannte. Unser blinder Begleiter widersetzte sich zwar seiner Einschiffung, doch packten wir ihn und trugen ihn einfach ins Kanu. Dies war die erste Handlung auf meiner Reise, die den Anschein von Gewalttätigkeit besaß. Auf der ersten kurzen Strecke rief er ständig in einer uns unverständlichen Sprache in den Wald hinein, und als meine Dolmetscher ihn fragten, was dies bedeute, sagte er, er wolle seine Gefährtin, die sich in der Nähe aufhalten müsse, nur bitten, an die weiter oben gelegene Portage nachzukommen, wo wir ihn wahrscheinlich freilassen würden.

Unser Kanu war wieder so leck, daß ein Mann dauernd schöpfen mußte. Wir fragten den Alten, ob man hier in der Gegend Material für ein neues Kanu finden könne, und erfuhren, daß wir in einiger Entfernung den Fluß hinauf Birken und Zedern im Überfluß finden würden.

An einer Stromschnelle kam uns ein kleines Kanu mit zwei Männern darin entgegen. Wir wollten zu ihnen hinsteuern und befahlen dem Alten, sie anzureden. Doch kaum hatten sie uns gesehen, fuhren sie in die Mitte des Flusses, wo die Strömung am stärksten und die Wirbel am reißendsten waren, so daß wir schon ihren Untergang befürchteten; doch entkamen sie, ohne mit uns ein Wort gewechselt zu haben.

Gegen drei Uhr am Nachmittag landeten wir am rechten Ufer bei einer Hütte, vor der wir im morastigen Boden viele frische Fußspuren entdeckten. Doch die Gegend war menschenleer. –

Den ganzen Tag über waren meine Männer übelster Laune gewesen, und da sie diese an mir nicht auslassen konnten, stritten und zankten sie sich unentwegt untereinander. Als nun gegen Sonnenuntergang das Kanu auch noch auf einen Baumstumpf geriet und ein großes Loch in den Boden gerissen wurde, gaben sie ihrer Mißstimmung rückhaltlos Ausdruck. Sobald wir gelandet waren, verließ ich sie und bestieg das hohe Ufer, um allein zu sein. Ich war in einem Gemütszustand, den ich nicht beschreiben kann und an den ich auch nicht gern zurückdenke. In einem Haus, das halb in der Erde stand, beschloß ich, die Nacht zu verbringen. – Das Wasser war seit unserer Hinreise stark gestiegen, und über verschiedene Stellen waren wir heute nur mit großer Mühe hinweggekommen.

Am 27. ging es bei sehr günstigem Wetter weiter. Um acht Uhr gingen wir wieder an Land, um Rinde zu suchen, fanden aber nur wenig. Gegen Mittag aber konnten wir soviel zusammentragen, wie wir für unsere Zwecke brauchten. Nun ging es darum, einen guten Platz zu finden, an dem wir mit dem Bau des neuen Bootes beginnen könnten. Nachmittags um fünf Uhr entdeckten wir eine kleine Insel, die uns geeignet erschien: Sie war fast unbewaldet und vom dicht mit Pechtannen bestandenen Festland nur durch einen schmalen Kanal getrennt. Als wir die Zelte aufschlagen wollten, gewitterte es stark, und wir konnten gerade noch am Ende der Insel unsere Netze auswerfen.

NEUNTES KAPITEL

Am Morgen des 28. [Juni] schwärmten wir in einzelnen Gruppen aus, um die für den Kanubau nötigen Materialien zu suchen. Holz und Watape fanden wir ohne Schwierigkeiten, doch das wichtige Kiefernharz konnten wir in der für uns notwendigen Menge nicht zusammenbringen. Nach einer kurzen Erholungspause gingen wir an die Arbeit. – Eine Messung ergab 53°2′32″ nördl. Breite.

Da wir am 29. schon sehr früh weiterarbeiteten, ging der Bau flott voran. Indessen schien mein bisher fleißigster und zuverlässigster Arbeiter, der so etwas wie ein Vormann für die anderen war, seit einiger Zeit sehr faul und mehr eß- als arbeitswütig zu sein. So ergriff ich heute die Gelegenheit, ihm meine Meinung über sein Verhalten kundzutun – dadurch konnte ich auch den anderen Männern mitteilen, was mir an ihnen mißfiel: Zuerst beklagte ich mich über seine Arbeitsunlust, dann erwähnte ich seine und seiner Gefährten Verschwendung beim Umgang mit den knappen Lebensmitteln; schließlich sagte ich, daß ich ihren Gesprächen untereinander immer genau zugehört hätte und wisse, daß sie die Expedition abbrechen wollten. Wenn dies wirklich der Fall sei, so sollten sie es klar und deutlich zugeben, damit ich wisse, woran ich sei. Denn ich würde, egal, welche Pläne sie hätten, weiterreisen. – Die Männer taten schwer gekränkt wegen meines Mißtrauens, doch ich war froh, dies endlich einmal gesagt zu haben, und ließ sie nun ihre Arbeit fortsetzen.

Nachmittags kam an der inneren Seite der Insel ein Kanu mit zwei Eingeborenen heran. Kurz vor dem Ufer wendeten sie wieder, so daß wir annahmen, sie hätten Angst vor uns. Um so größer war unsere Überraschung, als wir sie wenig später an der Außenseite entdeckten und bei ihnen unseren entflohenen Führer und einen anderen, uns auch bereits bekannten Mann erkannten. Ersterer entschuldigte sich vielmals für sein Verhalten meinen Leuten gegenüber und versicherte mir, er habe die ganze Zeit damit zugebracht, seine Familie zu suchen, die wie alle anderen in panischem Schrecken davongelaufen sei, da einige Eingeborene über uns nur Schlimmes verbreitet hätten. In der Zwischenzeit seien nun allerdings mehrere Leute des Atnah- oder Chin-Stammes flußaufwärts gegangen, in der Hoffnung, uns zu sehen, und seien sehr enttäuscht gewesen, über unsere Anwesenheit erst so spät Nachricht erhalten zu haben.

Dies zu hören, war endlich wieder einmal etwas Erfreuliches und machte uns neuen Mut. Anscheinend hatte auch der alte blinde Mann den beiden Neuankömmlingen einen positiven Bericht über uns gegeben, denn alle drei waren den restlichen Nachmittag äußerst vergnügt und zutraulich. Um aber unserem wiedergefundenen Führer keine erneute Möglichkeit zur Flucht zu bieten, ließ ich ihn die ganze Nacht hindurch unauffällig bewachen.

Auch am nächsten Tag waren unsere Freunde bester Laune. Wie sie sagten, sollten wir oberhalb und unterhalb der nächsten Portage ihre Stammesbrüder vorfinden. Auch seien einige Leute dort, die zu dem Volk an der Seeküste, das mit den Weißen Handel trieb, gehörten.

In der Nacht zum 1. Juli bot sich einer meiner Indianer an, mit mir Wache zu halten, da er aus den Reden des alten Mannes herausgehört zu haben glaubte, daß dieser fliehen wolle. So löschte ich gegen elf Uhr mein Licht und setzte mich ruhig in mein Zelt, von wo aus ich die drei Eingeborenen beobachten konnte. Um Mitternacht kroch der Alte auf allen vieren zum Ufer. Doch kurz vor den Kanus holten wir ihn ein und machten ihm wegen seines verräterischen Benehmens die größten Vorhaltungen, doch leugnete er, je an Flucht gedacht zu haben, und versuchte uns weiszumachen, daß er nur einen Schluck Wasser trinken wollte. Schließlich gestand er doch die Wahrheit. Seine inzwischen erwachten Landsleute schimpften ihn gehörig aus und fragten ihn, wie er erwarten könne, daß die Weißen hierher zurückkommen würden, wenn er sich so undankbar zeige. Obwohl unser Führer beteuerte, daß er niemals fliehen werde, bat ich Mackay, wach zu bleiben. Und als ich mich um sieben Uhr am Morgen von meinem Lager erhob, waren weder der Führer noch sein Gefährte zu entdecken. Auch ihr Kanu war verschwunden. Als ich meine Leute befragte, sagten sie mir, daß Mackay an unserem Kanu gearbeitet habe und die beiden Indianer dies genutzt hätten, um zu entwischen. Den Alten hatten sie zurückgelassen. Dann meldete mir mein Dolmetscher, daß der Wegführer ihm bei Tagesanbruch mitgeteilt habe, sie wollten voraus zu dem Ort, wo sich ihre Freunde befänden, und uns dort erwarten. Wenngleich ich dies auch glaubte, war ich doch beunruhigt darüber, daß mich meine Leute nicht eher informiert hatten, obwohl sie Bescheid wußten.

Nachmittags um fünf Uhr war unser neues Fahrzeug fertig. Es war stärker und besser als das alte, obwohl wir zum Abdichten nur wenig Harz zur Verfügung hatten. Wir wuschen uns und unsere Kleidung und brachten unsere Gewehre in Ordnung.

Nach einer sehr regnerischen Nacht verließen wir am 2. die von uns so benannte »Canoe Island«. Den alten Mann ließen wir, versorgt mit etwas Pemmikan, auf seinen Wunsch hin zurück. Während unseres Aufenthalts hier hatte ich die Portionen meiner Leute sehr verkleinern und die Mahlzeiten pro Tag auf zwei beschränken müssen – für meine Kanadier fast eine Zumutung. Eine dieser Mahlzeiten bestand aus getrocknetem Fischrogen, der zerstoßen, in Wasser gekocht, mit Mehl verdickt und in etwas Fett geschmälzt wird – eine puddingähnliche, äußerst nahrhafte Speise. Den Fischrogen hatten wir in den leeren Hütten der vor uns geflohenen Indianer gefunden. –

Um elf Uhr erreichten wir die Stromschnellen, die bei unserer Fahrt flußabwärts für unseren Steuermann so voller Schrecken gewesen waren. Deshalb schlug er hier vor, an Land zu gehen und das Kanu zu tragen. Doch ich hatte einen anderen Plan: Da die Felsen rechts und links des Ufers zu hoch waren, um von oben das Boot am Tau zu ziehen, kletterten ein paar Männer mit dem Tau und einem Bündel Rinde auf die Felsen hinauf, stiegen über sie hinweg, bis das Ufer wieder flacher wurde, banden dort das Tau an der Rinde fest und warfen das Bündel ins Wasser. Die Strömung trug es flußabwärts bis zum Kanu, wo das eine Ende des Taus festgemacht wurde. Darauf konnten die Männer am Ufer das Boot langsam stromaufwärts durch die Stromschnellen hindurch zu sich heranziehen. Es war eine schwierige Unternehmung, doch war sie erfolgreich. Noch zweimal mußten wir diese Operation durchführen und das Kanu an Wasserfällen entlangtragen. Obwohl dieser Teil der Strecke viele Gefahren barg, brauchten wir dazu nicht mehr als zwei Stunden.

Wir hofften nun, bald wieder auf Eingeborene zu treffen, fanden jedoch keine einzige Spur von ihnen. Nur einige Apparate, die zum Lachsfang bestimmt zu sein schienen, lagen entlang der Ufer. Um acht Uhr abends landeten wir. In dieser Nacht litten wir unbeschreiblich unter den Angriffen der riesigen Mückenschwärme.

Am Morgen des 3. gelangten wir zu dem kleinen Fluß[1], der nach den Erzählungen der Eingeborenen nach Westen führen soll. Wir steuerten hinein und waren voller Zuversicht, hier unseren Führer anzutreffen. Aber wir konnten weder ihn noch irgendeinen anderen Menschen sehen. Nun war ich in einer neuen Verlegenheit: Ohne Ortskundigen den Fußmarsch durch die Wälder an die Westküste anzutreten, wäre tollkühn gewesen, und weiter den Fluß

1) Mackenzie nannte ihn »West Road River«; heute Black Water.

hinaufzufahren, um vielleicht anderen Eingeborenen zu begegnen, war insofern schwierig, weil ich hinterher meine Leute wieder dazu bewegen müßte, umzukehren und erneut ein Stückchen flußabwärts zu fahren. Deshalb überließ ich es meinen Männern, die weitere Unternehmung zu bestimmen, fand sie aber zu meiner Freude reichlich uneins. Und so beschlossen wir gemeinsam, zunächst einmal in verschiedene Richtungen auszuschwärmen, um uns eine Übersicht über die Umgebung zu verschaffen.

Nachmittags fuhren wir dann ein kleines Stück den Fluß weiter hinauf, bis uns nach einer dreiviertel Stunde ein Kanu entgegenkam. Darin saßen unser Wegführer und sechs seiner Verwandten. Er trug einen gefärbten Biberrock, so daß wir ihn seiner schönen Kleidung wegen fast nicht erkannt hätten. Zusammen gingen wir ans Ufer, und er versicherte uns, daß er uns nicht habe täuschen wollen. Ich schenkte ihm als Beweis meines Vertrauens eine Jacke, eine Schifferhose und ein Schnupftuch. Die anderen Eingeborenen erzählten, daß alle Bewohner der Gegend vor uns geflohen seien, und hätte unser Führer sie nicht zurückgeholt, würden wir hier am Fluß kein einziges menschliches Wesen angetroffen haben. Da sie uns rieten, unseren Fußmarsch nach Westen bei ihren Hütten zu beginnen, da der Weg von dort aus am kürzesten sei, fuhr Mackay und einer unserer Indianer mit ihnen wieder den kleinen westlich gehenden Fluß hinunter, um dann an der Stelle auf uns zu warten, von der man zu ihrem Lager käme. Wir anderen legten noch zwei gut versteckte Lebensmitteldepots für unsere Rückreise an und fuhren dann hinterher. An einer Stelle, wo das Flüßchen nur noch die Breite eines Baches hatte, erwarteten uns auch unsere Freunde.

Nun mußten wir das Kanu und alles, was wir nicht tragen konnten oder mitnehmen wollten, zurücklassen. Für das Boot errichteten wir ein hohes Gerüst, legten es umgekehrt darauf und bedeckten es mit Ästen und kleinen Büschen zum Schutz vor der Sonne. Alles übrige verbargen wir in ausgehöhlten Baumstämmen, die wir sicher abdeckten.

In der Zwischenzeit wurden unser Führer und seine Gefährten so ungeduldig, daß wir nur mit Mühe einen von ihnen überreden konnten, zu warten, bis wir fertig wären, und uns dann in das Indianerlager zu führen. Um die Mittagszeit war alles bereit, unsere Reise in die Wälder anzutreten.

Unser Gepäck bestand aus vier Säcken Pemmikan, jeder etwa 85 bis 90 Pfund schwer, einem Instrumentenkasten, einem 90 Pfund wiegenden Ballen mit Geschenkartikeln und einem gleichschweren Sack Munition. Jeder Kanadier hatte neben seinem Gewehr und einiger Munition eine Last von ungefähr 90 Pfund zu tragen, die Indianer neben ihren Flinten nur etwa 45 Pfund. Darüber waren sie zwar etwas beleidigt, doch wollten wir sie schonen, wo es nur ging. Mackay und ich trugen jeder zirka 70 Pfund und unsere Waffen. Ich hatte dazu noch das Rohr meines Teleskops auf den Schultern.

So ausgerüstet ging es zunächst eine steile Anhöhe hinauf, und als wir vom Marsch so richtig erhitzt waren, setzte Regen ein, der bis zum Abend anhielt und alles durchnäßte. Um halb sieben erreichten wir das Lager der Eingeborenen, wo sich auch unser Führer aufhielt. – Wir hatten etwa zwölf Meilen in westlicher Richtung zurückgelegt. –

Gegen Sonnenuntergang kam ein älterer Mann mit drei anderen von Westen her ins Lager. Er trug eine Lanze, einer Hellebarde sehr ähnlich, die er vor kurzem bei den Bewohnern der Seeküste eingetauscht hatte. Seinem Bericht nach waren es bis zu diesem Volk noch sechs Tage und von dort bis ans Meer nur noch zwei. Er erbot sich, uns zwei junge Männer vorauszuschicken, die den verschiedenen Stämmen unsere Ankunft melden und uns eine freundliche Aufnahme sichern könnten. –

In dieser Jahreszeit haben die Eingeborenen hier nur spärlich zu essen. Ich fand lediglich einige kleine getrocknete Fische vor, wahrscheinlich eine Karpfenart. Außerdem sah ich bei ihnen einige europäische Gerätschaften. –

In dieser Nacht gingen wir so beruhigt schlafen, als befänden wir uns unter ganz vertrauten Menschen. Doch hatten wir auch keine andere Wahl, da wir der heutigen Anstrengungen wegen sehr der Ruhe bedurften. Kaum hatten wir uns niedergelegt, als die Eingeborenen auf eine für Wilde sehr ungewöhnliche Art zu singen begannen. Der Gesang wurde nicht von Instrumenten begleitet und bestand aus sanften, klagenden Tönen von angenehmer Modulation. Er schien mir einigermaßen unserer Kirchenmusik ähnlich.

Am nächsten Morgen weigerte sich unser Führer, weiter mitzukommen; er sagte, die beiden jungen Männer könnten uns genauso gut führen wie er. Als wir aber aufbrachen, wollte er uns doch begleiten und brachte uns auch wirklich an einen kleinen See, an dem drei Familien lagerten. Da die beiden jungen Eingeborenen, die uns ab jetzt führen sollten, eine unserem Dolmetscher nicht ganz verständliche Sprache sprachen, waren wir über die Situation nicht sehr glücklich, doch leider waren wir auf die beiden angewiesen, da sich kein anderer bereit fand, uns den Weg zu zeigen. Ich tauschte hier zwei einem Kind als Ohrgehänge dienende Kupfermünzen ein: die eine mit dem Bild des regierenden englischen Königs, die andere ein Penny des Staates Massachusetts aus dem Jahre 1787.

Meine beiden Indianer wurden hier nicht gerade freundlich behandelt, da die Eingeborenen glaubten, sie gehörten zu dem Stamm der Felsengebirgs-Indianer, denen sie feindlich gesinnt waren. Ich war deshalb froh, bald weitermarschieren zu können.

Unsere neuen Führer gingen uns nun durch dichtes Gehölz entlang des Sees voran, der ungefähr drei Meilen lang war. Dann kamen wir auf einen ausgetretenen Pfad, der sich durch eine offene, mit einzelnen Bäumen bestandene Ebene schlängelte. Um die Mittagszeit wurden wir von einem heftigen Sturmregen überfallen, doch konnten wir uns unter unserem dünnen Wachstuch vor der schlimmsten Nässe schützen. Da durch den Regen das hohe Gebüsch tropfnaß geworden war, bat ich einen der Führer, die ja keine Last zu tragen hatten, uns den Weg frei zu hauen. Doch genauso, wie sie meine Bitte, einem meiner Männer, der im Knie arge Schmerzen hatte, beim Tragen etwas zu helfen, abgeschlagen hatten, weigerten sie sich auch jetzt, und so mußte ich es selbst tun. Seit dem Regen war der Boden ganz mit Hagelkörnern bedeckt, die, je weiter wir kamen, immer dicker wurden und schließlich fast die Größe von Flintenkugeln annahmen. Wir gingen an zwei weiteren Seen vorüber, und da es wieder nach Regen aussah, beschlossen wir um fünf Uhr, das Nachtlager aufzuschlagen.

Wir wären schlimm dran gewesen, wenn unsere Führer geflohen wären, deshalb schlug ich dem jüngeren der beiden vor, mein Lager mit mir zu teilen, worin er einwilligte. Zum Zudecken benutzen diese Leute nur ihre Biberröcke, und der meines Schlafkameraden war ein Nest von Ungeziefer. Trotzdem legten wir uns beide darauf und deckten uns mit meinem Rock zu. Da außerdem das Haar des jungen Mannes mit Tran und sein Körper mit roter Erde beschmiert war, drohten Ekel und Gestank mich um meine so nötige Ruhe zu bringen. Doch meine Müdigkeit verhalf mir zu festem Schlaf.

Am nächsten Morgen ging es weiter über eine Hochebene mit riesigen Fichten. Unten im Tal erblickten wir den West Road River. Wir hatten alle großen Durst, doch der Fluß war fern und durch einen steilen Abhang von uns getrennt, so daß wir uns mit einem Blick auf ihn begnügen mußten. Anscheinend führte er hier viel mehr Wasser als an der Stelle, an der wir ihn verlassen hatten, so daß er gut befahrbar schien.

Unsere Führer machten nun den Vorschlag, vorauszueilen und dem nächsten Stamm unsere Ankunft anzuzeigen. Obwohl ich nicht damit einverstanden war – sie hätten zu leicht fliehen können – liefen sie davon. Schnell machte ich mich mit Cancre daran, ihre Verfolgung aufzunehmen, und sagte meinen Leuten, wir würden bei den ersten Eingeborenen, die wir träfen, auf sie warten. Unsere Führer holten wir erst im Lager einer Familie ein, die aus einem Mann, zwei Frauen und sechs Kindern bestand. Sie zeigten bei unserem Erscheinen keinerlei Furcht, und als meine Männer ebenfalls ankamen, unterhielt sich der Mann fast besser mit meinem Dolmetscher als mit den Führern. Wir unterrichteten ihn über den Zweck unserer Reise, und er zeigte mir eine seiner Frauen, die von der Seeküste stammte. Sie war größer als die Frauen, die wir bisher gesehen hatten, mit länglichem Gesicht, grauen Augen und platter Nase. Sie trug allerlei Schmuck, und ihr Kleid bestand aus einer mir völlig unbekannten Art von Tunika, darüber hatte sie einen aus Rinde verfertigten und mit Seeotterfell besetzten Mantel. Sie bestätigte uns, daß wir nicht mehr weit vom Meer entfernt seien. – Diese Leute scheinen das Alter sehr zu verehren, denn sie trugen ein altes Weib, das blind und wegen seiner hohen Jahre sehr schwach war, wechselweise auf dem Rücken. Sie befanden sich auf dem Weg zum großen Fluß[1], um dort zu fischen. –

Bei unserem Aufbruch wollte einer der Führer nicht

1) Mit »großer Fluß« ist immer der Fraser gemeint.

Junge Frau von der Nordwestküste

mehr mit uns kommen, doch gaben uns die Leute einen Knaben mit.

Zwei Stunden später trafen wir auf zwei Männer mit ihren Familien. Zuerst wollten sie uns mit ihren Waffen bedrohen, doch unsere beiden jungen Führer konnten sie dazu bewegen, uns als Freunde aufzunehmen. – Diese Menschen sahen sehr krank aus. –

An die Stelle unserer jugendlichen Führer traten nun die beiden Männer dieser Eingeborenengruppe. Der eine von ihnen stammte von der Seeküste und wollte dorthin zurück. Seinem Bericht zufolge würden wir bald auf einen Fluß stoßen, der in einer Bucht direkt ins Meer fließe; im letzten Frühjahr sei dort ein großes hölzernes Kanu mit Weißen gesehen worden.

Durch tiefen Morast marschierten wir bis fünf Uhr und machten an einem kleinen Fluß Quartier. Wir waren heute zehn Meilen in südwestlicher und dann etwa 14 Meilen in westlicher Richtung gegangen. Der Sicherheit wegen hielt ich es trotz bereits beschriebener Unannehmlichkeiten für ratsam, wieder mit einem der Führer auf dessen Biberrock zu schlafen. – An diesem Abend war ich so damit beschäftigt, Informationen über die Gegend zu erhalten, daß ich zum ersten Mal seit unserer Abfahrt vom Fort Chipewyan vergaß, meine Uhr aufzuziehen. –

Am 7. brachen wir früh auf, stiegen über zwei mit Bäumen bestandene Berge, kamen dann auf eine Ebene und erreichten nach 14 Meilen eine Reihe kleiner Seen, durch die der kleine Fluß hindurchströmte, an dem wir entlanggegangen waren. Hier trafen wir einen Mann mit zwei Frauen und zwei Kindern. Die ältere der Frauen, wahrscheinlich die Mutter des Mannes, war eben dabei, einen runden Fleck auf der Erde von etwa fünf Fuß Durchmesser vom Gras zu befreien. Dieser Platz war das Grab ihres Ehemannes und eines ihrer Söhne, und jedesmal, wenn sie hier vorbeikam, pflegte sie die Stätte in der beschriebenen Weise.

Wir frühstückten mit ihnen und gingen dann am Ufer des Flusses weiter bis sechs Uhr abends, dann wateten wir auf die andere Seite hinüber. Das Wasser ging uns bis zum Knie. Einer der Führer sagte uns, daß in einiger Entfernung eine ihm befreundete Familie wohne, bei der wir zur Nacht lagern könnten. Er lief uns voraus, und als wir dort anlangten, wurde uns ein freundliches Willkommen beschert. Sogleich wurden wir mit kleinen getrockneten Fischen bewirtet. – Heute waren wir zwölf Meilen vorwärts gekommen.

Die ganze Nacht hindurch regnete es, und das Wetter war so trüb, daß wir am nächsten Tag erst um acht Uhr aufbrachen. Mit Erstaunen sahen wir auf diesem Teil unserer Reise mehrere gleichförmige Becken in der Erde, von denen einige mit Wasser gefüllt, andere aber leer waren. Sie waren zirka zwölf Fuß tief. Die Ränder der mit Wasser gefüllten Löcher waren mit Kies bedeckt, die anderen mit Gras und Kräutern bewachsen, darunter Minze und Senf. – Nach einer sehr unebenen Gegend gelangten wir an einen Fluß, den größten, den wir seit der Trennung von unserem Kanu zu Gesicht bekamen. Nach 16 Meilen erweiterte er sich fast zu einem See. Nach weiteren zehn Meilen lagerten wir durchnäßt und müde am Ufer des fischreichen Gewässers. Es hatte den ganzen Tag geregnet.

Da in diesem Landstrich so gut wie kein Wild zu entdecken war, versteckte ich unter unserem erloschenen Lagerfeuer wiederum einen halben Sack Pemmikan, um für unsere Rückkehr zu sorgen. Dann setzten wir die Reise längs des Flusses fort, der vermutlich weiter südlich vom großen Fluß gespeist wird. Wir lagerten an einer Stelle, wo wir am Ufer ein kleines Floß fanden, das wir ausbesserten, um es am nächsten Tag benutzen zu können.

Sehr früh trafen wir am 10. Anstalten, den Fluß zu überqueren. Er war ungefähr 30 Yards breit, und das Floß mußte fünf Mal hin- und herfahren, bis wir alle übergesetzt hatten. Etwas weiter zweigte ein kleiner Fluß ab, dessen Verlauf wir nun folgten und der sich bald zu einem See ausdehnte. Am Ende des Sees entdeckten wir in reizender Lage zwei so gut instand gehaltene Häuser, daß ich annahm, daß ihre Besitzer sicher bald zurückkämen. Daneben lagen mehrere gepflegte Gräber. Eine halbe Stunde später ereichten wir die Hütten von 13 Männern, die unsere Führer schon über uns unterrichtet hatten. Der Platz schien ideal zum Fischen. Die Eingeborenen nannten sich *Sluoa-cuss-Denees*, was mein Dolmetscher mir mit »Redfish Men«[1] übersetzte. Sie waren sauberer, gesünder und von angenehmerem Äußeren als alle bisherigen Eingeborenen. Leider verstand mein Dolmetscher ihre Sprache nicht gut, so daß ich sie kaum befragen konnte. Das wenige, das wir verstanden, war, daß sie alle schon am Meer gewesen seien – doch über die Entfernung bis dorthin konnten sie sich nicht einigen. Sie fürchteten sich nicht im geringsten vor uns oder unseren Gewehren. – Eine Messung ergab heute 53°4′32″ nördl. Breite – weniger südlich, als ich angenommen hatte.

Eine Meile entfernt lagen die Hütten ihrer Familien. Wir gingen dorthin und wurden aufs freundlichste bewirtet. Diese Leute scheinen relativ bequem zu leben, und die Männer arbeiten genauso wie die Frauen. Außerdem sieht es aus, als sei hier die Polygamie nicht üblich; allerdings glaube ich, nicht aus Abneigung vor derselben, sondern einfach wegen der Tatsache, daß es einfacher ist, für eine kleinere Familie zu sorgen.

Die beiden Männer, die uns hierher geführt hatten, wollten nun nicht mehr weiter, deshalb nahm ich zwei Leute von hier mit. Da sie aber heute nicht mehr aufbrechen wollten, erwarteten wir in ihrer Nähe den nächsten Tag.

Die Nacht war unangenehm; in der ersten Hälfte wurden wir arg von Mücken geplagt, in der zweiten vom Regen überschwemmt. Am 11. hellte sich der Himmel auf, und nachdem wir unsere Kleidung getrocknet hatten, brachen wir auf. Zunächst ging es über sumpfiges Ge-

1) Lachsfischer.

lände, dann durch eine völlig von Feuer verwüstete Landschaft. Die ganze Zeit regnete es in Strömen, und um fünf Uhr nachmittags waren wir so naß und durchfroren, daß wir unser Nachtlager aufschlugen. Vor uns lagen hohe, mit Schnee bedeckte Berge.[1] Unsere Richtung zu bestimmen, war mir heute nicht möglich gewesen, da die Sonne den ganzen Tag nicht hinter den Wolken hervorkam. Wir hatten etwa 15 Meilen zurückgelegt.

Schon nach diesem ersten Tag begannen unsere neuen Führer, sich bitter über unser Tempo zu beklagen, und auch meine Jäger machten ihrem schon länger angestauten Verdruß Luft. Zudem schien die Strecke zum Meer doch länger zu sein, als wir erwartet hatten, und ich mußte die Lebensmittelportionen noch um zwei Drittel ihres bisherigen Umfangs verringern – was die Männer um so mehr gegen das Unternehmen einnahm.

Trotzdem ging es am 12. früh um halb sechs Uhr weiter. Wir passierten mehrere kleinere Seen, überquerten auf einem Biberdamm einen Fluß und erreichten schließlich einen tiefen Fluß, der nach den Aussagen unseres Führers derselbe war, über den wir vor einigen Tagen mit dem Floß übergesetzt hatten. Einer meiner Männer schwamm hinüber ans andere Ufer, um ein dort vertäutes Floß herüberzuholen, mit welchem wir dann in zwei Ladungen den Fluß überquerten.

Nun drohten unsere Führer erneut, uns zu verlassen, und nur mit Geschenken konnte ich sie dazu überreden, bei uns zu bleiben, bis wir Ersatz für sie gefunden hätten. Ich war mit den beiden und einem meiner Indianer vorausgegangen, und nach einer guten Wegstrecke setzten wir uns nieder, um auf die anderen zu warten. Plötzlich sprangen die beiden Eingeborenen auf und rannten davon. Mein Indianer konnte sie jedoch einholen, und sie

1) Das Küsten-Gebirge von British Columbia.

versicherten mir, sie hätten nur zum nächsten Stamm vorauseilen wollen, damit dieser uns nicht mit Pfeilen empfange. – Um sieben Uhr mußten wir lagern; die mit Schnee bedeckten Berge lagen direkt vor uns. Als wir Feuerholz suchten, entdeckten wir eine Wegkreuzung und menschliche Spuren, die vielleicht acht Tage alt waren. Mich beunruhigte dies ein wenig, doch mußte ich vor allen Dingen meine Männer bei Stimmung halten. Ich versuchte ihnen neuen Mut und Hoffnung zu geben, indem ich ihnen noch einmal alle Schwierigkeiten und Anstrengungen vor Augen hielt, die wir doch so glücklich überstanden hatten; außerdem sagte ich ihnen, daß wir nicht mehr weit vom Meer entfernt sein könnten und nur noch an wenigen Eingeborenenstämmen vorüber müßten, die ja bei ihren Besuchen an der Meeresküste schon öfter Weiße gesehen hätten und uns sicher freundlich aufnehmen würden. –

Das Wetter war heute trüb gewesen, und die schneebedeckten Berge ringsum strahlten eine solche Kälte aus, daß uns selbst unser Marschtempo nicht aufwärmen konnte. –

Am 13. mußten wir uns vor dem Aufbruch erst einmal an einem großen Feuer wärmen, so bitter kalt war die Nacht gewesen. Gegen sechs Uhr erreichten wir den Rand eines Waldes, an dem in der Nähe eines Flüßchens ein Haus stand. Der Rauch über seinem Dach zeigte an, daß es bewohnt war. Sogleich ging ich darauf zu, und notgedrungen mußten meine Leute mir folgen. Als uns die Bewohner bemerkten, war ich schon dicht am Haus. Die Frauen und Kinder darin erhoben ein fürchterliches Geschrei, und der einzige Mann unter ihnen flüchtete in den Wald. Ich bat nun meine Führer, die Leute etwas zu beruhigen, was sehr schwierig war, da sie glaubten, von uns getötet zu werden – womit sie bei einem Überfall ihrer Feinde wohl immer rechnen müssen.

Doch durch unser Verhalten und unsere Geschenke verloren sie allmählich ihre Furcht vor uns, und nach einer Weile bewirtete uns eine alte Frau mit gedörrtem Fisch. Sie erzählte uns auch, daß man von den vor uns liegenden Bergen das Meer sehen könne. Der Mann, der in den Wald geflohen war, ließ sich erst nach langem Zureden dazu bringen, zurückzukommen. Etliche Zeit war er am Waldrand hin und her gelaufen und hatte mit feindseligen Gebärden zu uns herübergedroht.

Diese Eingeborenen hatten ebenfalls die oben beschriebenen Apparate zum Fischfang in Gebrauch, und mit ihrer Einwilligung durfte ich mir einen besehen. Er war voller kleiner Fische; ich schenkte der alten Frau ein großes Messer, mit dem sie die Fische ausnehmen konnte, was sie sowohl erstaunte als auch erfreute. Dann überreichte mir auch der Mann einige gedörrte Fische – vermutlich gilt dies als Zeichen des Friedens. Nach einer längeren Unterhaltung begaben wir uns zur Ruhe – mit ganz anderen Gefühlen als am Morgen. – Eine Messung ergab 52°58′55″ nördl. Breite. –

Anderentags schien hell die Sonne, und ein frischer Wind wehte aus Osten. Wir aßen soviel Fische, wie wir konnten, und brachen auf. Der Mann, der sich gestern so ängstlich gezeigt hatte, und ein älterer Mann, der am Nachmittag ins Lager gekommen war, wollten uns mitsamt einem Knaben begleiten. Da ich den Jungen aber nicht brauchen konnte und ihn nicht unnötigerweise durchfüttern wollte, bat ich den Alten, ihn zurückzulassen, damit er den Frauen beim Fischen helfen könne; doch erhielt ich zur Antwort, daß jene für sich allein sorgen würden und daß ich auch nicht befürchten müßte, sie zu ernähren, denn auf ihren Reisen würden sie von Kräutern und der inneren Rinde der Bäume leben. Um die Rinde abzulösen, trug er ein dünnes Stück Knochen an der Hüfte. Diese Rinde ist klebrig und süß und für die tiefer landeinwärts lebenden Eingeborenen mehr ein Lekkerbissen als gewöhnliche Nahrung. –

Zwar gab es über das Gebirge ebenfalls einen Weg zum Meer, doch keinen ausgetretenen Pfad, und da wir damit nur einen Tag gespart hätten, hielten es unsere Führer für besser, die oft betretene Strecke zu gehen. Zunächst wanderten wir fünf Meilen an einem See entlang, dann setzten wir über einen kleinen Fluß und bestiegen einen Berg, von dem aus wir weite Sicht nach Südosten hatten. Nach dem Abstieg auf der anderen Seite folgte ein zweiter Berg, von dem man auf das schneebedeckte Gebirge blicken konnte, das sich nach Aussagen unseres Führers bis zum Meer erstreckt. Um ein Uhr nachmittags kamen wir an ein Haus, das ebenso fest und groß gebaut war wie das oben beschriebene, nur aus besser verarbeitetem Material. Die Holzpfähle der Wände waren auf zwei Seiten gerade behauen und ringsum ohne Rinde; auf die gleiche Weise war der Dachbalken zugerichtet, der fast zehn Fuß über den Giebel hervorragte, ein kleines Vordach über der Tür stützte und an seinem Ende in einen Schlangenkopf auslief. Das Innere des Hauses zierten mehrere ebenso geschnitzte und mit roter Erde bemalte Figuren. Die Bewohner mußten das Haus kurz vorher verlassen haben; wir fanden einige Beutel und Bündel, die ich befahl nicht anzurühren. Nahe dem Haus lagen zwei mit Brettern umgebene und mit Rinde abgedeckte Grabstätten, neben denen mehrere rotbemalte Stangen steckten, an die Rollen aus Rinde gehängt waren. Mein Dolmetscher erklärte mir, daß die Eingeborenen ihre Toten verbrennen und die größeren Knochen in diesen Rollen aufbewahren. Allerdings würden die Verstorbenen zunächst einmal beerdigt. Erst wenn ein anderer aus der Familie gestorben sei, mache man das Grab frei und übergebe den älteren Leichnam dem Feuer. Auf diese Weise reiche für eine ganze Familie ein einziges Grab aus.

Wir ließen nun das Haus hinter uns, marschierten weiter durch sumpfiges Gebiet, setzten über mehrere Flüßchen und schlugen abends völlig erschöpft unser Nachtlager auf. Unsere Führer versuchten, uns ein wenig aufzumuntern, indem sie uns zusicherten, schon in zwei Tagen auf einen anderen Stamm zu stoßen.

Am 15. waren wir ab fünf Uhr früh auf den Beinen. Nachdem wir eine gute Strecke längs eines kleinen Flusses gegangen waren, wateten wir auf seine andere Seite und trafen gegen elf Uhr auf eine Gruppe Eingeborener, die aus fünf Männern und einem Teil ihrer Familien bestand. Sie nahmen uns freundlich auf und wußten auch, daß wir Weiße waren, obwohl man aufgrund unserer Gesichtsfarbe mittlerweile nicht mehr unbedingt darauf schließen konnte. Sie nannten sich *Neguia Denees* und wollten zu dem Fluß, den auch wir zu erreichen suchten, dem *Anah-yoe-Tesse.*

Eigentlich erwartete ich, daß unsere Führer uns jetzt verlassen wollten, doch schienen sie sich in unserer und der hier angetroffenen Leute Gesellschaft so wohl zu fühlen, daß sie noch einen Tag und eine Nacht mit uns kommen wollten. Unsere neuen Bekannten waren von sehr gefälligem Äußeren, größer als die bisher gesehenen Indianer, hatten glänzendes Haar, reinliche Haut und gepflegte Lederkleidung. Männer, Frauen und Kinder trugen ihrer Körperkraft entsprechende Bündel von Biber-, Seeotter-, Marder-, Bären- und Luchsfellen und schon bearbeitete Elchhäute. Die letzteren erhalten sie von den Felsengebirgs-Indianern und werden, wie sie sagten, von den Bewohnern der Meeresküste allen anderen Waren vorgezogen. Für uns war dieser Begleittroß das beste, was uns passieren konnte – vor allen Dingen für meine erschöpften Leute, da die Eingeborenen ihrer Frauen und Kinder wegen nicht so schnell reisen konnten. – In drei Tagen schon sollten wir am Ziel unserer Wünsche sein!

Ungefähr eine halbe Stunde nach unserer Ankunft gab der Anführer der Gruppe durch ein lautes *Huy, Huy* das Zeichen zum Aufbruch. Auf einem sich schlängelnden Pfad ging es über einige kleinere Berge hinweg und durch morastige Täler weiter in Richtung Westen. Dann setzten wir über einen schmalen Fluß, der sich dann in einen See ergoß, an dem wir über Nacht bleiben wollten. An diesem Tag hatten wir etwa 20 Meilen zurückgelegt. Das Wetter war meist klar und warm gewesen.

Kaum hatten wir das Lager aufgeschlagen, als einer unserer Führer und einer der Neguias ein Spiel begannen. Jeder hielt ein Bündel von etwa 50 kurzen Stäbchen von der Dicke eines Federkiels, von denen einige mit roten Streifen versehen waren, in der Hand. Einer der Spieler rollte mehrere seiner Stäbchen auf das trockene Gras, und der Mitspieler entschied, ob er gewonnen oder verloren hätte. Anscheinend war unser Führer der Verlierer, denn ich sah ihn mit mehreren Artikeln, die ich ihm geschenkt hatte, zu dem anderen hingehen. –

Am 16. war das Wetter wie tags zuvor. Unsere Reisegesellschaft ließ jetzt aber so in ihrem Marschtempo nach, daß ich sie mit Hinweis auf unseren schwindenden Proviant zu größerer Geschwindigkeit antreiben mußte. Sie meinten jedoch, schon nach der folgenden Nacht an dem Fluß, an den unsere gemeinsame Reise ging, anzukommen und dort Fische im Überfluß fangen zu können. – Trotz unseres zusammengeschmolzenen Lebensmittelvorrats beschloß ich, für unsere Rückreise 20 Pfund Pemmikan zurückzulassen, und vergrub ihn wieder unter der Feuerstelle.

Nachdem wir nach zwei Meilen in südwestlicher Richtung das Ende des Sees erreicht hatten, eröffneten mir meine Reisegefährten, daß sie nach Leuten eines anderen Stammes geschickt hätten, die uns über das Gebirge begleiten würden, denn sie selbst hätten ihre Reiseroute in eine von unserem Weg abweichende Richtung geändert. Mir war ihre Begleitung äußerst angenehm gewesen, doch weder Bitten noch Versprechungen konnten sie von ihrem Vorsatz abbringen. Als ich ihnen noch einmal unseren geringen Proviant vor Augen führte, versprach mir einer von ihnen, einen Kessel Fischrogen für uns zu kochen, wenn wir auf ihre Freunde warten würden. Ohne meine Antwort abzuwarten, begann er sogleich sein Versprechen einzulösen. Er nahm Rogen aus seinem Beutel, zerrieb ihn zwischen zwei Steinen und schüttete ihn in Wasser, um ihn aufweichen zu lassen. Seine Frau hatte unterdessen ein Grasbüschel ausgerissen, nahm es in die Hand und quetschte damit den Rogen durch ihre Finger, während er Holz herbeiholte, um in einem Feuer Steine zum Glühen zu bringen. Dann füllten sie einen Watape-Kessel mit Wasser und gaben den Rogen hinzu; als die Steine heiß genug waren, wurden sie nach und nach in den Kessel geworfen, bis das Wasser kochte. Unter Umrühren wurde der Rogen in eine festere Konsistenz gebracht, herausgenommen und mit ranzigem Öl gewürzt. Der Geruch dieser sonderbaren Speise erregte bei mir große Übelkeit, doch bei meinen Leuten konnte der Hunger wohl ihren Ekel überwinden. Ohne das Öl wäre der Brei sicher ein schmackhaftes Essen gewesen.

In der Zwischenzeit waren vier der erwarteten Indianer angelangt; sie gehörten zwei Stämmen an, die ich nicht kannte. Sie wollten, daß wir ihre Hütten besuchten, doch da dies einen Umweg bedeutet hätte, bat ich sie, uns direkt über das Gebirge zu führen.

Nachmittags um vier Uhr schieden wir von unseren neuen Freunden, setzten über den aus dem See kommenden Fluß und marschierten einige Zeit durch bewaldetes Gebiet. Bald wurde die Gegend sehr sumpfig, und da hier vor einiger Zeit wohl ein großes Feuer gewütet hatte, machte uns dieser Teil der Strecke wegen der Menge gestürzter Stämme große Schwierigkeiten. Kurze Zeit später stieg das Gelände allmählich an, und obwohl ringsum verschneite Berggipfel lagen, wurden wir sehr von Moskitos geplagt. Um neun Uhr lagerten wir.

Noch vor Sonnenaufgang des nächsten Tages forderten unsere neuen Führer uns auf, die Reise fortzusetzen. Wir durchquerten ein schönes Tal und begannen einen erneuten Anstieg. Überall entdeckten wir Murmeltiere, die aus allen Richtungen pfiffen. Unsere Führer konnten sogar zwei davon erlegen und gaben das Fleisch meinen Leuten. Auch zogen sie eine Wurzel aus der Erde, die aussah wie ein Büschel weißer Beeren und wie die Kartoffel schmeckte.

Als wir den Berggipfel erreicht hatten, befanden wir uns mitten im Schnee. Er war so hart, daß unsere Füße keinerlei Spuren auf ihm hinterließen. Doch sahen wir die frischen Fährten einer Rotwildherde, der meine Jäger sogleich nachsetzten. Bald war der Weg wieder schneefrei, mit kurzem Gras und kleinen Steinen bedeckt. Plötzlich ging ein Sturm mit Schnee, Hagel und Regen auf uns nieder, so daß wir uns schnell unter einen hohen Felsen retten mußten. Nach anderthalb Stunden kamen unsere Jäger zurück, hatten aber nur eine kleine Rentierkuh schießen können. Da wir durch das Warten und Stehen ganz durchfroren waren, setzten wir fast mit Vergnügen unseren Marsch fort.

Vor uns zeigte sich jetzt ein riesiger Berg, dessen Gipfel in den Wolken verschwand. Zwischen ihm und unserem Weg strömte der Fluß, dem wir nun immer näher kamen. Zunächst einmal suchten wir aber Holz zusammen und brieten das Wild, das wir mit großem Appetit verzehrten. Seit Tagen hatten wir nicht mehr so gut gegessen. Dann rasierten wir uns und wechselten die Kleider, um wieder ein menschlicheres Aussehen zu erlangen. Schließlich erreichten wir einen Teich, an dessen Ufer ein frisches Grab lag –

daneben wie gewöhnlich ein Pfahl mit dem Stammeszeichen des Verstorbenen. Unsere Führer holten die daran festgebundene Rindenrolle herunter, öffneten sie und zeigten uns die darin befindlichen Knochen; der eine von ihnen riß die am Pfahl festgemachten Federn ab und steckte sie sich ins Haar – woraus ich schloß, daß der Leichnam zu einem Stamm gehörte, mit dem sie in Feindschaft lebten.

Ziemlich eilig setzten wir die Reise fort. Doch je weiter wir vorwärtsstießen, desto schneller schien sich das vor uns liegende Gebirge von uns zu entfernen. Es ging jetzt bergab, und bald erreichten wir einen Abhang, von dem aus wir den Fluß und ein an seinem Ufer gelegenes Dorf überblickten. Nach zwei Stunden hatten wir den steilen Abhang, der mit hohen Bäumen bewachsen war, hinter uns und befanden uns unten im Tal. Hier treffen zwei reißende Flüsse zusammen, die von den Bergen herabkommen. Wir überquerten den linken. Überall standen große Hemlocktannen, die bis an ihre Wipfel abgeschält waren; warum dies so war, konnten mir meine Führer nicht sagen, doch vermute ich, die Eingeborenen gerben mit der Rinde ihr Leder. Hier wuchsen auch die höchsten Erlen und Zedern, die ich je gesehen hatte. Das Klima war völlig verändert, und an den Sträuchern hingen reife Beeren.

Unsere Führer waren uns jetzt weit voraus, da sie vor Einbruch der Dunkelheit das Dorf erreichen wollten. Sie hatten aber mit abgeknickten Zweigen den Weg für uns gekennzeichnet. Es wurde finster, ohne daß wir Hütten entdecken konnten, und meine Leute wollten schon das Nachtlager errichten; doch meine Unruhe trieb mich immer schneller vorwärts, so daß sie mir einfach folgen mußten. Mehr tastend als sehend lief ich weiter, bis ich endlich an eine kleine Hütte kam, hinter der ich mehrere Feuer und Hütten mit Menschen entdeckte, die emsig beim Fischbraten waren. Ich ging, ohne zu zögern, in die erste Behausung hinein, warf mein Bündel ab und setzte mich, nachdem ich allen die Hand geschüttelt hatte, mitten zwischen die Bewohner. Ohne Anzeichen von Verwunderung nahmen sie mich auf, gaben mir aber bald Zeichen, ich solle zu einem großen, auf Pfählen errichteten Haus in der Nähe gehen. Ein breiter Baumstamm mit eingehauenen Tritten führte auf eine Art Gerüst hinauf, das den Fußboden des Hauses darstellte. Ich kletterte hinauf, ging an drei Feuern, die in der Mitte des Raumes brannten, vorbei und wurde am oberen Ende von mehreren dort sitzenden Männern begrüßt. Ich schüttelte ihnen die Hand und setzte mich neben einen alten Mann, dessen würdevolle Erscheinung mich anzog. Bald entdeckte ich einen meiner Führer ein wenig über mir auf einer schönen Matte sitzen – wahrscheinlich ein für Fremde bestimmter Ehrenplatz. Kurz darauf kamen auch meine Leute und setzten sich in meiner Nähe nieder. Dann holte der Mann neben mir hinter einer Bretterwand eine Menge geräucherter Lachse hervor, ließ vor uns eine Matte ausbreiten und setzte mir und Mackay je einen ganzen Lachs, meinen Leuten je einen halben vor. Diese Bretterwand diente auch als Schirm vor den Nachtlagern der Frauen und Kinder, die sich dort bereits zur Ruhe begeben hatten. Unser Gastgeber schien uns andeuten zu wollen, daß wir in seinem Haus schlafen könnten, da ich mir aber nicht sicher war, ob ich ihn richtig verstanden hatte, hielt ich es für besser, zusammen mit meinen Leuten draußen an einem Feuer zu schlafen. Sobald er dies bemerkte, ließ er uns Bretter hinlegen, damit wir nicht auf der Erde lägen, und ein Feuer entfachen. Dann erhielten wir eine große Schüssel mit Lachsrogen und noch eine andere Mahlzeit, deren Hauptbestandteil auch aus Rogen zu bestehen schien, jedoch mit Stachelbeeren und einer Art Sauerampfer vermischt war. Nach dem Genuß dieser Leckereien, denn das waren sie in den Augen unseres Gastgebers, legten wir uns zur Ruhe; obwohl mir nur der Himmel als Baldachin, ein Brett als Bett und ein Holzscheit als Kopfkissen diente, schlief ich so tief und erfrischend wie schon lange nicht mehr.

Als ich erwachte, hatten die Eingeborenen schon für uns ein Feuer gemacht, und unser gastfreundlicher Wirt brachte sogleich frische Beeren und Lachs. Die Stachelbeeren, Himbeeren und Heidelbeeren waren so süß und groß, wie sie uns noch nie vorgekommen waren. Zu den Beeren aß man getrockneten Fischrogen.

Lachs gibt es in diesem Fluß in so großen Mengen, daß die Anwohner nie Mangel leiden müssen. Um ihn leichter zu fangen, haben sie quer durch den Fluß ein Wehr gebaut, an dem sie ihre Fischfangapparate auslegen. Ich wollte mir dieses Bauwerk genauer ansehen, doch die Eingeborenen erlaubten mir lediglich einen Blick aus der Ferne. Das Fundament des Wehrs bilden kleine, schräg in das Flußbett gerammte Stämme; darüber liegt eine Schicht Kies und darüber wieder eine Reihe kleiner Bäume – und so wechselweise bis zum Wasserspiegel. Wenn nun die Lachse über das Wehr springen wollen, fallen sie auf der anderen Seite in die Fischfallen. –

Das Wasser des Flusses hat die Farbe von Eselsmilch, was wohl von den Kalksteinen im Flußbett und von aus den Kalksteingebirgen kommenden Bächen herrührt.

Weil diese Leute hier nur Fisch essen, sind sie, was Fleisch anbelangt, mit einer Art Aberglauben behaftet, da sie solches nie zu sich nehmen. Als einer ihrer Hunde einen Knochen, der von unserer Rentiermahlzeit übriggeblieben war, verschluckte, schlug sein Besitzer so lange auf ihn ein, bis er ihn wieder herausspuckte; und als einer meiner Männer einen Knochen in den Fluß warf, holte ihn ein Eingeborener sofort wieder heraus, warf ihn ins Feuer und wusch sich dann sorgfältig seine »verunreinigten« Hände. –

Da wir noch ein gutes Stück bis ans Meer zurücklegen mußten, bat ich unseren Gastgeber, uns zwei Kanus mit Leuten, die uns führen könnten, zu beschaffen. Als er mir diese Bitte aber immer wieder mit vielen Entschuldigungen abschlug, bemerkte ich nach einer Weile, daß er einfach nicht wollte, daß wir den Rest unseres Wildfleisches mit ins Kanu nähmen: Der Fisch würde dies sogleich riechen und die Gegend verlassen, so daß sie alle verhungern müßten. Ich fragte ihn, was wir mit dem Fleisch tun sollten, und er riet mir, es einem Mann zu geben, der hier zu Besuch war und zu einem fleischessenden Stamm gehörte. Nun wollte ich rohen Lachs von ihm, doch er brachte mir nur ein wenig geräucherten, sagte aber, daß wir bald ins nächste Dorf gelangen würden, wo wir uns besser versorgen könnten. Dann bat er mich, möglichst bald abzureisen. Nach seiner bisherigen Gastfreundschaft war dies sehr sonderbar, doch die Schwierigkeiten mit seiner Sprache machten es mir unmöglich, ihn zu begreifen.

Um acht Uhr morgens kamen 15 bewaffnete Männer ins Dorf. Es waren Freunde und Verwandte der Leute hier, und sie waren auf eine Nachricht hin schnell hierher gereist, um uns zu sehen.

Die Menschen hier sind stärker und sehen besser aus als die Bewohner des inneren Landes; ihre Sprache ist mir gänzlich unbekannt. Gewisse Ähnlichkeiten bestehen mit dem Stamme der Atnahs. Sie scheinen von ruhigem und friedlichem Charakter zu sein, und sie überfallen auch nicht ihre Nachbarn. Ihre Kleidung besteht aus einem über der Schulter gebundenen Mantel aus Zedernrindenfaser, verwebt mit Streifen von Seeotterfell, der hinten bis zur Ferse, vorn aber nur bis zum Knie herabfällt. Dieses Gewand ist die einzige Bedeckung der Männer. Die Frauen tragen dazu noch eine Schürze um die Lenden. Ihre Haare sind kurz und bedürfen wenig Pflege, wäh-

Bewohner der Küstenregion mit der für Männer typischen Haartracht

rend die Männer die ihren flechten und sie mit Öl und roter Erde einreiben. Statt eines Kamms haben sie in einer Locke ein Stöckchen stecken, mit dem sie sich kratzen, wenn es sie juckt. Die Farbe ihrer Augen ist grau mit einem Anflug von Rot. Alle zeichnen sich durch ihre hohen Backenknochen aus, die bei den Frauen noch bedeutend ausgeprägter sind.

Ich beschenkte unseren Gastgeber mit einigen Artikeln und verteilte auch an andere, die freundlich zu uns gewesen waren, unsere mitgebrachten Geschenke. Einer meiner Führer, der sich sehr darum bemüht hatte, uns für die Weiterreise Kanus zu beschaffen, machte sich ohne Abschied davon; ich bedauerte dies um so mehr, weil ich ihm nun nicht einmal seine redlich verdiente Belohnung für seine Führerdienste geben konnte. – Eine Messung ergab hier 52°28′11″ nördl. Breite. –

ZEHNTES KAPITEL

Am 18. [Juli] um ein Uhr mittags bestiegen wir, von sieben Eingeborenen begleitet, unsere beiden Kanus. Die Strömung war stark und brachte uns in einer Stunde fast sechs Meilen weit. Als wir an ein Wehr der oben beschriebenen Art gelangten, ließen uns die Eingeborenen aussteigen und schossen dann darüber hinweg, ohne daß auch nur ein Tropfen Wasser in die Boote spritzte. – Bisher hatte ich meine Kanadier für die besten Kanuführer der Welt gehalten, doch diese Eingeborenen waren ihnen weit überlegen, was meine Männer neidlos zugaben. – Nach diesem Hindernis stiegen wir wieder ein und begegneten dann mehreren besetzten Kanus. Nach etwa anderthalb Stunden landeten wir, da nicht weit vom Ufer ein Dorf lag.

Einige der Eingeborenen liefen voraus, um unsere Ankunft bekanntzumachen. Wir folgten ihnen auf einem breit ausgetretenen Pfad. Schon von weitem konnten wir an den lauten und aufgeregten Stimmen hören, daß unsere Kuriere im Dorf angelangt waren. Als wir die ersten Hütten zu Gesicht bekamen, sahen wir dazwischen Menschen mit Pfeil und Bogen, mit Äxten und Speeren wild gestikulierend herumlaufen. Ich schrieb dies unserer plötzlichen Ankunft zu und hielt es für das ratsamste, entschlossen und ohne Zeichen von Furcht auf sie zuzugehen. Dies tat auch die gewünschte Wirkung; denn als wir näherkamen, legten beinahe alle die Waffen nieder und gingen uns entgegen. In Kürze war ich so umringt, daß ich stehenbleiben mußte. Wie immer schüttelte ich den um mich Stehenden die Hand, als ein älterer Mann sich durch das Gedränge schob und mich in seine Arme nahm. Gleich darauf trat ein anderer Mann hinzu, schob den ersteren weg und erwies mir dieselbe Herzlichkeit. Ein junger Mann, der anscheinend sein Sohn war, folgte seinem Beispiel. Diese Umarmungen, die mich anfangs etwas unsicher gemacht hatten, waren Beweise der Freundschaft und Achtung. Die Menge drängte sich nun so heftig um uns, daß wir uns nicht von der Stelle rühren konnten. Endlich wurde eine Gasse geöffnet, um den zweiten Sohn des Alten durchzulassen. Ich ging ihm entgegen und reichte ihm die Hand, worauf er seinen prächtigen Mantel aus Seeotterfell von den Schultern nahm und mir umhängte. Dies war für mich eine so schmeichelhafte Geste, wie sie mir noch nirgendwo widerfahren war. In der Tat schien es, als ob wir hier aufgehalten worden wären, damit der junge Mann Zeit habe, seinen Mantel zu holen.

Nun gab uns der Häuptling, der ältere Mann, Zeichen, ihm zu folgen, und führte uns zu seiner Wohnung, ein Haus, das größer und aus besseren Materialien gebaut war als alle bisher gesehenen Indianerhütten. Kaum waren wir angekommen, ließ er Matten vor uns ausbreiten, auf die wir uns setzen sollten. Den Dorfbewohnern, die neugierig gefolgt waren, bedeutete er, sich etwas entfernt zu halten. Dann wurden noch schönere und sehr saubere Matten vor uns gelegt und jedem ein gerösteter Lachs vorgesetzt. Nach dem Mahl näherte sich einer der Männer, die aus dem letzten Dorf mitgekommen waren, in der einen Hand eine Art Löffel mit Öl, in der anderen ein Stück Rinde, ähnlich dem Fleisch der Kokosnuß, aber heller. Die Rinde tauchte er in das Öl, aß sie und zeigte mir mit Gebärden, wie es ihm geschmeckt hatte. Auch ich kostete von der Rinde, allerdings ohne Öl. Dann wurde ein Kuchen aus derselben Rinde gereicht, den ein Mann in Wasser etwas aufweichte, in Stücke brach, in eine Mulde legte und ihn mit Lachsöl reichlich besprengte. Ich probierte und fand das Öl sehr süß. Der Häuptling sprach dieser Speise mit offensichtlichem Appetit zu, nachdem er noch mehr Öl darübergegossen hatte. Dieser Kuchen gilt hier als Leckerbissen. Bei näherer Untersuchung entdeckte ich, daß er aus der inneren Rinde der Hemlocktanne hergestellt war, die im frühen Sommer abgeschält und in eine Form gelegt wird. Nun war leicht zu erklären, warum in dieser Gegend so viele Bäume dieser Art ohne Rinde dastehen.

So saßen wir an die drei Stunden, und in dieser Zeit ließ die Neugier der Dorfbewohner um keinen Deut nach. Endlich wurden wir von der gaffenden Menge befreit und in eine Hütte gebracht, in der uns ein Nachtlager gerichtet worden war. Ich beschenkte den einen Sohn des Häuptlings mit einer Decke und anderen Artikeln, worüber er sich sehr zu freuen schien. Auch seinem Vater überreichte ich verschiedene nützliche Dinge, darunter eine Schere, mit der ich ihm zeigte, wie er sie zum Stutzen seines langen Bartes gebrauchen konnte – was er sofort ausprobierte. Die Unterhaltung zwischen uns war sehr schleppend und unbequem, da sie nur mittels Zeichen geführt werden konnte, denn ich hatte niemand bei mir, der mir als Dolmetscher dienen konnte.

Wir wünschten uns alle sehr, etwas frischen Lachs zu bekommen, um ihn auf unsere Art zuzubereiten. Doch obwohl Tausende solcher Fische im Fluß an Stangen hingen, gab uns niemand einen ab. Die Menschen hier sahen es auch nicht gern, wenn wir uns ihren Kochstellen näherten. Wir durften nicht einmal mit unserem Kessel Wasser holen; sie nahmen ihn uns weg und sagten, der Fisch könne den Eisengeruch nicht leiden. Allerdings gaben sie uns dafür eines ihrer hölzernen Gefäße.

Bei der Besichtigung des Dorfes zählte ich elf Wohnhütten. Daneben gab es mehrere Gebäude, die zum Kochen und zum Räuchern der Fische benutzt wurden. Die ersteren bestehen zum Teil aus mehreren in die Erde geschlagenen Pfosten, über die in etwa zwölf Fuß Höhe ein Fußboden aus Tragebalken gelegt ist. In der Mitte der

Das Innere einer Wohnhütte; an der Decke sind Stangen befestigt, an denen geräucherte Fische hängen.

Räume befinden sich vier bis fünf Feuerstellen, und an den Wänden sind mit Brettern verschiedene Verschläge angebaut, die den Bewohnern als Betten dienen. In einer Höhe von sieben bis acht Fuß gehen breite Balken durch den Raum, auf denen Kisten, Gerätschaften und sonstiges Eigentum aufbewahrt wird. Längs der Balken sind Stangen befestigt, an denen geräucherte Fische hängen. Das ganze Gebäude ist mit Brettern und Rinde abgedeckt, abgesehen von einigen Öffnungen, die das Licht herein- und den Rauch hinauslassen. Am Ende einer jeden Hütte steht ein schmales Gerüst, das man mittels eines Baumstammes, in den Tritte eingehauen sind, besteigt und das an seinen Ecken Öffnungen aufweist, die als Abtritte dienen. Da die Eingeborenen nicht gewohnt sind, ihre Exkremente wegzuschaffen, läßt sich vermuten, daß sie der Gestank nicht stört.

Die Anzahl der Eingeborenen, die uns bei unserer Ankunft umringt hatten, läßt sich auf 65 schätzen; da aber viele abwesend gewesen sein mochten, wird das Dorf etwa 200 Menschen beherbergen.

Die Männer, die von dem anderen Dorf mit uns hergekommen waren, hatten dem Häuptling einen langen Bericht über uns gemacht. Nun wurde ich gebeten, meine astronomischen Geräte vorzuzeigen. Ich tat dies gern, konnte ich damit doch ihre Meinung über uns nur positiv beeinflussen.

In der Nähe des Häuptlingshauses bemerkte ich mehrere längliche Vierecke, ungefähr 20 Fuß hoch, acht Fuß breit und aus Zedernbalken gefertigt. Sie waren mit verschiedenen Tierfiguren und Zeichen bemalt, und zwar so kunstvoll, wie ich es von diesem Volk nicht erwartet hätte. Sie schienen zu Opferhandlungen bestimmt zu sein, die diese Stämme zweimal im Jahr, im Frühjahr und im Herbst, vollziehen. Auch in der Mitte des Dorfes sah ich auf einem Platz einige hohe Pfähle, die an ihren Enden

Tiermasken als Köder für die Jagd

Kultstätte mit Totempfählen

zu Menschenfiguren geschnitzt waren. Vor diesen Pfählen auf der Erde waren Feuerstellen. Pfähle und Schnitzereien waren rot und schwarz bemalt.[1] –

Kurz nachdem ich mich zurückgezogen hatte, machte mir der Häuptling noch einen Besuch, um mich dringend zu bitten, zu seiner Bettgenossin zu gehen und seine Stelle einzunehmen; trotz seines hartnäckigen Angebots nahm ich diese Geste der Gastfreundschaft nicht an.

Am Morgen des 19. kam der Häuptling mit einem seiner Söhne zu mir und klagte über Brustschmerzen. Ich gab ihm einige meiner Tropfen auf etwas Zucker, was er ohne Bedenken schluckte. Dann führte er mich zu einer Hütte, in der sich mehrere Leute um einen Kranken versammelt hatten, der sein anderer Sohn war. Die Leute

1) Die berühmten Totempfähle der kanadischen Westküste.

deckten ihn auf, und ich sah, daß er am Knie und auf dem Rücken an riesigen fauligen Geschwüren litt. Auf Brust und Bauch bemerkte ich Narben, die von der Gewohnheit herrührten, sich mit brennendem Zunderholz anzusengen – als eine Art Mutprobe oder um Schmerzen anderer Art zu stillen. Der Unglückliche war zum Skelett abgemagert und schien seinem Ende nahe zu sein. Sein Vater drängte mich, ihm zu helfen, und schließlich gab ich ihm einige harmlose Tropfen in Wasser aufgelöst. Darauf verließ ich ihn, wurde jedoch bald durch das Klagegeschrei der Frauen zurückgerufen, so daß ich Angst hatte, die Arznei hätte dem Kranken geschadet. Doch als ich die Hütte betrat, sah ich mehrere Medizinmänner eifrig dabei, ihre Erfahrung und ihre Kunst an dem Kranken zu versuchen. Sie bliesen ihn an und gaben schrille Pfiffe von sich; dann drückten sie immer wieder ihre gespreizten Finger auf seinen Magen, steckten sie in seinen Mund und spuckten ihren Speichel in sein Gesicht. Dazu mußte der Leidende eine sitzende Stellung einnehmen. Nach Beendigung dieser Prozedur wurde er hingelegt und mit einem Mantel aus Luchsfellen bedeckt. Dann wurde er auf eine Bohle gelegt und von sechs Männern in den Wald getragen. Man bat mich zu folgen. Leider konnte ich den Sinn der Zeremonie nicht begreifen – einer der Männer trug Feuer mit sich, ein anderer eine Axt und ein dritter dürres Holz; in mir machte sich die Vermutung breit, sie wollten den Kranken von seinen Schmerzen befreien, indem sie ihn wie ihre Toten verbrannten. Nach einer kurzen Strecke kam die Gruppe auf eine helle Lichtung. Der Patient wurde auf die Erde gelegt, hinter ihm ein Feuer angezündet, und dann schnitten die Medizinmänner mit einem stumpfen Messer in seine Geschwüre hinein – eine äußerst schmerzhafte Operation, die er mit unglaublichem Mut über sich ergehen ließ. Mir setzte der Anblick so zu, daß ich mich entfernen mußte.

Bei meiner Rückkehr in unsere Hütte sah ich vor der des Häuptlings vier Haufen Lachse liegen, jeder mit etwa 300 bis 400 Stück. 16 Frauen waren damit beschäftigt, sie auszunehmen und abzuschuppen. Ich sah ihnen eine Weile zu und besuchte dann unseren Gastgeber. Nachdem er mich mit geräuchertem Lachs bewirtet hatte, öffnete er eine Kiste und zeigte mir einen Rock aus blauem Tuch mit metallenen Knöpfen und ein Kleid aus geblümtem Kattun. Beides schien mir spanischer Herkunft zu sein. – Kupfer und Eisenerz besitzen diese Eingeborenen im Überfluß. Es sind ihre vorteilhaftesten Tauschartikel beim Handel mit den landeinwärts wohnenden Stämmen. Ich fand unter ihren Sachen eiserne Bänder, die bis zu zwölf Pfund wogen.

Als ich meine Instrumente hervorholte, um eine Messung vorzunehmen, kam der Häuptling zu mir und bat mich, keinen Gebrauch von ihnen zu machen. Mir war diese Bitte völlig unverständlich. Zudem fiel mir auf, daß die Leute auf einmal alles taten, unsere Abreise zu beschleunigen. Verschiedentlich hatte ich den Häuptling um ein Kanu und Leute gebeten, die uns ans Meer bringen könnten, doch nie hatte er darauf reagiert. Nun aber wurde mir kurz nach dem Vorfall mit dem Teleskop gemeldet, daß alles zu unserer Abfahrt bereit sei und der eine Sohn des Häuptlings uns begleite. Plötzlich verstand ich ihre Abneigung vor meinen Instrumenten: Sie waren nicht um ihre eigene Person besorgt gewesen, sondern fürchteten, die Lachse könnten deswegen diesen Teil des Flusses verlassen. – Meine trotzdem schnell und heimlich durchgeführte Messung ergab 52°25′52″ nördl. Breite. –

Als wir dann am Ufer standen, erzählte mir der Häuptling, daß er vor zehn bis zwölf Wintern mit 40 seiner Leute eine große Reise nach dem Süden gemacht und zwei große Schiffe mit Menschen wie mich gesehen habe.

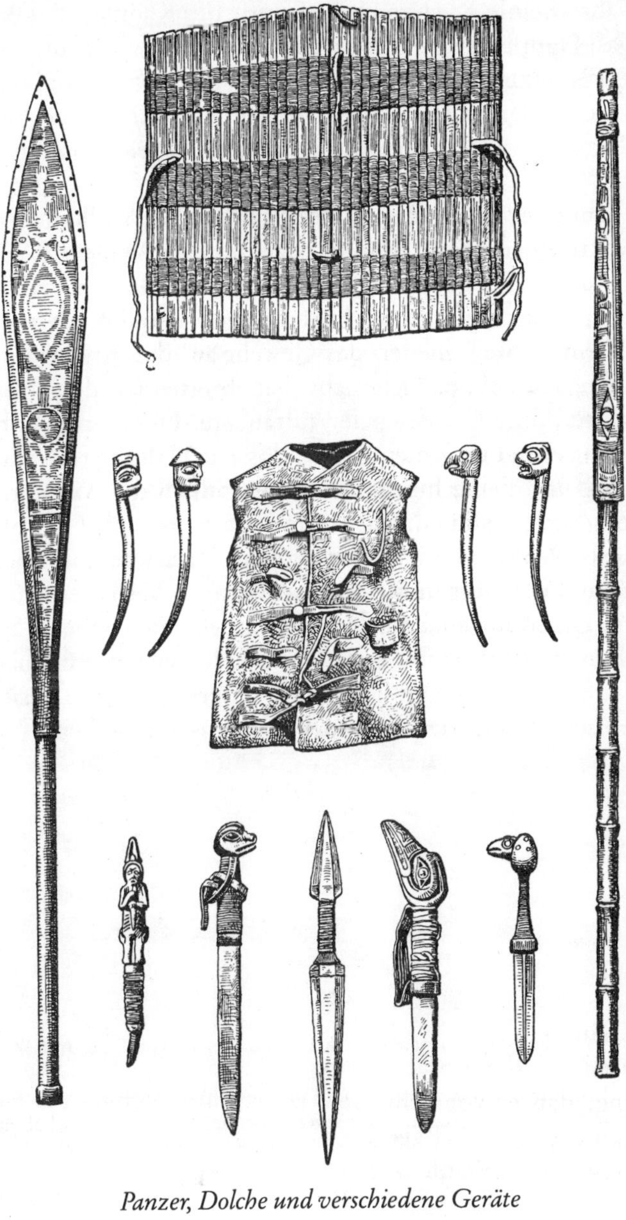

Panzer, Dolche und verschiedene Geräte

Wahrscheinlich waren es die Schiffe des Kapitäns Cook.[1] Das Häuptlingskanu war aus Zedernholz gebaut und 45 Fuß lang. Es hatte einen schwarzen Anstrich und war mit daraufgemalten weißen Fischen verziert. Vorder- und Hinterteil wiesen Auslegearbeiten aus Seeotterzähnen auf.[2]

Kurz bevor wir uns in unser Kanu setzen wollten, entdeckte einer meiner Männer, daß uns eine Axt fehlte. Ich wandte mich sogleich an den Häuptling, doch er wollte meine Fragen einfach nicht verstehen. Also ließ ich mich auf einem Stein nieder, das Gewehr auf den Knien, und zeigte deutlich, daß ich nicht eher abreisen würde, als bis das vermißte Gerät wieder auftauchte. Die Dorfbewohner wurden durch meine entschlossene Haltung recht unruhig und liefen hin und her, bis endlich die Axt unter dem Boot des Häuptlings zum Vorschein kam. Obwohl dieses Werkzeug nicht von großem Wert war und mich meine Leute wegen meines hartnäckigen Verhaltens rügten, glaube ich doch, daß ich richtig gehandelt habe: Wäre ich in dieser Situation nicht so entschlossen gewesen, hätten die Eingeborenen sicher nach unserem anderen Besitz getrachtet, und vielleicht auch nach unserem Leben.

1) Cooks Reise an den Pazifik fand in den Jahren 1778 und 1779 statt.

2) (Captain Cook erwähnt, daß die Bewohner der Küste ihre Kanus mit Menschenzähnen schmücken, doch muß er sich geirrt haben; sein Irrtum entstand wohl wegen der großen Ähnlichkeit von Menschen- und Seeotterzähnen. Anm. d. Verfassers.)

Am 19. reisten wir um ein Uhr nachmittags mit vier Eingeborenen in einem großen Kanu weiter; der Fluß bestand fast nur aus Stromschnellen. Nach einer halben Stunde Fahrt kamen wir an einer Hütte vorbei, deren Bewohner uns freundlich einluden; doch lehnten wir dankend ab und blieben auf dem Wasser. Nach einer Stunde mußten wir jedoch gezwungenermaßen bei zwei größeren Hütten an Land, denn man sagte uns, der Besitzer sei ein angesehener Häuptling, den wir nicht übergehen dürften. Wir wurden hier ebenso aufgenommen und bewirtet wie im letzten Dorf. Um sein Ansehen bei uns noch zu vergrößern, zeigte uns unser Gastgeber mehrere europäische Artikel, darunter eine an die 40 Pfund schwere alte kupferne Destillierapparatur. Wir hielten unseren Aufenthalt recht kurz und reisten in Begleitung unseres Gastgebers weiter. In kürzester Zeit brachte uns die Strömung zu einem großen Haus, das richtige Türen hatte. Wieder nahmen uns die Bewohner freundlichst auf und gaben uns köstliche Beeren zu essen; außer den üblichen waren darunter schwarze, die größer und wohlschmeckender als Heidelbeeren waren, außerdem weiße, die, abgesehen von der Farbe, ganz den Brombeeren glichen. Hier entdeckten wir eine Frau mit zwei Stückchen Kupfer in der Unterlippe, wie sie auch Kapitän Cook beschrieben hat. Ich beschenkte die Leute wie gewöhnlich und verabschiedete mich.

Wegen der vielen Kanäle, in die sich der Fluß jetzt teilte, wurde unser Fortkommen etwas schwieriger. Bald erreichten wir ein Haus, wo wir zwar aufgenommen, uns aber keinerlei Erfrischungen gereicht wurden. Alle Bewohner waren emsig bei der Arbeit. Einige Frauen klopften Zedernrinde, daß sie wie Flachs aussah; andere span-

Junge Frau mit Kupferplatte in der Unterlippe, was als Zierde galt.

nen und webten; die Männer fischten mit Netzen, die mit Stangen am Boden befestigt waren und von der Strömung vorwärtsgetrieben wurden. Wehre konnten wir hier nicht entdecken, die Fischfallen waren nur entlang der Ufer ausgelegt. Deshalb fangen diese Eingeborenen hier nicht so viele Fische wie die Bewohner des letzten Dorfes. Die Fahrt ging nun bis an einen Wasserfall, wo wir das Kanu verließen und unser Gepäck durch den Wald trugen, bis wir in ein fast verlassenes Dorf kamen.[1] Dort lebten nur vier Männer und ihre Familien, doch bestand es aus sechs großen Hütten. Diese Leute scheinen viel schlechter zu leben als ihre Nachbarn, denn die Männer brachten von ihrem Fischzug nur fünf Lachse mit. Trotzdem überreichten sie uns einen geräucherten, der leider nicht sehr gut schmeckte. Von diesen Hütten aus konnte ich das Ende des Flusses und seine Mündung in einen engen Meeresarm erblicken.

Da es bereits Abend war, beschloß ich, hier über Nacht zu bleiben. Wir bezogen eine der unbewohnten Hütten. – Seit der Abreise aus dem großen Dorf war unsere Richtung westlich gewesen, und wir hatten eine Strecke von ungefähr 36 Meilen zurückgelegt. – An diesem Abend rannte unser Hund in die Wälder und kam nicht mehr zurück; dieser Vorfall ging mir sehr nahe.

Am 20. standen wir früh auf, und ich schlug den Eingeborenen vor, uns entweder in ihrem Kanu weiterzubringen oder uns ein anderes zu verschaffen. Doch sie stellten sich taub und meinten, ich könne froh sein, überhaupt so nah am Meer zu sein. Zwei weigerten sich, weiter mitzukommen, doch zwei andere willigten ein, uns zu begleiten, und verschafften uns auch ein großes, allerdings ziemlich schadhaftes Kanu.

Um acht Uhr paddelten wir aus dem Fluß heraus in einen Meeresarm.[2] Die Flut ging eben leicht zurück, und die Gegend war deshalb über weite Strecken mit Seetang bedeckt. Ein starker Wind aus Westen blies uns direkt entgegen, und die Berge waren in Nebel gehüllt. An den Ufern der Bucht, in die wir jetzt gelangten, entdeckten wir viele Seeotter; vergeblich versuchten wir, einige zu schießen, denn sobald wir uns ihnen näherten, tauchten

1) Sechs Wochen vorher war an dieser Stelle eine Gruppe Weißer angelangt, die unter Kapitän George Vancouver die Küste erforschte.
2) North Bentink Arm.

sie blitzschnell unter Wasser. Außerdem gab es hier eine Menge Tümmler, den weißköpfigen Adler, kleine Möwen, einen kleinen schwarzen Vogel und schwarze Enten.

Mittags um zwei Uhr wurde der Wind so stark und stieg das Wasser in dem Maße, daß wir mit unserem schadhaften Kanu an der rechten Seite des Meeresarms in einer kleinen Bucht an Land gehen mußten. Uns gegenüber führte ein weiterer Meeresarm ins Landesinnere.[1] Mitten in seiner Mündung lag eine kleine Insel.

Die Eingeborenen wollten nun unbedingt nach Hause zurück, und abends entfloh einer. Mackay setzte ihm jedoch nach und brachte ihn zurück. Weil wir ihn aber nicht so nötig brauchten, entließ ich ihn mit einem kleinen Mundvorrat, einem Paar Schuhe und einem seidenen Tuch. Außerdem bekam er den Auftrag, seinen Leuten zu sagen, daß wir nach drei Nächten zurückkommen würden.

Da wir bei beginnender Ebbe gelandet waren, mußten wir in der Nacht schnell unser Gepäck vor der eintretenden Flut retten. Das Wasser stieg in Kürze um elfeinhalb Fuß. Frisches Trinkwasser fanden wir in den ringsum von den Bergen kommenden Bächen.

Der junge Häuptlingssohn war auf Jagd gegangen und kam mit einem großen Stachelschwein ins Lager zurück. Sogleich öffnete er das Tier, warf die Eingeweide ins Wasser, sengte die Stacheln ab und kochte es in einzelnen Stücken, da es als Ganzes für unseren Kessel zu groß war.

Insgesamt gesehen, waren wir in einer üblen Lage. Unser Proviant war fast zusammengeschmolzen und reichte für zehn halbverhungerte Männer bei weitem nicht aus. Unser Kanu hatte Löcher, und von den an der Küste lebenden Menschen durften wir keine Hilfe erwarten.

Am 21. brachte Mackay einige kleine Muscheln, die

1) Dean Channel.

Stachelschwein

wir kochen und zum Frühstück verteilen wollten. Doch meine Männer lehnten diese ihnen gänzlich unbekannte Speise ab. Um sechs Uhr verließen wir die Bucht, nachdem wir sie auf den Namen »Porcupine Cove« (Stachelschweinbucht) getauft hatten. Nach sieben Meilen Westsüdwest steuerten wir in einen zweieinhalb Meilen breiten Kanal[1], kamen nach dreiviertel Meilen an einer Insel, der von Vancouver so benannte »Point Menzies«, vorbei und gingen dann am linken Ufer an Land, um einige Messungen vorzunehmen.

Auf der Weiterfahrt begegneten wir drei Kanus mit 15 Insassen, die mit ihrem gesamten Hausrat unterwegs zu sein schienen. Sie waren ohne Furcht und Mißtrauen und fragten den jungen Häuptlingssohn über uns aus. Dann untersuchten sie unsere Sachen, auf ihren Gesichtern eine eigenartige Mischung von Gleichgültigkeit und Verachtung. Einer von ihnen beschimpfte mich und erzählte mir aufgeregt, daß neulich ein Kanu mit weißen Männern in der Bucht gewesen sei; einer der Weißen, den er »Macubah« nannte, hätte auf sie geschossen, und ein anderer mit Namen »Bensin« hätte ihm mit dem flachen Degen auf den Rücken geschlagen.[2] Der Eingeborene schilderte mir lautstark, wie sich die Sache verhalten hatte, außerdem zeigte er mir einige europäische Artikel, die er noch nicht lange besitzen konnte. Mir war sehr daran gelegen, mich möglichst bald von diesen Leuten zu trennen; doch leider konnte ich nicht verhindern, daß sie bei ihrer Abfahrt unseren Begleiter, den Häuptlingssohn, mitnahmen.

Wir fuhren weiter längs des von Vancouver so benannten »King's Island« und trafen auf ein Kanu mit zwei jungen Männern, die uns sagten, sie hätten den Auftrag, alle

1) Bourke Channel.

2) Vermutlich war mit »Macubah« Kapitän Vancouver gemeint und mit »Bensin« sein Begleiter namens Menzies. Vancouver hatte sich am 2. Juni 1793 im nahe gelegenen Dean Fjord aufgehalten.

Küstenbewohner zusammenzutrommeln. Plötzlich war auch der Mann, der mich vorhin so beschimpft hatte, wieder da. Er stieg sogar in mein Kanu und zeigte mir einen engen Kanal, der zu seinem Dorf führte. Schließlich gab ich Befehl, dorthin zu steuern. Indes wurde der Mann immer aufdringlicher: Er wollte alles sehen, was wir dabeihatten, auch meine Instrumente, dann verlangte er meinen Hut, mein Schnupftuch und andere Dinge, die ich an mir trug. Dabei wiederholte er immer wieder, daß weiße Männer auf ihn geschossen hätten. Nun öffnete sich nach Südwesten hin ein Kanal, den der Eingeborene als die Route bezeichnete, auf der »Macubah« gekommen sei. Wir fuhren ein Stück hinein, entdeckten am Ufer einige Ruinen alter Hütten, und da ich es für wahrscheinlich hielt, daß hier Europäer gewesen sein konnten, ließ ich landen.[1]

In der Mitte des verfallenen Dorfes lag eine Kultstätte, ähnlich jener, die ich schon beschrieben habe. Unser Begleittroß war in der Zwischenzeit auf fast zehn Kanus angewachsen, jedes mit drei bis sechs Männern besetzt.[2] Ihrem Verhalten nach mußten wir befürchten, daß sie feindselige Absichten gegen uns hegten; zum ersten Mal gab ich vor meinen Leuten zu, Angst zu haben, und beschwor sie, auf der Hut zu sein und sich im Falle eines Angriffs aufs äußerste zu verteidigen.

Gleich nach unserer Landung hatten wir einen Felsen in Besitz genommen, auf dem die ganze Expeditionsgruppe zusammen Platz hatte und von dem aus wir uns gut wehren konnten, wenn es nötig wäre. Immer

1) Mackenzie befand sich nun am Pazifik. Obwohl er das langersehnte Ziel seiner Expedition erreicht hatte, wird die Tatsache, daß nun das offene Meer vor ihm lag, im Original seiner Tagebuchaufzeichnungen mit keinem besonderen Wort erwähnt. Möglicherweise war Mackenzie, da das Wetter trüb war und er keinen freien Blick hatte, unsicher, ob dies tatsächlich die Küste war.

2) Indianer vom Stamme der Bella Coola.

wieder versuchten nun die Eingeborenen, uns mit Gesten und Worten zu reizen, und jedes Mal, wenn sie sich wieder entfernten, fehlte bei uns irgendein Gegenstand. Bis zum Sonnenuntergang versuchten sie, uns zu überreden, mit ihnen in ihr Dorf zu gehen, merkten aber endlich, daß unser Entschluß, nicht mitzukommen, feststand.

Kurz darauf landeten sieben starke Männer von schönem Aussehen. Sie brachten ein sehr feines Seeotterfell und eine weiße Ziegenhaut mit. Fürs erste verlangten sie meinen Hirschfänger, den ich aber in unserer Situation nicht weggeben konnte. Leider weigerten sie sich, zum Tausch Tuch oder andere Artikel anzunehmen. Die Ziegenhaut war zu groß, als daß an einen Tausch überhaupt gedacht werden konnte. Auch diese Leute erzählten mir von »Macubah«, der sein großes Kanu hinter einer Landspitze im Kanal zurückgelassen habe und mit kleineren Booten zu ihrem Dorf gefahren sei. Als ich ihnen meinen Hirschfänger nicht geben wollte, schüttelten sie ihre Köpfe und sagten deutlich: »No, no«. – In einem ihrer Kanus lag ein Seekalb, das ich kaufen wollte, doch sie weigerten sich, es mir zu überlassen. – Übrigens gab es hier viele Tiere, die wir bisher für Seeotter gehalten hatten, neuerdings neigte ich aber dazu, sie größtenteils als Seekälber anzusehen.

Abends verließen uns die Eingeborenen, und wir machten ein Feuer, um uns zu wärmen. Abendessen hatten wir so gut wie keines. – Das Wetter war den ganzen Tag über trüb gewesen, doch die Nacht war mondhell und klar. Ich ließ meine Leute wechselweise wachen.

Nach einer ruhigen Nacht besuchte uns am nächsten Morgen ein einzelner Eingeborener und brachte uns etwas Fisch, den er gegen ein paar Glasperlen eintauschte. Da er allein gekommen war, schien es, als hätten die Eingeborenen keinen gemeinsamen Plan gegen uns. Meine

Leute konnte ich jedoch mit dieser Ansicht nicht beruhigen.

Einige Zeit später stieß der junge Häuptlingssohn wieder zu uns, der uns am Morgen des gestrigen Tages verlassen hatte. Er sagte uns, wir sollten schnell abreisen, da die Küstenbewohner so zahlreich und bösartig seien wie die Moskitos. Darauf drangen auch meine Männer ernsthaft in mich, doch ich war fest entschlossen, diesen Platz nicht zu verlassen, ehe ich nicht seine genaue Lage bestimmt hätte.

Während ich gerade mit einer Messung beschäftigt war, kamen aus dem südwestlichen Hauptkanal zwei große, wohlbemannte Kanus heraus. Als der Häuptlingssohn sie sah, riet er uns noch einmal, so schnell wie möglich zu fliehen, denn er habe gehört, daß die Eingeborenen bald ihre Waffen gegen uns erheben wollten. Der Gedanke an diese Gefahr erregte ihn dermaßen, daß er Schaum vor dem Mund bekam. Obwohl auch ich von großem Schrecken gepackt wurde, mußte ich dies vor meinen Leuten geheimhalten, denn sie waren schon so von panischem Entsetzen durchdrungen, daß einige mich sogar fragten, ob ich nicht bleiben wolle, um mich zu opfern. Ich antwortete ihnen, daß ich nicht weichen könne, ohne genaue Daten bestimmt zu haben, erlaubte ihnen aber, das Kanu reisefertig zu machen. Die beiden Kanus näherten sich nun dem Ufer, und es stiegen fünf Männer aus. Sie waren von einem fremden Stamm, und keiner meiner Indianer verstand ihre Sprache. Da ich gerade meine Instrumente aufgestellt hatte, untersuchten sie diese mit sichtbarer Bewunderung und Staunen. – Meine Messung ergab mit künstlichem Horizont 52°51′33″ nördl. Breite, mit natürlichem Horizont 52°20′48″. Wir befanden uns am Eingang des auch von Vancouver erforschten Cascade Channel.

Anschließend malte ich auf die Südostseite des Felsens,

auf dem wir die Nacht verbracht hatten, mit Zinnober und geschmolzenem Fett in großen Buchstaben folgende Denkschrift:

ALEXANDER MACKENZIE VON KANADA
ÜBER LAND DEN 22. JULI 1793.[1]

Da wir dem Dorf der Eingeborenen nahe zu sein glaubten, willigte ich ein, unseren Standort zu verlassen, und wir gingen in Richtung Nordosten direkt an der Küste drei Meilen weiter. An der Landspitze einer Bucht, wo wir nicht so leicht gesehen und nur von vorne angegriffen werden konnten, landeten wir.

Unter den Sachen, die man uns gestohlen hatte, war auch meine Lotschnur, doch wäre ich damit wahrscheinlich sowieso nicht auf den Grund gekommen, denn Wasser und Land ließen hier eine große Tiefe vermuten. Die Küstenlandschaft bestand aus Felsen, die bis zu 700 Fuß emporragten. An Stellen, wo Erde lag, wuchsen Zedern, Pechtannen, weiße Birken und andere Bäume.

Bei unserem Aufbruch waren uns zwei Kanus gefolgt, doch sie wollten sich nun von uns trennen. Auch der Häuptlingssohn wollte zu seinem Dorf zurückkehren, doch ich war entschlossen, ihn nicht gehen zu lassen; deshalb zwang ich ihn, ans Ufer zu kommen, denn ich hielt es für besser, seinen Unwillen zu erregen, als daß er sich hier unter den Fremden einer Gefahr aussetzte. Ich gab meinen Leuten den Befehl, ihn zu bewachen, doch sie weigerten sich, ihn gegen seinen Willen zurückzuhalten; so mußte ich die Wache selbst übernehmen.

Nebenher stellte ich noch einige Messungen an und berechnete die westliche Länge mit 128°2′. Diese Standortbestimmung war für mich der schönste Augenblick dieser langen beschwerlichen Reise, denn wäre das Wetter wei-

1) An der Mündung des Bella Coola River in den Queen-Charlotte-Sund.

Sturm im Queen-Charlotte-Sund

terhin trüb und neblig gewesen, hätte ich ohne exakte geographische Ergebnisse zurückkehren müssen.

Um zwölf Uhr kam die Flut, allerdings stieg sie nicht so hoch wie in der vorhergehenden Nacht. Sobald ich mit meinen Messungen fertig war, verließen wir diesen Platz. So traten wir abends um halb zehn Uhr auf demselben Weg, den wir gekommen waren, unsere Rückreise an. Obwohl die Wellen sehr hoch gingen, kamen wir doch ziemlich schnell vorwärts, denn meine Leute waren froh, die Bewohner dieser Küste endlich hinter sich lassen zu können. Als es finster wurde, sichteten wir in südlicher Richtung mehrere Feuer.

Früh am 23. erreichten wir »Porcupine Cove«, wo wir am 21. die Nacht verbracht hatten. Weiter landeinwärts bemerkten wir ein vollbesetztes Kanu, das sich zunächst eilig von uns entfernte, dann aber langsamer wurde und uns vorüberließ, ohne uns aufzuhalten. Da der Wasserstand viel niedriger war als auf der Herreise, mußten wir eine Meile unterhalb eines Dorfes landen. Wir nannten diese Wasserstraße von der Küste bis hierher »Mackenzie's Outlet«.

Unser Führer riet uns, das Kanu ganz aus dem Wasser zu ziehen und ihm dann nachzufolgen. Ich wollte ihn jedoch nicht allein vorgehen lassen und ging ihm deshalb nach. Als wir die ersten Hütten erreichten, war er fast 20 Schritt vor mir, und ich erschrak nicht wenig, als aus einer Hütte plötzlich zwei Männer mit Messern in den Händen und finsteren Mienen auf mich losstürmten. Ihre Absicht stand außer Zweifel. Daher blieb ich stehen, warf meine Jacke ab und legte mein Gewehr auf sie an. Zum Glück kannten sie die Wirkung eines Schusses, denn augenblicklich steckten sie ihre Messer weg. Nun ließ auch ich meine Waffe sinken, zog aber meinen Hirschfänger. Kurz darauf kamen andere Männer dazu, ebenfalls bewaffnet, und ich erkannte unter ihnen den Mann, der mir

Kajaks der Küstenbewohner

dauernd die Namen »Macubah« und »Bensin« zugerufen hatte, was er auch jetzt wieder tat. Bis zu diesem Zeitpunkt war ich relativ ruhig geblieben, doch nun erfaßte mich in einer Anwandlung von Rachsucht ein großer Zorn, als ich mir vorstellte, daß dieser Mann vielleicht an meiner gefährlichen Lage schuld sein könnte. Wäre er mir näher gekommen, so hätte ich höchstwahrscheinlich seinem Übermut ein Ende gesetzt. Immer enger umdrängten mich nun die Eingeborenen, und einem fiel es sogar ein, mir von hinten die Arme umzulegen. Warum er mir dabei nicht sein Messer in die Rippen stieß, war mir völlig unerklärlich.

Solange ich allein gewesen war, hatten die Eingeborenen viel Mut gezeigt, als jedoch einer meiner Kanadier auftauchte, ergriffen sie sogleich die Flucht und versteckten sich in ihren Hütten. Es dauerte allerdings zehn Minuten, bis meine Männer vollzählig versammelt waren, und da sie alle in Abständen das Dorf betreten hatten, wäre es sehr leicht gewesen, sie einzeln zu töten.

Nachdem ich meinen Leuten berichtet hatte, in welcher Gefahr ich geschwebt hatte, teilte ich ihnen meinen Entschluß mit, die Eingeborenen wegen ihres Verhaltens zur Rechenschaft zu ziehen und sie zu zwingen, die Sachen, die sie uns an der Küste gestohlen hatten, wie auch meinen Hut und meine Jacke, die sie mir eben erst weggenommen hatten, uns zurückzugeben, denn wie ich gesehen hatte, waren die Männer von der Küste dieselben, die sich hier im Dorf aufhielten. Ich gab daher Befehl, die Flinten frisch zu laden und sie bereitzuhalten.

Dann stellten wir uns vor den Hütten auf und winkten einige Eingeborene heraus. Plötzlich trat der Häuptlingssohn an mich heran und sagte mir, daß die Leute aus den Kanus ihren Stammesbrüdern erzählt hätten, wir hätten sie nicht nur schlecht behandelt, sondern auch vier ihrer Gefährten getötet. Zunächst bemühte ich mich, die Eingeborenen von der Unwahrheit dieser Geschichte zu überzeugen, dann setzte ich die Herausgabe aller entwendeten Sachen und einer bestimmten Menge Fisch als Bedingung für unsere Abreise fest. Schließlich fand eine Aussöhnung statt, und wir bekamen unser Eigentum zurück.

Kurz vor unserer Abfahrt nahm ich noch eine Messung vor und errechnete in diesem Ort, den wir »Rascals Village« (Dorf der Schurken) nannten, 52°23′43″ nördl. Breite.

Den Eingeborenen lag unser Aufbruch so sehr am Herzen, daß sie uns noch zwei Lachse mehr als Proviant mitgaben und uns Stangen besorgten, mit denen wir das Kanu leichter gegen die Strömung fortbringen konnten.

ZWÖLFTES KAPITEL

Da die Strömung ziemlich stark war, wollten wir eigentlich auf dem Landweg zurückmarschieren, doch einer der beiden Chipewyans war so krank und schwach, daß sich vier meiner Leute mit ihm in das Kanu setzten. Allerdings kamen sie in einer Stunde nur eine halbe Meile vorwärts. Wir anderen gingen am Ufer entlang. Vor uns paddelten einige Eingeborene den Fluß hinauf. In ihrem Kanu saß auch unser Führer, der Häuptlingssohn, und wir befürchteten, daß sie in den vor uns liegenden Dörfern ebenso viel Schlimmes über uns erzählen könnten, wie sie es im letzten Dorf getan hatten. Denn unter ihnen befand sich jener besonders angriffslustige Indianer, der mich immer beschimpft hatte.

Nach einer kurzen Wegstrecke warteten wir auf unser Kanu, das erst sehr spät eintraf. Nun fingen meine Leute an zu murren; sie wollten den Fluß verlassen und über das Gebirge den Pfad erreichen, auf dem wir das erste Dorf erreicht hatten. Um ihre Entschlußkraft zu unterstreichen, warfen sie außer ihren Decken ihre gesamte Habe ins Wasser. Ich wartete zunächst ab, ob sich nach der ersten Erregung ihr Unmut lege, doch als dies nicht der Fall war, verließ mich die Geduld, und ich setzte ihnen auseinander, aus welchen Gründen ihr Plan unsinnig sei. Schließlich stellte sich mein Steuermann, der schon seit fünf Jahren in meinen Diensten stand, auf meine Seite, was nach einiger Zeit die anderen bewog, seinem Beispiel zu folgen.

Ein Teil ging nun an Land weiter; Mackay, mit dessen Verhalten und Loyalität ich sehr zufrieden war, zwei Kanadier, der kranke Indianer und ich benutzten das Kanu. Unsere Fahrt ging nur sehr schwierig und zeitaufwendig vor sich. Plötzlich kamen zwei Kanus mit 18 Mann den Fluß herab, und gerade, als wir dachten, sie würden uns

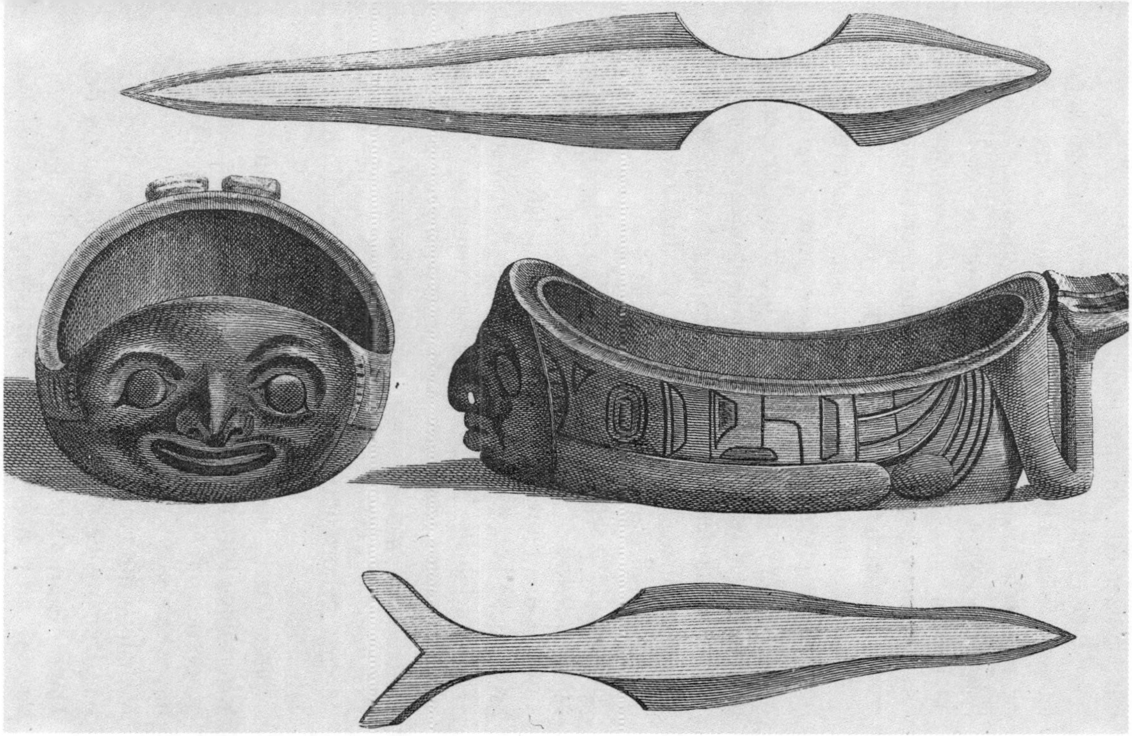

Gerät von den Queen-Charlotte-Inseln: geschnitzte Schüsseln und Dolche aus Holz

angreifen, fiel Mackays Gewehr ins Wasser. Doch die Kanus schossen eilig an uns vorbei.

Endlich erreichten wir die von der Herreise schon bekannte größere Hütte und entdeckten dort unseren Führer und sechs andere Männer. Sie empfingen uns freundlich. Dies freute uns sehr, bewies es doch, daß die uns feindlich gesinnten Indianer die anderen Bewohner dieser Gegend nicht gegen uns hatten einnehmen können. Wir wurden sogleich mit Fisch bewirtet.

Als wir bei der nächsten Hütte landeten, war es beinahe finster. Die ersten, die uns hier begegneten, waren der mehrfach erwähnte aggressive Indianer und seine vier Gefährten, was uns alles andere als willkommen war. Doch die Bewohner der Hütte nahmen uns bereitwillig auf und versorgten uns mit Fisch und Beeren. In dieser Nacht hielten wir wieder abwechselnd Wache.

Am Morgen des 24. war ich als erster auf und weckte Mackay, damit er nachsehe, ob unser Kanu noch da sei; schnell kam er mit der Nachricht zurück, daß einige Eingeborene es beladen hätten und eben im Begriff seien abzufahren. Ich eilte ans Ufer und war so aufgebracht, daß ich Boot samt Ladung und Männer fast umgekippt hätte, wenn nicht unsere Gastgeber dazwischengekommen wären und mir gesagt hätten, daß dieses Kanu den Eingeborenen gehöre und unser Häuptlingssohn mit unserem davon sei.

Jetzt waren wir also wieder ohne Führer und ohne Kanu, doch hatten wir das Glück, zwei der hiesigen Eingeborenen mit einem Boot anwerben zu können. Da sich unser Standort auf einer kleinen Insel befand, brachten wir zuerst die Fußgänger ans Flußufer hinüber und fuhren dann weiter. Nach kurzer Fahrt trafen wir auf den Häuptling, der uns auf der Herreise so großzügig bewirtet und uns den Destillierapparat gezeigt hatte. Er war mit zwei Kanus unterwegs und gerade dabei, einen großen Fischfang einzuladen. Er nahm uns in sein Kanu und paddelte geschickt und schnell gegen die Strömung an.

In seiner Hütte wurde mir dann Fisch vorgesetzt. Als auch unsere Fußgänger diesen Platz erreicht hatten, wurden sie auf dieselbe Art bewirtet. Sie setzten bald darauf die Reise fort, und wir folgten ihnen in Begleitung unseres Gastgebers und eines anderen Eingeborenen auf dem Wasserweg.

Um fünf Uhr nachmittags gelangten wir an zwei Hütten, die wir auf der Herreise nicht bemerkt hatten. Sie befanden sich auf einer kleinen Insel. Da unser Führer nicht weiterwollte, mußte ich den Fußgängern nachschicken, die uns ein Stück voraus waren. Später erzählten sie mir, daß einer von ihnen von einer Bärin mit zwei Jungen angegriffen worden sei und ein anderer ihn im letzten Moment gerettet hätte, indem er die Bärin durch einen Schuß erlegte. Die Jungen hatten sie zurückgelassen.

Von den Bewohnern der zwei Hütten erhielten wir Fische und Beeren, um unseren Hunger zu stillen.

Am 25. ging es gemeinsam im Kanu weiter. Wir waren nun 13 Mann, und da mit einer so schweren Last kaum gegen die Strömung anzukommen war, setzten wir meine Leute etwas später am südlichen Ufer ab. Doch schon kurze Zeit später mußten wir sie wieder aufnehmen, um sie über einen Flußarm überzusetzen, der zum Durchwaten zu tief war. Dann erreichten wir zwei verlassene Hütten, die auf der Höhe einer Stromschnelle lagen, über die die Eingeborenen allein fahren wollten. Wir stiegen aus und untersuchten in der Zwischenzeit die Ruinen, doch hätten wir dies lieber nicht tun sollen, denn dort war alles so mit Flöhen bedeckt, daß wir schnell wieder ans Wasser flüchteten.

Nun schlug unser Führer vor, auf dem Landweg weiterzugehen. Doch er und sein Gefährte hatten es so eilig, daß wir ihnen wegen unseres Kranken nicht folgen konnten und sie bald aus den Augen verloren. Ich hätte mir ihre Begleitung gern bis zum nächsten Dorf gewünscht, um den schlechten Bericht etwas zu mildern, den der Häuptlingssohn wahrscheinlich seinem Vater geben würde.

Unser Weg führte durch einen wunderschönen Zedernwald, in dem auch riesige Erlen standen. Es gab nur wenig Unterholz, und der Boden bestand aus weicher schwarzer Erde, die sicher gut zu bebauen wäre. Knochenreste zeigten uns, daß hier einige Leichen verbrannt worden waren.

Da wir nicht sicher waren, wie wir im Dorf empfangen würden, untersuchte ich unsere Gewehre und gab Mackay eine meiner Pistolen. Einer unserer letzten Führer hatte uns erzählt, daß der andere Sohn des Häuptlings, dem ich meine Tropfen gegeben hatte, gestorben war, und vielleicht stand ich nun im Verdacht, sein Ende beschleunigt zu haben.

Um ein Uhr erreichten wir das Flußufer gegenüber dem Dorf. Dort schien alles ruhig zu sein. Mehrere Eingeborene fischten ober- und unterhalb des Wehrs und setzten uns bereitwillig über. Nun kamen uns viele Leute entgegen, doch von der Familie des Häuptlings war niemand zu sehen. So beschloß ich, in sein Haus zu gehen. Mackay und die anderen hieß ich, zum Kampf bereit zu sein. Sollten sie den Knall meiner Pistole hören, so sollten sie auf dem schnellsten Weg das Dorf verlassen und ihr Heil in der Flucht suchen; denn ich wollte nur im äußersten Notfall meine Waffe benutzen, und dann wäre es zwecklos, mir noch beistehen zu wollen. Mit geladener Pistole im Gürtel und dem Messer in der Hand ging ich zur Wohnung des Häuptlings. Der Weg dorthin führte auf mehreren kleinen Pfaden durch ein Gehölz, und ich befürchtete schon, mich verirrt zu haben, als mir die Frau des Häuptlings begegnete und mir bedeutete, ihr Mann sei in der nächsten Hütte.

Ich ging hinein, fand aber nur einige Frauen, die eben

zu Abend essen wollten. Sie luden mich ein mitzuhalten, und ich wollte gerade zugreifen, als Mackay die Hütte betrat. Seine Unruhe darüber, daß ich ganz allein war, hatte ihn dazu getrieben, mir zu folgen. Außerdem hatte ihm ein alter Mann Zeichen gegeben, sie sollten das Dorf verlassen. Da Mackay unbewaffnet war, gab ich ihm meine Pistole, und wir traten vor die Hütte. Trotz allem konnte ich mir nicht denken, daß man hier feindselige Absichten gegen uns hatte, denn die Frauen arbeiteten nach ihrem Mahl weiter, ohne uns groß zu beachten. Verdächtig war lediglich, daß keine Männer zu sehen waren.

Plötzlich erschien der Häuptling in Begleitung seines Sohnes, der unser Führer gewesen war und den wir seit dem Zwischenfall in »Rascals Village« nicht mehr gesehen hatten. Seine Miene war recht grimmig, und an seiner Seite trug er den Tabaksbeutel, den sein Sohn Mackay entwendet hatte. Bis auf ein paar Schritte kam er uns entgegen, dann warf er uns mit heftiger Gebärde den Beutel vor die Füße und wollte wieder weggehen. Ich trat auf seinen Sohn zu und ergriff dessen Hand, doch mein Gruß wurde alles andere als herzlich erwidert. Durch Zeichen gab er mir zu verstehen, daß ich meine Pistole abfeuern und ihm meinen Hirschfänger geben solle, doch ignorierte ich diesen Wunsch.

Als wir seinen Vater erreichten, sagte dieser, daß er in tiefer Trauer über den Verlust seines anderen Sohnes sei und sich deshalb die Haare abgeschnitten und das Gesicht geschwärzt habe. Auch sei er sehr besorgt um seinen Sohn gewesen, der uns begleitet hatte. Darauf nahm ich ihn und den Sohn bei der Hand und führte sie zu meinen Leuten, die über meine Rückkehr sehr erleichtert waren. Ich gab den beiden mehrere unserer Geschenkartikel, was ihr Wohlwollen wiederherzustellen schien. Doch ändern diese Menschen so schnell ihre Meinung, daß man sich auf nichts verlassen kann. Ich tauschte noch ein Biber-

und ein Seeotterfell ein und bat dann um eine größere Portion Fisch für unsere lange Reise. Sofort führte uns der Häuptling zu seinem Haus, breitete Matten vor uns aus und setzte jedem von uns einen Fisch vor.

Wir hörten, daß unser Hund schon eine geraume Zeit ums Dorf herumstreiche und furchtbar heule. Nachts komme er an die Hütten, um Fischabfälle zu fressen. Sogleich schickte ich zwei Männer in den umliegenden Wald, um ihn zu suchen, doch kamen sie ohne ihn zurück.

Da wir bekanntgaben, daß wir gleich aufbrechen wollten, schickte der Häuptling nach geräucherten Lachsen und begleitete uns dann mit einer großen Schar Eingeborener bis ans Ende des Dorfes.

Unser Aufbruch war von großem Lärm begleitet, und ich fürchtete schon, daß die Leute doch noch Böses im Schilde führten. Auch meine Männer wurden immer unruhiger, bis uns jemand bedeutete, das Geschrei komme von einem Streit zwischen mehreren Dorfbewohnern, der darüber entfacht sei, ob man uns nun einfach weglassen solle oder nicht. Ich traf deshalb vorsichtshalber einige Verteidigungsmaßnahmen für den Fall, daß sich unsere wankelmütigen Freunde doch noch plötzlich in Feinde verwandelten.

Unbeschadet konnten wir eine gute Strecke durch den Wald marschieren. Der Pfad war fest, allerdings mit großen Steinbrocken besät, die das Fortkommen etwas beschwerlich machten.

Zu unserer aller großen Freude lief uns plötzlich unser Hund über den Weg. Er schien aber seine ehemals so scharfen Sinne verloren zu haben, denn er erkannte mich kaum. Zum Skelett abgemagert, sprang er immer wieder völlig erschreckt in den Wald zurück. Doch im Verlauf der nächsten Tage kam er durch unsere Pflege wieder zu Sinnen und Kräften.

In der Nacht lagerten wir etwas abseits des Pfades und des Flusses und machten auch kein Feuer. Alle Mann blieben in ihren Kleidern und legten sich mit den Gewehren im Arm unter einen Baum.

Nach einer zwar schlaflosen, doch ruhigen Nacht brachen wir bei Tagesanbruch auf und marschierten in großer Eile weiter, bis wir das obere Dorf, das wir »Friendly Village« getauft hatten, erreichten. Es hatte sich völlig verändert. Fünf neue Hütten waren errichtet worden, in denen man Lachse lagerte; auch die Anzahl der Bewohner hatte sich vergrößert. Wir wurden außerordentlich freundlich empfangen, und man holte den Häuptling namens »Soocomlick«, der sich gerade auf Fischfang befand, herbei. Auch er war sehr herzlich zu uns und führte uns sogleich zu seiner Hütte, wo er uns mit größter Gastfreundschaft bewirtete. Ich beschenkte ihn deshalb mit fast allem, was uns noch übriggeblieben war: zwei Ellen blauen Tuches, eine Axt, Messer und anderes. Er gab mir dafür eine Muschel, die einer riesigen Auster ähnlich sah. Mit großem Bedauern teilte er mir mit, daß er keine Seeotterfelle für mich habe, doch wolle er welche bereithalten für den Fall, daß wir eines Tages hierher zurückkämen. Dann sollten wir ihm Munition und Gewehre mitbringen. Er versorgte uns mit so vielen Fischen, wie wir sie gerade noch tragen konnten. –

Diese Menschen sind keine Jäger, sondern ernähren sich nur von Fischen und Beeren. Obwohl sie uns bei unserem ersten Besuch gebeten hatten, unsere Gewehre nicht abzufeuern, aus Angst, wir könnten dadurch die Lachse verscheuchen, wollten sie nun den Gebrauch unserer Waffen genau erklärt haben. Doch hielt ich es für ratsam, ihnen nur die Wirkung meiner Pistole zu demonstrieren, was sie in höchstes Erstaunen versetzte.

Sie sind von mittlerem Wuchs und wohlgestalteter und -genährter als die Bewohner der inneren Landstriche. Sie haben runde Gesichter mit hohen Backenknochen und sind von olivener und kupferner Hautfarbe. Kinder scheint es nicht viele zu geben. Die Säuglinge werden auf einem langen Brett festgebunden, an dem eine Rinne für den Abfluß des Urins angebracht ist. Ich sah mehrere Kleinkinder, deren Köpfe zwischen zwei mit Leder bezogenen Brettchen festgeklemmt waren: Dies soll bewirken, daß die Kinder keilförmige Köpfe bekommen. Die Frauen tragen einen losen Mantel um die Schultern, darunter eine Schürze um die Lenden und auf dem Kopf eine Mütze in Form eines umgedrehten Napfes. Wenn es regnet, ziehen sich die Männer eine Matte über die Schultern, in die eine Öffnung für den Kopf geschnitten ist. So kann das Wasser gut ablaufen. Einige besitzen Schuhe aus Rentierhaut. Diejenigen Körperteile, die bei zivilisierten Völkern bedeckt sind, werden hier unverhüllt getragen.

Diese Menschen haben feste Wohnsitze und ziehen nicht umher, deshalb führen hier auch die Männer schwere Arbeiten aus, die bei Stämmen, die dauernd auf der Jagd sind, den Frauen überlassen werden. Vielweiberei ist erlaubt, doch konnte ich feststellen, daß sie wenig üblich wird; allerdings wird bei den Frauen die Keuschheit nicht gerade als notwendige Tugend angesehen.

Ihre Toten werden verbrannt, und Trauer zeigen sie, indem sie ihre Haare abschneiden und die Gesichter schwärzen. Im Gegensatz zu ihren Nachbarstämmen pflegen sie keine Gräber und errichten auch keine Totendenkmäler, wie wir sie anderswo gesehen haben.

Nach der Anzahl ihrer Kanus und der Kisten und Schachteln für ihre Gerätschaften und ihren Hausrat zu urteilen, ebenso nach der Unzulänglichkeit ihrer Hütten, vor der Kälte eines strengen Winters zu schützen, scheinen diese Menschen nur für die Dauer des Lachsfangs, etwa drei Monate, hier zu wohnen. Vermutlich leben sie die übrige Zeit in einer Ansiedlung an der Küste, wo sie auch ihre Alten und Kranken zurücklassen und die Asche der während der Lachszeit Verstorbenen bestatten.

Über ihre Religion kann ich nur wenig sagen, da zuwenig Zeit war, sie genau zu beobachten. Doch entdeckte ich, daß sie an einen guten und an einen bösen Geist glauben. Auch halten sie eine dem Gottesdienst ähnliche Zeremonie ab, um sich der Hilfe des einen zu versichern und den anderen abzuwehren.

Völlig verschieden von anderen Völkern, die ich kenne, ist die Machtaufteilung innerhalb des Stammes. Ein einziger Mann scheint das ausschließliche und vererbte Recht über die Einrichtung zu besitzen, die der ganzen Gesellschaft als Existenzgrundlage dient: das Lachswehr. Ohne seine Erlaubnis darf niemand fischen, und keiner darf mehr Fische mit nach Hause nehmen, als ihm erlaubt wurde. Auch kann keiner ohne dessen Zustimmung eine neue Hütte bauen. Alle seine Befehle scheinen bedingungslos befolgt zu werden. Ansonsten sind alle gleich. Nur Angehörige anderer Stämme müssen sich unterwerfen. Ihre Gemütsart ist in der Regel sehr sanftmütig, allerdings sind sie ab und zu plötzlichen Ausbrüchen von Leidenschaft unterworfen, die aber ebenso schnell verfliegen, wie sie entstanden sind. Ich glaube, daß dieses Volk für die Zivilisation sehr empfänglich ist; man könnte es sicher leicht dazu bringen, den Boden zu bebauen, der mir für alle Arten von Getreide und Obst geeignet erscheint. –

DREIZEHNTES KAPITEL

Am 26. Juli verließen wir um elf Uhr morgens diesen freundlichen Ort, begleitet von allen Dorfbewohnern, die noch eine ganze Meile mit uns kamen und sich dann dem Anschein nach nur ungern von uns trennten.

Wir verteilten nun auf jeden Mann gleichmäßig unseren Proviant, Fisch, Mehl und etwas Pemmikan, und setzten unsere Reise auf einem langsam ansteigenden Pfad fort. Bald waren wir aus dem Wald heraus und sahen das unüberwindlich scheinende Gebirge sich vor uns auftürmen. Am Fuße des Abhangs erreichten wir die gabelförmige Trennung des reißenden Flusses, den wir durchwateten. Da unser kranker Indianer noch sehr schwach war, nahm ich ihn auf den Rücken und trug ihn hinüber.

Es war jetzt ein Uhr mittags, und wir mußten vor Anbruch der Nacht den ersten Berg bestiegen haben, um uns nach Wasser umsehen zu können. Ich kann die Mühsal, mit der wir den Hang erklommen, nicht beschreiben. Auf jeden Fall hatten wir um fünf Uhr nachmittags den Gipfel erreicht, wo wir eine Quelle entdeckten und noch ein wenig umherkriechen konnten, um Holz für ein Lagerfeuer zu sammeln. Dann setzten wir uns um die Flamme, sprachen über die bestandenen Gefahren und freuten uns, auf unserer Heimreise schon so weit gekommen zu sein. Das Klima hatte sich jetzt wieder sehr verändert. In dem eben verlassenen Dorf war die Luft noch äußerst mild gewesen und alles ringsherum blühend und grün, doch hier befanden wir uns inmitten von Schnee auf festgefrorenem Boden.

Am folgenden Tag brachen wir erst spät auf, da die gestrigen Anstrengungen einfach zu groß gewesen waren. Unsere Rückreise über das Gebirge ging gut voran, da uns der Weg von der Herreise ja schon bekannt war. Früh am 28. erreichten wir den Ort, an dem wir am 16. zusammen

Zurück im Gebirge: plötzlicher Schnæefall und Kälteeinbruch

mit den Eingeborenen übernachtet hatten (bei 52°46′32″ nördl. Breite). Hier fanden wir auch unseren vergrabenen Pemmikan wieder, der noch in einwandfreiem Zustand war. Auf der Weiterreise begegnete uns keine Menschenseele; wahrscheinlich hielten sich alle Eingeborenen an den Ufern des großen Flusses auf. Unterwegs konnten wir alle unsere Proviantverstecke aufspüren und langten am 4. August an dem Platz an, den wir vor genau einem Monat verlassen hatten – nämlich das Ufer des kleinen Flüßchens, an dem wir unser Kanu zurückgelassen hatten.

Uns gegenüber standen die Hütten der hier ansässigen Eingeborenen. Da sie uns weder gehört noch gesehen hatten, befürchtete ich, sie durch unser plötzliches Erscheinen in Schrecken zu versetzen und uns dadurch in eine üble Lage zu bringen – unsere Gewehre hatten in dem anhaltenden Regen beträchtlichen Schaden erlitten. Deshalb riefen wir schon von weitem laut hinüber. Gleich Furien stürzten sie bewaffnet aus den Hütten heraus und drohten uns mit dem Tod, falls wir näher kommen sollten. Ich wartete, bis sie sich einigermaßen beruhigt hatten, und schickte dann unseren Dolmetscher zu ihnen, der sie über uns aufklären sollte. Es zeigte sich, daß diese Leute gar nicht die uns schon bekannten waren, sondern deren Verwandte. Sogleich wurde ein Bote losgeschickt, die anderen zu holen.

Unser Kanu und das andere versteckte Gepäck waren in gutem Zustand. Wir schlugen unsere Zelte auf, setzten uns um ein Feuer und nahmen jeder einen kräftigen Schluck Rum; da wir aber schon länger keine geistigen Getränke mehr genossen hatten, bekam uns dies nicht so gut. Unterdessen kamen die Eingeborenen an, die in der Zeit unserer Abwesenheit unsere Sachen beaufsichtigt hatten.

Am Morgen des 5. wurden wir von vielen Eingeborenen aufgesucht. Sie waren alle in Bibermäntel gehüllt, von denen ich 15 gegen Messer eintauschte. Seltsam war, daß diese Leute jetzt versuchten, unser Eigentum zu stehlen, obwohl sie doch dazu genügend Gelegenheit gehabt hatten, als wir nicht da waren. Ohne meinen Zorn zu zeigen, schilderte ich ihnen das Unheil, das über sie hereinbrechen würde, wenn sie uns die entwendeten Sachen nicht zurückgäben. Ich sagte ihnen, daß der Lachs, den sie ja zu ihrer Existenz so dringend brauchten, aus einem Meer komme, das den Weißen gehöre; und wir hätten die Macht, den Fisch am Eingang des Flusses daran zu hindern, zu ihnen in die Berge zu wandern, worauf sie dann Hungers sterben müßten. Diese List war erfolgreich. Binnen kurzem fand sich alles Gestohlene wieder bei uns ein. – Eine um die Mittagszeit vorgenommene Messung ergab 53°24′10″ nördl. Breite. –

Obwohl das Wetter trüb war und Regen fiel, befahl ich am 6., das Kanu zu beladen, und guten Mutes reisten wir ab. Unterwegs erstanden wir noch einige Lachse und schöne Biberfelle. –

Die Anwohner des Flusses besitzen eine Sprache, die mit wenigen Ausnahmen in allen Gegenden, die ich den Fluß hinab durchreiste, und von seinem nordöstlichsten Punkt bei 53° oder 54° nördl. Breite bis zur Hudson Bay gesprochen wird, so daß ein Chipewyan, von welchem Stamm er auch ist, vom Churchill River in jeder Richtung nach Nordwesten gehen und sich überall halbwegs verständigen kann, ausgenommen bei den Bewohnern der Westküste, die zu einem völlig anderen Volk gehören. –

Um zwölf Uhr fuhren wir auf einen Felsen auf und mußten an Land, um den Schaden zu reparieren. Da heftiger Regen einsetzte, blieben wir über Nacht an derselben Stelle. Die Lachse kamen in solchen Mengen den Fluß herab, daß die Wasseroberfläche fast ganz mit ihren Flossen bedeckt war.

Bis zum 9. regnete es ohne Unterlaß, und da das Wasser stark gestiegen war, kamen wir nur mühsam vorwärts. Doch schien an diesem Tag wenigstens die Sonne, so daß wir unser Gepäck und unsere Kleidung trocknen konnten. Abends um sieben Uhr landeten wir an dem Platz, wo wir unser erstes Lager an diesem Fluß aufgeschlagen hatten.

Am 10. fiel das Wasser so schnell, wie es gestiegen war; der Grund dafür liegt in der bergigen Beschaffenheit des Landes links und rechts der Flußufer, wodurch das Wasser ebenso schnell abfließen kann, wie es durch die mit Regen und Schmelzwasser angefüllten Gebirgsbäche hineinfließt.

Am 11. erreichten wir die lange Stromschnelle, die auf der Herreise so gewaltig gewesen war und die wir jetzt kaum wiedererkannten, da sie wegen des Niedrigwassers völlig harmlos aussah. Mit unseren Stangen kamen wir mühelos über sie hinweg.

Unsere Reise ging nun in östlicher Richtung weiter. Nachmittags näherten wir uns der Flußgabelung, verließen gegen vier Uhr den Hauptarm und fuhren gegen eine sehr schwache Strömung weiter bis Sonnenuntergang.

Nachts fiel starker Regen. Am nächsten Morgen kamen wir in die Flußenge mit den bizarren hohen Felsen rechts und links des Ufers. Jetzt konnte ich sie mir etwas genauer ansehen, da wir mit keinerlei Schwierigkeiten kämpfen mußten. Die senkrechten Mauern sahen aus wie riesige gotische Kirchen. Naß, hungrig und allesamt erkältet landeten wir recht spät am Abend; unser Proviant war mittlerweile wieder so zusammengeschmolzen, daß die Portionen unserem ungestümen Appetit keineswegs angemessen waren.

Am 14. befanden wir uns gegen halb sechs Uhr an der morastigen Portage zwischen dem Flußarm und dem Flüßchen weiter nordöstlich. Nachmittags nahm die

Kälte so zu, daß sich selbst die Kanuführer trotz ihrer schweren Arbeit nicht mehr warm halten konnten. Ich gab ihnen deshalb meinen restlichen Rum. Das Kanu war so schwer, daß auf dieser fürchterlichen Wegstrecke beinah zwei Träger ums Leben gekommen wären, denn durch den Proviantmangel hatten meine Männer sehr an Kräften verloren. Als wir lagerten, gaben wir dem Fluß den Namen »Bad River«.[1]

Glücklicherweise begleitete uns am nächsten Tag ein wenig Sonnenschein. Bei Einbruch der Dämmerung erreichten wir unseren Lagerplatz vom 13. Juni, die Stelle also, an der einige von uns damals fast die Reise in die Ewigkeit angetreten hatten. Die Schenkel und Füße meiner Leute waren so erstarrt, daß ich sehr besorgt war, sie könnten dauerhafte Schäden zurückbehalten. Da das Wasser niedrig stand, versuchten wir, nach unseren damals über Bord gegangenen Kugeln zu fischen, doch ohne Erfolg.

Kurz nach Mittag des 16. gelangten wir an die Portage, die zu dem ersten kleinen See führt; dieser war so mit Treibholz angefüllt, daß wir lange Zeit brauchten, hindurchzukommen. Danach betraten wir das Hochland, das den *Tacoutche Tesse* oder Columbia River und den *Unjigah* oder Peace River trennt. Ersterer windet sich, fast parallel zum Stillen Ozean, in südlicher Richtung durch das riesige Gebirge, während letzterer, mehrere Ströme in sich aufnehmend, durch den Großen Sklavensee fließt und bei 69,5° nördl. Breite und 135° westl. Länge in das Eismeer mündet.

Hätten wir Zeit genug gehabt und wäre ich nicht durch eine Geschwulst am Knöchel sehr beim Gehen behindert gewesen, hätte ich einige lebende Lachse mitgenommen, um sie im Peace River anzusiedeln. Allerdings ist zweifel-

1) Der heutige Herrick Creek.

haft, ob dieser Fisch in Gewässern leben kann, die nicht direkt mit dem Meer in Verbindung stehen.

Am 17. setzten wir das Kanu wieder in den Peace River. Von dem See, aus dem er entspringt, bis an die Stelle, wo sich seine vielen Kanälchen und kleinen Arme in einem breiteren Strom vereinen, hatten wir das Boot tragen müssen, da Treibholz die Wasserwege verstopfte. Das Gelände, das wir dazu überquerten, war überschwemmt, und da das Gehen für mich zu mühsam war, mußte ich mich wegen des schlimmen Zustands meines Beines tragen lassen.

Um halb acht Uhr begann unsere Fahrt den Peace River hinab. Nachmittags entdeckten wir an der Mündung eines kleinen Flusses am Ufer vier Biberfelle, die dort gut sichtbar deponiert waren. Diese Felle hatte mir auf unserer Hinreise ein Eingeborener geschenkt und versprochen, sie bis zu unserer Rückkehr für mich aufzubewahren. Wahrscheinlich hatte er mit seinen Stammesbrüdern die Gegend verlassen und deshalb diesen Weg gewählt, mir die Pelze zukommen zu lassen. Als Belohnung für seine Ehrlichkeit ließ ich für die Felle den dreifachen Gegenwert am Ufer zurück. Auf den Bergen lag noch stellenweise Schnee. Um vier Uhr kamen wir an den Ort, wo wir auf unsere ersten Felsengebirgs-Indianer getroffen waren. An diesem Tag schlugen wir erst spät unser Nachtlager auf; glücklicherweise konnten wir unseren geringen Lebensmittelvorrat um neun kanadische Gänse vermehren.

Bei Anbruch des nächsten Tages ging es bei schwacher Strömung weiter Richtung Osten. An manchen Stellen war das Wasser so niedrig, daß das kiesige Flußbett zum Vorschein kam. Um elf Uhr landeten wir an dem am 17. Juni bezogenen Lagerplatz, um unsere Kleider zu trocknen und das Kanu frisch abzudichten. Dann konnten wir ohne Unterbrechung 18 Meilen hinter uns bringen: Auf der Hinreise hatten wir für diese Strecke sieben Tage gebraucht! In strömendem Regen schlugen wir am Abend unser Lager auf und fanden die Gegend um uns herum voll mit Bibern und Federwild.

Bei anhaltendem Regen fuhren wir am 19. an mehreren kleinen Flüßchen und Inseln vorüber, bis wir nach etwa 45 Meilen die Gabelung erreichten, an der wir gerätselt hatten, welchen Arm wir nehmen sollten.[1] Ich glaubte immer noch, daß der westliche Arm an seinem oberen Teil nicht weit von der Gegend entfernt sei, die wir durchreist hatten, nachdem wir den großen Fluß[2] verlassen hatten. Einige Jahre später wurde aber von James Finlay, der zur Erforschung dieses Flußarms ausgeschickt wurde, diese Annahme widerlegt. Finlay entdeckte nämlich, daß dieser Fluß bald wegen unzähliger Wasserfälle und Stromschnellen unpassierbar wird.

Beide Arme sind ungefähr 200 Yards breit, und das Wasser stand sechs Fuß niedriger als bei der Hinreise. Wir gingen nach zirka 23 Meilen an der Stelle an Land, die wir schon am 27. Mai als Lagerplatz gewählt hatten. Hier hatte ich das Rumfäßchen mit dem Brief ins Wasser geworfen.

Am Morgen des 20. mußten wir mit dem Aufbruch warten, bis es ganz hell geworden war, denn wir brauchten gutes Licht, um eine vor uns liegende Stromschnelle zu durchfahren, ohne auf Fels zu geraten. Das Gepäck mußte getragen werden. Unsere Richtung ging jetzt immer mehr nach Nordosten.

Nach einigen Meilen erblickten wir ein Indianerlager. Als wir es näher untersuchten, fanden wir fünf Feuerstellen, die erst in den letzten Tagen gelöscht worden sein konnten. Die dazugehörigen Bewohner bekamen wir je-

1) Peace oder Parsnip River und Finlay River.
2) Fraser.

doch nicht zu Gesicht. Der Lagerplatz sah aus, als hätten die Indianer viele Tiere erlegt und wären aus Schreck geflohen, denn am Ufer lagen unversteckt drei Kanus mit Paddeln. Wir fuhren weiter und erreichten binnen kurzem die »Portage de la Montagne de Roche« (Felsengebirgs-Portage). Hier nahm ich eine Messung vor, die 56°3′51″ nördl. Breite ergab.

Die Strömung hatte seit der Gabelung des Flusses merklich zugenommen, doch gelang uns die Fahrt mühelos, auch wenn die Gewalt des Wassers für die Paddel zu stark war: Da das Ufer steinig war, konnte man von dort aus das Kanu leicht mit Tauen absichern.

Mittlerweile mußten wir unseren Proviant auf noch winzigere Portionen beschränken. Er reichte jetzt noch für zwei Mahlzeiten pro Tag, deshalb schickte ich Mackay und die beiden Chipewyans voraus, um auf dem Weg bis zum unteren Ende der folgenden Stromschnellen zu versuchen, einiges Wild zu erlegen. Wir anderen wollten so schnell wie möglich nachkommen. Vor uns lag wieder eine Portage. Fünf Mann trugen das Gepäck hinüber, und der sechste und ich reinigten das Kanu und legten es in die Sonne, um es zu trocknen und dadurch leichter zu machen. Gegen Sonnenuntergang kamen unsere Jäger mit einer schweren Last Büffelfleisch zurück, was uns allen, obwohl der Braten recht zäh war, große Freude bereitete. Obwohl die Gegend voller Fußspuren der verschiedensten Tiere war, hatten sie nur diesen einen Büffel entdecken können. Sogleich machten sie sich auf einen erneuten Jagdzug. Wir bereiteten alles für die am nächsten Tag zu begehende Portage vor und beendeten den Tag mit einer kräftigen Mahlzeit. Die Angst vor einer Zeit voller Entbehrungen war vorbei.

Bei Morgendämmerung brachen wir auf; da auf der Portage ein Feuer gewütet hatte und die ganze Gegend verwüstet war, kamen wir nur sehr langsam und mühsam vorwärts und erreichten erst um vier Uhr nachmittags wieder den Fluß. Der Abstieg vom Berg war genauso anstrengend, wie damals der Aufstieg gewesen war, und obwohl meine Leute schwächer waren, so besaßen sie jetzt doch weit mehr Wagemut. Da mein Fuß wiederhergestellt war, konnte ich sie kräftig unterstützen. Am Ufer angelangt, schlugen wir gleich unser Nachtlager auf und verbrachten den Rest des Tages mit Ausbesserungsarbeiten am Boot.

Nach einer kalten Nacht fanden wir das Wetter in der Frühe recht heiter. Um sieben Uhr waren wir zur Weiterreise fertig. Bald ließen wir uns mit der Strömung treiben, bald schossen wir über Stromschnellen hinweg. Obwohl letztere nicht mehr ganz so furchterregend waren, mußten wir sie doch jedes Mal zuerst vom Land aus genauer untersuchen, bevor wir uns darüber wagten. Da das Kanu jetzt wieder leichter zu handhaben war, konnten wir sie alle glücklich bewältigen, und gegen Mittag gelangten wir an den Platz, wo wir Mackay und die beiden Jäger treffen wollten. Wir fanden sie dort mit einer großen Menge guten, fetten Fleisches, das sie bereits gebraten hatten. Nachdem alle ihren Hunger gestillt hatten und etwas ausgeruht waren, fuhren wir mit der Strömung weiter und landeten dann an der Stelle, wo ich am 18. Mai eine indianische Streitaxt und meinen Siegelring verloren hatte. Die Axt konnten wir wiederfinden.

Wir waren jetzt aus dem Gebirge heraus, und überall sahen wir grasendes Wild. Auf einer Insel, an der wir vorüberkamen, erlegten die Indianer einen Elch. – Um einen Begriff von unserem Hunger zu geben, will ich folgendes anfügen: Von dem Fleisch des Tieres, das an die 250 Pfund wog, bereiteten wir uns sogleich eine kräftige Mittagsmahlzeit und hätten eigentlich am Abend immer noch satt sein müssen. Dennoch wurde wieder ein Kessel voll gekocht und gegessen und etwas später sogar noch ein zweiter. Den Rest legten die Indianer ihrer Gewohnheit nach um das Feuer herum, um es zu rösten, und am folgenden Morgen aßen zehn Personen und ein Hund das Ganze vollständig auf. Dies ist gewiß keine Übertreibung, auch schadete uns diese Unmäßigkeit nicht im geringsten. –

Am 23. waren wir vor Tagesanbruch auf dem Wasser, und bei Sonnenuntergang erblickten wir rings um uns herum eine wunderbare, von vielen Herden bevölkerte Weidelandschaft. Das Wetter war jetzt so warm, daß es für uns, die wir lange der Wärme entwöhnt waren, fast zu drückend wurde. An diesem Tag schossen wir noch einen Büffel und einen Bären, waren aber so von Überfluß umgeben, daß wir die Tiere in Ruhe ließen, wenn sie uns nicht fett genug erschienen.

Am 24. war das Wetter wie tags zuvor, und die Gegend wurde immer lieblicher; allerdings nahm das Wild ab, je näher wir dem Fort kamen. Wir landeten bei zwei Hütten, deren Bewohner über unser Erscheinen so erstaunt waren, als wären wir die ersten Weißen, die sie je zu Gesicht bekommen hatten.

Nachdem wir schließlich noch eine Landspitze umsteuert hatten, lag das Fort[1] direkt vor uns. Wir hißten unsere Flagge und feuerten alle unsere Gewehre ab. Meine Leute waren jetzt so beschwingt und paddelten so schnell, daß wir dort anlegten, bevor noch die beiden Männer, die wir im Frühjahr hier zurückgelassen hatten, zur Besinnung gekommen waren und unsere Schüsse erwidern konnten. So landeten wir [am 24. August 1793] um vier Uhr nachmittags an dem Ort, den wir am 9. Mai verlassen hatten.[2] –

1) Der Ausgangspunkt der Expedition, Fort Fork.

2) Auf dieser Expedition legten Mackenzie und seine Männer zu Fuß und per Kanu 4500 Kilometer zurück. Rechnet man mit einer Zeitdauer von 107 Tagen der eigentlichen Reise (den Winter in Fort Fork abgerechnet), dann ergibt sich eine Tagesleistung von zirka 26,5 Kilometern.

Hier endigen meine Entdeckungsreisen. Ich habe mit der Beschreibung der erlebten Mühsale und Gefahren, der Sorgen und Leiden nicht übertrieben; im Gegenteil, oft reichte die Sprache nicht mehr aus, alles zu schildern. Doch wurden die Anstrengungen belohnt, da die Reise von Erfolg gekrönt war. –

Da ich nun zu meinen Geschäften als Handelsmann wieder zurückgekehrt bin, so will ich meine Leser nicht weiter mit meinen Angelegenheiten behelligen, sondern mich mit der Schlußbemerkung begnügen, daß ich nach elf Monaten Abwesenheit in Fort Chipewyan anlangte, wo ich den folgenden Winter mit Handelsgeschäften zubrachte.

VIERZEHNTES KAPITEL

Folgende allgemeine und kurze geographische Übersicht des in diesen Reisen beschriebenen Landes nebst einigen Bemerkungen über die wahrscheinlichen Vorteile, die die Ausweitung des Handels in diesem Gebiet, bei zweckmäßigen Anordnungen und vermittels mutiger Handelsunternehmungen, gewähren dürfte, werden einen passenden Schluß dieses Werkes darstellen.[1]

Zieht man vom Atlantischen Ozean im Osten zum Pazifik im Westen eine Linie parallel zum 45. nördlichen Breitengrad, so wird man damit ziemlich genau die nördliche Grenze des britischen Gebietes in Nordamerika beschreiben. Die Region südlich dieser Linie, auf die wir berechtigte Ansprüche erheben, ist genauso groß wie die Region nördlich dieser Linie, die andere Mächte für sich fordern. – Will man das Gebiet nördlich dieser Grenze beschreiben, so läßt es sich in mehrere Landschaften aufgliedern:

Die Grenze des ersten Bezirkes beginnt an der Spitze der James Bay, ungefähr bei 51° nördl. Breite, geht weiter längs ihrer östlichen Küste, durch die Hudson-Straße hindurch, entlang der Labrador-Küste, weiter hinab entlang der atlantischen Küste bis zum St. Lorenz-Golf, um Neufundland und Neuschottland herum, über die Höhen [der Appalachen], von denen herab die Gewässer entweder in den Atlantischen Ozean oder in den St.-Lorenz-Strom münden, dann in westlicher Richtung bis zum nördlichen Ende des Champlain-Sees; von dort weiter südwestlich durch die Mitte des St.-Lorenz-Stroms, des Ontario-Sees, des Erie-Sees, dann nördlich durch den

1) Dieses Kapitel ist im Original dem vorhergehenden Kapitel als Anmerkung beigefügt. Mit Recht glaubte der Übersetzer, daraus einen eigenständigen Abschnitt machen zu können.

Huronen-See bis zur St.-Marie-Straße bei 46,5° nördl. Breite und von dort wieder an die Spitze der James Bay.[1]

Mehr als die Hälfte dieses großen Landstrichs ist spärlich bewachsen und von Gewässern durchschnitten – eine Fläche aus Felsen und Seen mit frischem Wasser, mit nur wenig Erde an vereinzelten Stellen. Von dieser Beschaffenheit ist zum Beispiel die ganze Labrador-Küste und das sogenannte Ost-Main-Land im Westen des Hochlands, das die in den St.-Lorenz-Strom und -Golf sich ergießenden Gewässer von den in die Hudson Bay fallenden trennt. Daher wird diese Region nur von wenigen Wilden bewohnt, deren Anzahl der Kargheit des Bodens angemessen ist; ihre Vermehrung ist deshalb nicht sehr wahrscheinlich. Außer Wasser und einigem Wild gibt es dort keine Nahrung. Von hier bis zur Grenze der amerikanischen Staaten und an den Atlantischen Ozean hat sich der Boden als fruchtbar erwiesen, besonders ab Quebec den St.-Lorenz-Strom hinauf; allerdings ist nur ein kleiner Teil urbar gemacht worden. –

Die Grenze des zweiten Bezirks ziehe ich von St. Marie[2] durch den Oberen See bis zum Holz-See bei 49°37′ nördl. Breite, von dort soll sie westlich bis zum Mississippi verlaufen, wobei man ein Stück nach Süden gehen müßte, da die Quelle dieses Flusses bei 47°38′ nördl. Breite liegt. Wenn also Großbritannien diesen Fluß längs der Grenzlinie zu den amerikanischen Staaten befahren will, so muß die dortige Grenze auf einem niedrigeren Breitengrad liegen. Auf jeden Fall soll die Linie weiter westlich gezogen werden, bis zum Pazifischen Ozean,

1) Die Beschreibung der verschiedenen Regionen, diese wie die folgenden, sind im Original und in der Übersetzung relativ unübersichtlich, vor allem der heute nicht mehr geläufigen Namen wegen. Deshalb wurden diese Absätze etwas vereinfacht und die heute üblichen geographischen Bezeichnungen eingesetzt.

2) Heute: Sault Ste. Marie

und zwar südlich des Columbia. Dieser Bezirk wird also durch den Pazifik im Westen, durch das Eismeer im Norden und die Hudson Bay im Osten begrenzt. An dem gemessen, erheben die Russen mit Recht Ansprüche auf die Inseln und die Küste von der Beringstraße bis zu Cooks Inlet.

Diese Gegend wird wohl noch lange im Besitz ihrer derzeitigen Bewohner bleiben, insofern diese mit dem Ertrag der Wälder und Gewässer zufrieden sind und die Erde unberührt lassen. Urbar zu machenden Boden gibt es nur wenig, vor allem im inneren Teil. Es ist äußerst schwierig, dorthin zu kommen, und solange das Land südlich dieser Gegend unbebaut bleibt, wird sich dort auch niemand niederlassen. Auch das Klima ist nicht freundlich genug, um das Land fruchtbarer zu machen. Wahrscheinlich wird es eine Art Freiland für die Nachkommen der Ureinwohner, die die Lebensart Ihrer Vorfahren den Bequemlichkeiten des zivilisierten Lebens vorziehen. Ein Beispiel davon gibt eine kleine Irokesen-Kolonie, die 1799 an den Saskatchewan auswanderte, obwohl die meisten von ihnen in einem Dorf neun Meilen vor Montreal von katholischen Missionaren unterrichtet worden waren. –

Eine dritte Region wird bestimmt durch ein Hochland, das sich von der Labrador-Küste in südwestlicher Richtung bis ungefähr an den St.-Lorenz-Strom erstreckt, dann nordwestlich entlang des Oberen Sees (bis 50° nördl. Breite und 89° westl. Länge) verläuft und dann sowohl in südwestlicher Richtung bis an die Quelle des Mississippi geht, als auch weiter nordwestlich bis auf die Höhe des Nelson River. Von hier zieht es sich in nordwestlicher und nördlicher Richtung hinauf, bis es den 57. nördlichen Breitengrad überschreitet und im Norden des Slave River auf den Mackenzie stößt.[1]

1) Der Kanadische Schild.

Der letzte und keineswegs unbedeutendste Teil des Landes ist das riesige Hochland bzw. die Kette der Felsengebirge, deren nördliche Spitze bei 70° nördl. Breite und 135° westl. Länge am Nordmeer liegt, von dort in südöstlicher Richtung, von Cooks Inlet bis zum Columbia, entlang der Küste des Pazifischen Ozeans verläuft und die Wasserscheide für die in den Stillen Ozean und in den Atlantischen Ozean fließenden Gewässer bildet. Auf diesen Schneegebirgen entspringen der in den Golf von Mexiko fließende Mississippi – wenn man den Missouri als seinen Quellfluß ansieht –, der Nelson, der in die Hudson Bay fließt, der Mackenzie, der sich ins Eismeer ergießt, und der Columbia, der im Pazifischen Ozean mündet. Diese Gebirge erstrecken sich zur Küste hin so weit südlich, daß der Columbia nicht direkt in das Meer fließen kann, sondern ungefähr acht Breitengrade weit parallel zur Küste verläuft, bis er sich im Ozean verliert.

Der östliche Rand des Gebirges wird von morastigem und unebenem Gelände gebildet, dessen Boden Kohle und Erdharz (Bitumen) liefert, was ich auch bis zum 66. Breitengrad an den Ufern des Mackenzie entdecken konnte. Diese Materialien gibt es auch am Fuße des Felsengebirges bei 56° nördl. Breite und 120° westl. Länge, wie ich bei meiner zweiten Expedition beobachtete. Hinter diesem Streifen liegen riesige Ebenen mit Weideland, die dort beginnen, wo der Mackenzie das Gebirge berührt, und die sich bis hinunter nach Mexiko ausdehnen. An diese Ebenen schließt sich ein Gürtel aus Felsen, Seen und reichem Boden an.

Die Ufererde der durch die Ebenen laufenden Flüsse sondert ein salziges Material ab, das auf Gras zu einer dünnen Schorfschicht kristallisiert. In der Gegend, wo der Peace River den Namen Slave River annimmt, finden sich viele salzhaltige Quellen. Südlich des Winnipeg-Sees gibt es einige kleinere Salzseen. Doch um Salz zu gewin-

Weißgeflügelter Kreuzschnabel von der Nordwestküste Amerikas

nen, müßte man dort eine regelrechte Anlage erstellen. Am Winnipeg-See und an den Seen und Flüssen in seiner Umgebung kommen oft weiche Kalksteinfelsen vor – allerdings nur an den westlichen Ufern. Die Ufer Richtung Osten bestehen meist aus dunkelgrauem Granit.

Granit findet man im ganzen Norden dieses Gebietes bis zur Küste der Hudson Bay und, wie ich gehört habe, auch bis zur Labrador-Küste. Zwischen diesen ausgedehnten Ketten aus Kalk- und Granitgebirgen befinden sich alle großen Seen des Landes. –

Es ist nun noch ein anderer großer Distrikt zu nennen,

der nach Lage, Bodenbeschaffenheit, Produkten und Klima weit hinter allen übrigen Regionen steht. Gemeint sind die dürren Ebenen, die sich den Churchill hinauf zur Nordseite des Großen Sklaven-Sees, von dort bis zum Felsengebirge erstrecken und bei 70° nördl. Breite und 135° westl. Länge enden. In diesem ganzen Gebiet gibt es fast keine Bäume, trotzdem wird diese unwirtliche Gegend von einem Volk bewohnt, das sich den harten Bedingungen der Umgebung angepaßt hat. Die gütige Natur hat diesen Menschen glücklicherweise nicht alle Existenzgrundlagen entzogen: Das Rentier ist mit den Erzeugnissen der Berge zufrieden und versorgt sie mit Fleisch und Kleidung. In den kleinen Seen gibt es so gut wie keine Fische, doch an den Ufern lassen sich Hasen und Rebhühner aufspüren. –

In einem Land, wo Wasser einen großen Teil der Oberfläche einnimmt, muß notwendigerweise das Klima rauh sein – besonders an der Küste der Hudson Bay, die den Winden des Eismeeres ausgesetzt ist. Diese Winde wehen auch über der Bay und den britischen Besitzungen am Atlantischen Ozean sowie über den östlich davon liegenden Staaten von Nordamerika (wo sie einen so langen Winter verursachen, daß die Bewohner gleicher Breiten in Europa nur darüber staunen können). Ihr kalter Einfluß verliert sich erst weiter südlich über dem Atlantischen Ozean. Möglicherweise ist dies eine Erklärung für den Unterschied zwischen dem Klima hier und dem Europas gleicher Breiten.

Man hat oft behauptet, daß die Rodung der Wälder auf das Klima in Nordamerika einen verbessernden Einfluß habe; doch kann ich dies nicht glauben, wenn ich mir den kleinen urbar gemachten Teil im Vergleich zum riesigen Ganzen ansehe. Wohl mag auch der Gebrauch der Axt etwas bewirkt haben, doch gibt es noch andere Ursachen. In noch völlig unberührten Gegenden habe ich oft beobachtet, daß sich das Klima von selbst verändert hat – was mir von Eingeborenen bestätigt wurde. Diese Veränderung muß von einer mir unerklärlichen, ja unbegreiflichen Verschiebung des Erdsystems herrühren, in deren Folge vielleicht in Amerika einmal das gleiche Klima herrschen wird wie in Europa. Es ist ja auch bekannt, daß hier viele Seen austrocknen und verlanden.

Viel ähnlicher ist das Klima der Westküste Amerikas dem europäischen derselben Breiten. Ein geringer Unterschied herrscht allerdings durch die hohen, mit Schnee bedeckten Berge. –

Über die Bevölkerung ist bereits viel gesagt worden, doch längst nicht alles. Ich will mich aber auf ein paar Bemerkungen beschränken und die daraus zu ziehenden Schlüsse meinen Lesern überlassen.

Die Wanderungen der Bewohner dieses Landes oberhalb des 45. Breitengrads sind folgende: Die Eskimos, die die Küste des Atlantischen Ozeans, das Land um die Hudsonstraße und die Hudson Bay bis zum Mackenzie bewohnen, wanderten bekanntlich westwärts; sie verlassen nie die Küste und sind ihrem Äußeren, ihrer Sprache und ihren Sitten nach sehr den Bewohnern Grönlands ähnlich. Die Stämme, die man Algonkins und Knisteneaux nennt, sind vom Ursprung her dasselbe Volk und waren die Bewohner der atlantischen Küste, der Ufer des St.-Lorenz-Stroms und der benachbarten Gegenden; sie wanderten westwärts und sind heutzutage im Westen und sogar im Norden am Athabaska-See anzutreffen. Dagegen haben die Chipewyans und die zahlreichen Stämme, die ihre Sprache sprechen, das ganze Gebiet zwischen dem der Eskimos und dem der Knisteneaux inne und breiten sich vor den Eingeborenen der Westküste bis zum 52. Breitengrad am Columbia aus. Sie wanderten östlich und kommen ihren Erzählungen nach aus Sibirien. In

Kleidung und Sitten ähneln sie den Völkern, die man an der asiatischen Küste[1] findet.

Über die Eingeborenen an der Westküste wissen wir nur, daß sie in festen Häusern leben. Ihre Wanderung ging in nordwestlicher Richtung.

Die Entdeckung einer nordöstlichen oder nordwestlichen Durchfahrt auf dem Wasserweg vom Atlantischen Ozean bis zum Pazifik hat seit mehreren Jahren die Regierungen beschäftigt und die Abenteuerlust vieler Männer genährt. Da nun bekannt ist, daß eine solche Durchfahrt nicht existiert, wird nun der Landweg durch Amerika Gegenstand vieler Überlegungen.

Die Russen, die zuerst entdeckten, daß längs der Küste von Asien keine Schiffahrt möglich sei, eröffneten auf ihren Flüssen ein inneres Verkehrssystem bis zu der Straße, die Asien von Amerika trennt[2] und über die sie zu den benachbarten Inseln und aufs amerikanische Festland gelangten. Bei uns ist die Situation ähnlich: Die Nichtexistenz einer Wasserstraße und die Existenz eines Landwegs ist bewiesen – es bedarf nur der Unterstützung der britischen Regierung, um den nationalen Vorteil zu vergrößern und ihren Untertanen den Handel auch in jenen westlichen Gegenden zu sichern.

Die Erfahrung hat gezeigt, daß ein solcher Handel nicht von Einzelpersonen aufrechterhalten werden kann. Man braucht dazu ein großes Kapital, und deshalb ist eine Verbindung von zweierlei Art Männern erforderlich: nämlich von reichen, die die Leitung der Geschäfte übernehmen, und von unternehmenden, die den direkten Handel betreiben. Diese billigere und effektivere Methode wählten die unter dem Namen der North West Company vereinigten Kaufleute von Kanada.

1) Sibirien.
2) Beringstraße.

Die Verbindung einer solchen Handelsgesellschaft mit der Hudson Bay Company ist die wichtigste Maßregel, die ich vorschlagen möchte. Dies wäre vor allem deshalb positiv für beide Teile, da die Hudson Bay Company über den Freibrief[1] verfügt, der ihr das Handeln in dieser Gegend erlaubt; die andere Gesellschaft hat sozusagen das Recht des früheren Besitzes, da sie an die Stelle der Franzosen trat, die mit Ausnahme der Hudson Bay alle damals bekannten Teile des Landes unter ihrer Oberhoheit hatten, bis dann Kanada an Großbritannien abgetreten wurde. Außerdem entdeckten Männer dieser Gesellschaft große Landstrecken zwischen Eismeer und Pazifik.[2]

Wenn also die Hudson Bay Company eine größere, umfassendere und sicher auch gewagtere Handelsunternehmung ablehnen sollte, dürfte der Vorschlag der Regierung, ihr gewisse Privilegien abzukaufen, doch nur recht und billig sein. Denn dann könnten sich kühne und vermögende Kaufleute finden lassen, die sich im Genuß jener Privilegien bis zum Columbia vorwagen würden.

Sollte die Hudson Bay Company aber den Verkauf einiger Privilegien oder eine Verbindung mit der anderen Gesellschaft ablehnen, welchen vernünftigen Grund könnte sie dann der Regierung angeben, wenn sie Privatunternehmungen das Befahren der Bay bis zum Nelson und die Benutzung der Wege ins Innere des Landes zu Transportzwecken verweigert?

Auf diesen Gewässern, die sich bei Port Nelson in die Hudson Bay ergießen, ließe sich der Handel bis zu deren Quellen bis an den Saskatchewan, der von den Felsenge-

1) Die der Gesellschaft im Jahre 1670 von König Karl II. überschriebene »Royal Charta«. Siehe dazu auch Einführung.

2) Zu diesen Männern gehörte auch Alexander Mackenzie. 1824 schlossen sich die Hudson Bay Company und die Northwest Company zu einer großen Handelsgesellschaft zusammen.

birgen herabkommt, führen. Dort entspringt auch der Columbia, dessen Mündung am Pazifischen Ozean große Schiffe aufnehmen könnte.

Das Land an diesem Fluß ist nur aus den Berichten der Indianer bekannt. Wenn aber dieser Weg nicht passierbar sein sollte, so könnte man auch den Weg, den ich verfolgte, ausnutzen. Welchen Weg man aber auch immer vom Atlantischen Ozean aus nehmen mag: Der Columbia ist und bleibt der Verkehrsweg zur pazifischen Küste, der von Natur aus dazu geschaffen scheint, da dieser Fluß der einzige an der von Vancouver untersuchten Küste ist. Auch bilden seine Ufer das einzige feste ebene Land an der Küste bis zu Cooks Inlet. Sie sind folglich der nördlichste Punkt, der zur Besiedelung durch ein zivilisiertes Volk taugt. Durch die Erschließung eines Verkehrswegs zwischen dem Atlantischen und dem Pazifischen Ozean und durch die Errichtung von Niederlassungen im Innern des Landes und an seinen Küsten und Inseln ließe sich – mit Ausnahme des Teils, den die Russen im Pazifik besitzen – die absolute Herrschaft über den nordamerikanischen Pelzhandel vom 48. Breitengrad bis zum Nordpol errichten.

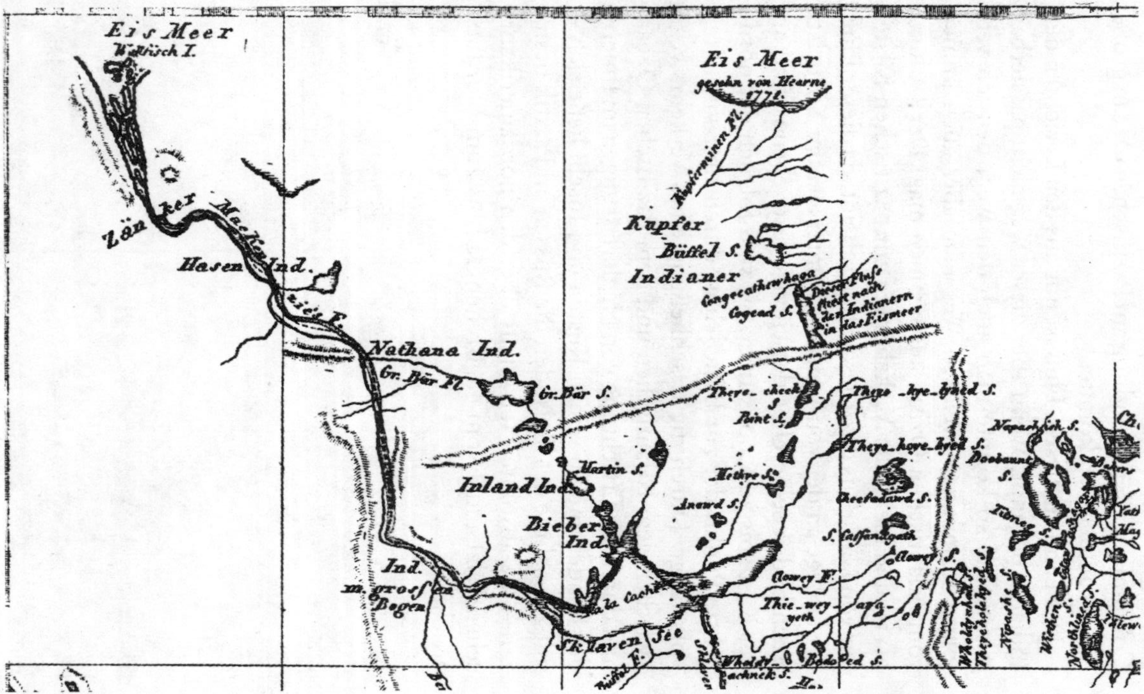

Eis Meer
Wallfisch I.
Eis Meer
gesehn von Hearne 1771.
Kupfer
Büffel S.
Indianer
Congecathewhaga
Cogead S.
Dieser Fluss fliesst nach den Indianern in das Eismeer
Hasen Ind.
Nathana Ind.
Gr. Bär Fl.
Gr. Bär S.
Martin S.
Inland Ind.
Bieber Ind.
Ind. m. grossen Bogen
Sklaven See
Point S.
Theye-hye-lyned S.
Theye-hoye-lyed S.
Cheefadawd S.
Napashish S.
Doobaunt S.
Clowey F.
Thie-wey-yeth

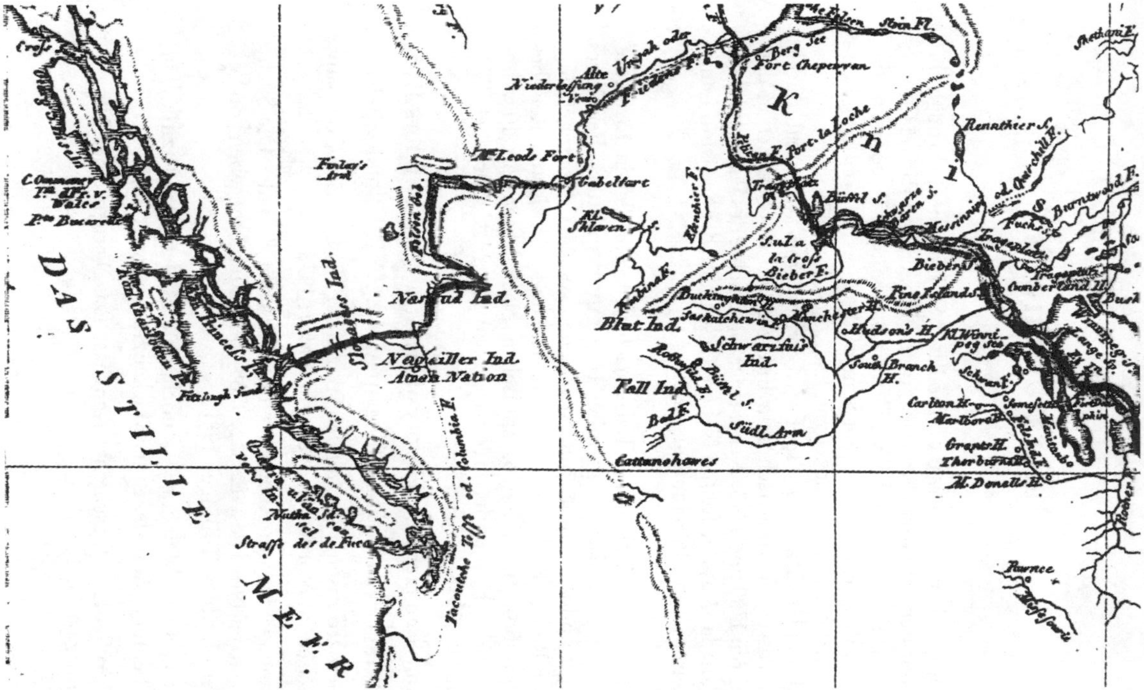

Mackenzies Reiserouten 1789 und 1793

Literaturhinweis

Voyages from Montreal on the River St. Laurence, through the Continent of North America, to the Frozen and Pacific Ocean; in the Years 1789 and 1793. With a preliminary Account of the Rise, Progress, and present State of the Fur trade of that Country. By Alexander Mackenzie, Esq., London 1801
Alexander Mackenzie's, Esq., Reisen von Montreal durch Nordwestamerika nach dem Eismeer und der Süd-See in den Jahren 1789 und 1793. Nebst einer Geschichte des Pelzhandels in Canada. Aus der Reihe: Neuere Geschichte der See- und Land-Reisen, Band 16. Hamburg 1802

Alexander Mackenzie's Reise nach dem nördlichen Eismeere vom 3. Juni bis 12. September 1789. Aus dem Englischen übersetzt und mit Anmerkungen versehen von M. C. Sprengel. Aus der Reihe: Bibliothek der neuesten und wichtigsten Reisebeschreibungen und geographischen Nachrichten zur Erweiterung der Erdkunde. Herausgegeben von M. C. Sprengel, Weimar 1800–1814, Band 7

American Heritage. History of the Great West, New York 1965

Dictionary of National Biography, Vol. XXXV, London 1893

Gerhard Eisenkolb: Auf den Spuren der Hudson Bay Company. Reisen im Norden Kanadas. Frankfurt 1978

Samuel Hearne: Abenteuer im arktischen Kanada. Die Suche nach der Nordwest-Passage 1769–1772. Herausgegeben von Volker Matthies, Tübingen 1981

Hans-Otto Meissner: ... noch 1000 Meilen zum Pazifik. Die Abenteuer des Alexander Mackenzie. Stuttgart 1983

Udo Sautter: Geschichte Kanadas. Das Werden einer Nation. Stuttgart 1972

Bildnachweis

The Art of Captain Cook's Voyages. The Voyages of the Resolution and Discovery 1776 and 1780. Yale University Press, New Haven and London 1988:
S. 197, 218, 234, 239, 241, 259.

Georg Forster: Geschichte der Reisen, die seit Cook an der Nordwest- und Nordost-Küste von Amerika und in dem nördlichen Amerika selbst von Meares, Dixon, Portlock, Coxe, Long u. a. m. unternommen worden sind. o. O. 1791:
S. 248, 263, 288.

John Franklin: Narrative of a journey to the Shores of the Polar Sea, in the years 1819, 20, 21 and 22. London 1823:
S. 53, 91, 109, 129, 140, 143, 163, 177, 257, 273.

Aurel Krause: Die Tlinkit-Indianer. Ergebnisse einer Reise nach der Nordwestküste von Amerika und der Beringstraße, ausgeführt im Auftrage der Bremer Geographischen Gesellschaft in den Jahren 1880–1881 durch die Doctoren Arthur und Aurel Krause. Jena 1885:
S. 242, 245.

Wolfgang Lindig: Die Kulturen der Eskimos und Indianer Nordamerikas. Wiesbaden o. O.
S. 137.

Alexander Mackenzie: Voyages from Montreal on the River St. Laurence, trough the Continent of North America, to the Frozen and Pacific Ocean; in the Years1789 and 1793. With a preliminary Account of the Rise, Progress and present State of the Fur trade of that Country. London 1801:
S. 26

Alexander Mackenzie's Reisen von Montreal durch Nordwestamerika nach dem Eismeer und der Süd-See in den Jahren 1789 und 1793. Nebst einer Geschichte des Pelzhandels in Canada.

Hamburg 1802. In: Neuere Geschichte der See- und Land-Reisen, Band 16:
Frontispiz. S. 46.

Alexander Mackenzie's Reisen nach dem nördlichen Eismeere vom 3. Juni bis 12. September 1789. Aus der Reihe: Bibliothek der neuesten und wichtigsten Reisebeschreibungen und geographischen Nachrichten zur Erweiterung der Erdkunde, Band 7. Hrsg. von M. C. Sprengel, Weimar 1802:
Vor- und Nachsatz, S. 294/295.

Bacqueville de la Potherie: Histoire de l'Amérique Septentrionale. Paris 1722:
S. 97.

A.F. Prévost d'Exiles: Alllgemeine Historie der Reisen zu Wasser und zu Lande, oder Sammlung aller Reisebeschreibungen, welche bis itzo in verschiedenen Sprachen von allen Völkern herausgegeben worden, Band XVII und XX. Leipzig 1748–1774:
S. 59, 83, 84, 251.

E.E. Rich: The Fur Trade and the Northwest to 1857. Toronto 1967:
S. 20, 33, 153.

J.B. Tyrrell (Hrsg.): Samuel Hearne. A Journey from Prince of Wales' Fort in Hudsons' Bay to the Northern Ocean in the Years 1769, 1770, 1771 and 1772. Toronto 1911:
S. 71.

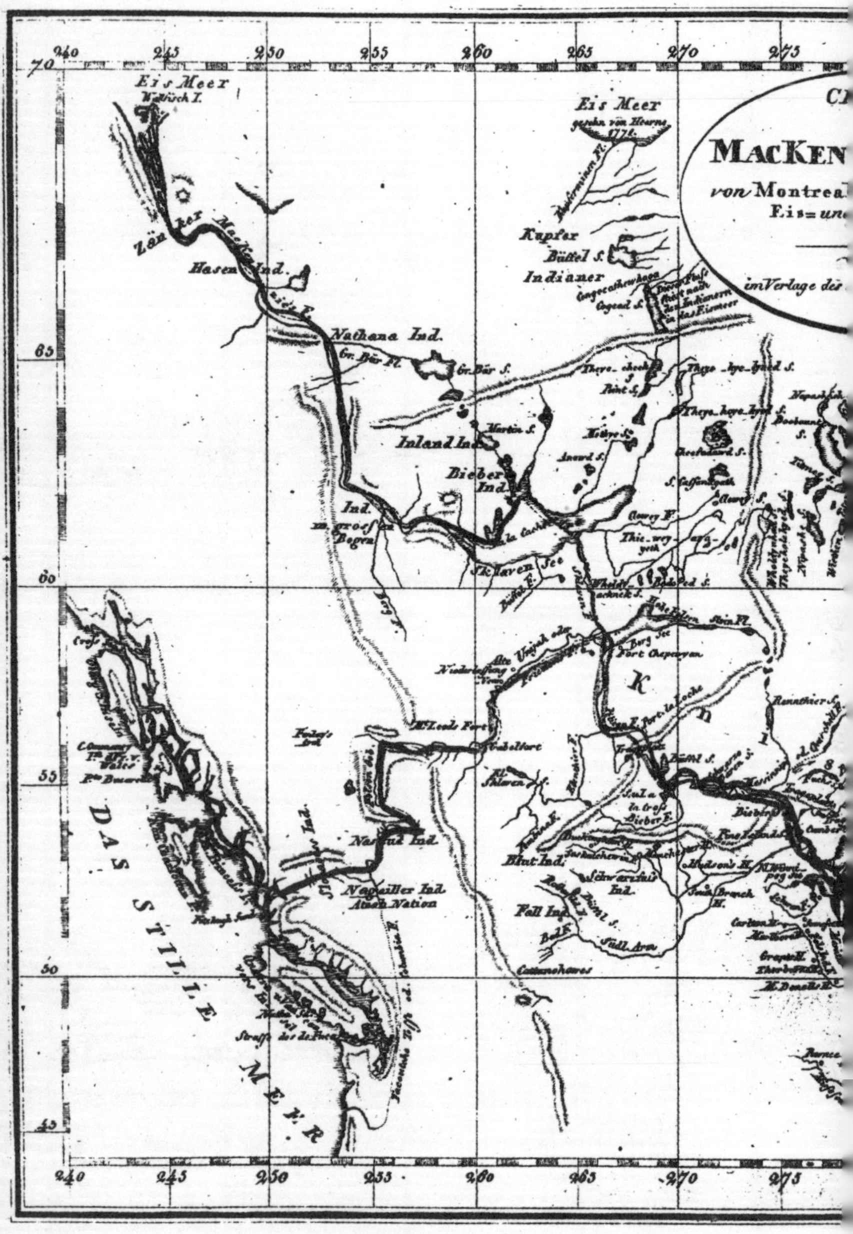
MacKen
von Montrea
Eis= und
im Verlage der
Eis Meer
Eis Meer
Kupfer
Indianer
Büffel S.
Hasen Ind.
Nathana Ind.
Gr. Bär Fl.
Gr. Bär S.
Inland Ind.
Martin S.
Bieber Ind.
Sklaven See
Berg See
Fort Chepewyan
Fort la Loche
Mc Leods Fort
Nascud Ind.
Nagailler Ind.
Atnah Nation
Blut Ind.
Schwarzfuss Ind.
Fall Ind.
Südl. Arm
Cuttanahaws
Hudsons H.
Rennthier S.
DAS STILLE MEER
240
245
250
255
260
265
270
275
70
65
60
55
50
45